디즈니플러스와 대한민국 OTT 전쟁

김종원 지음

프롤로그

디즈니플러스의
한국 상륙에 앞서
무엇을 준비해야 하는가?

인터넷 앞에서 모든 기업들과 서비스는 동일한 기회를 가진다. 미국의 미디어 플랫폼들은 자국의 문화를 전파하고 사업화하기 위해 전 세계적인 네트워크 연결을 활용해 스트리밍 플랫폼을 각국으로 진출시켰다. 미디어학자 프레데릭 마르텔은 그의 저서 『메인스트림』에서 '문화는 강요가 아니라 매혹'이라고 말했다.

국내 OTT 시장에 슬며시 파고든 문화 전파자 넷플릭스는 2021년 2월 방문자 1,000만 명을 확보해 국내 '토종 OTT'와의 격차를 1.5배로 벌렸다. 코로나19 상황에서도 토종 OTT보다 넷플릭스의 가입자가 더 빨리, 더 가파르게 성장했다. 그리고 2021년 전 세계적으로 1억 명의 가입자를 확보한 디즈니플러스가 한국에 진출한다. 디즈니플러스의 등장과 함께 대한민국은 본격적인 OTT 전쟁을 예고하면서 치열한 경쟁을 눈 앞에 두고 있다.

스트리밍의 대중화는 소비자의 습관을 바꾸어 놓기도 하지만 다른 영역에서 더 큰 변화를 암시한다. 미국 브래들리대학의 코리 바커 교수는 그의 저서 『넷플릭스의 시대』에서 2010년 넷플릭스가 스트리밍 서비스로 본격적인 전환을 결정한 상황에 대해 "넷플릭스가 스트리밍 비디오를 끌어안은 것은 물리적 미디어의 죽음을 앞당긴 촉매제"라고 주장했다. 그 후 물리적 미디어의 선두에 있던 디즈니가 스트리밍 전쟁에 본격적으로 뛰어든 상황이다.

온라인 DVD 대여 사업자였던 넷플릭스가 2007년 스트리밍 서비스를 처음 출시한 후 10년간, 디즈니를 위시한 할리우드와 미디어 기업들은 넷플릭스에 자신의 '콘텐츠 저장고'를 활짝 개방해 수익의 기회로 삼았다. 돈의 흐름에 혁신이 가져올 미래의 위기는 보이지 않았다.

그 사이 넷플릭스는 가입자의 증가 수준을 훨씬 웃도는 콘텐츠 구매 비용을 스트리밍 사업의 위협 요인으로 보았다. 이에 〈릴리해머〉(2011)와 〈하우스 오브 카드〉(2013) 등 오리지널 시리즈를 제작하며 오리지널 콘텐츠 생산을 선언했다. 넷플릭스 오리지널의 시작은 과거 HBO나 MTV와 같이 미국 케이블 채널들이 밟아간 경로를 모방한 것이다.

1970년대 유료 채널 HBO가 내세운 마케팅 슬로건이 "우리는 TV가 아닙니다 (Not TV)"였던 것을 상기해 보자. 가장 앞선 미디어는 결국 과거 미디어의 반복이다.

TV 산업의 붕괴를 더욱 가속화할 스트리밍 서비스

넷플릭스의 지속적인 성장은 디즈니 등 미디어 기업들의 사업에 타격을 주기 시작했다. 넷플릭스를 통해 벌어들인 수익보다 TV 플랫폼과 자신들이 보유한 지상파 네트워크 수익의 하락 수준이 더 커졌다. 특히 디즈니의 효자 사업체인 ESPN 가입자가 2017년부터 눈에 띄게 감소하기 시작했다. 디즈니의 온라인 스트리밍 진출 결정은 '혁신'에서 출발했다기보다 '위기'의 탈출에서 발의되었다.

하지만 이용자들의 입장에선 이보다 좋을 수 없다. 양질의 콘텐츠를 가장 빠르고 쉽게, 그리고 저렴한 가격으로 시청할 수 있기 때문이다. 스트리밍 영상의 대중화는 우리가 미디어를 보고, 토론하고, 소비하는 방식을 근본적으로 바꾸어 놓았다.

디즈니와 넷플릭스가 콘텐츠 제국과 플랫폼 제국의 대표 주자로 치열하게 벌이는 경쟁의 결과는 TV 산업의 붕괴를 더욱 가속화할 것으로 보인다. 넷플릭스는 태생 자체가 혁신적 DNA로, 기존의 TV 생태계를 교란시켜 자신의 입지를 키우는 기업이었다. 반면 디즈니는 자신이 세워 올린 영토를 자신의 손으로 무너뜨리게 될 OTT 서비스를 왜 추진한 것일까?

디즈니가 2017년에서야 스트리밍 서비스를 선언했던 것과 달리 한국의 콘텐츠 진영은 이보다 5~6년 빠르게 스트리밍 서비스를 시작했다. 하지만 아직까지 스트리밍 서비스에 대한 한국 미디어 기업들의 전략적 방향성은 모호하다.

디즈니와 넷플릭스의 대결로 대표되는 미국의 스트리밍 전쟁은 TV 산업이 붕괴되고 재편되더라도 스트리밍 전쟁에서 승리해 내 손으로 새로운 질서를 만들겠다는 '사즉생'의 각오로 펼쳐지고 있다. 이에 비해 한국의 스트리밍 경쟁은 기존 사업도 적절하게 수비하면서 새로운 OTT 영역도 넓혀 보겠다는 '양수겸장'의 의지로 진행 중이다. 이는 해외 스트리밍 서비스 가입자가 증가하더라도, 저가의 번들(bundle 묶음 판매) 이용료로 패키지 서비스를 받는 고객과의 관계가 쉽게 무너지지 않을 것이라는 오래된 신념이 작용한 점이 크다.

이 책은 디즈니플러스의 한국 출시를 단순히 스트리밍 서비스만의 문제로 다루기보다, 1930년대에 출범한 미디어 제국이자 콘텐츠 왕국인 디즈니가 '왜 스트리밍 서비스를 선택할 수 밖에 없는지'에 대해 주목했다. 또한 디즈니플러스의 실체와 미래를 예측하고 이를 통해 현재 대한민국 미디어 콘텐츠 산업이 처한 현실과 미래 방향을 진단해 보고자 했다.

콘텐츠 기업이 소비자 직접 연결 서비스를 중심에 두게 된 이유는?

디즈니는 2019년 디즈니플러스를 론칭하면서 'Direct-to-Consumer'(소비자 직접 연결) 즉 'Direct'(직접 연결)에 방점을 두었다. 콘텐츠 생산자이자 배급자였던 디즈니는 그동안 자사의 콘텐츠를 극장, TV 플랫폼, DVD, 심지어 넷플릭스까지 포함한 중간 유통 플랫폼에 공급하면서 고객들과 만났다. 그 과정에서 여러 유통 플랫폼들과 수익을 배분했다. 유일하게 고객과 직접 대면했던 사업은 디즈니랜드, 디즈니 스토어 등 오프라인 접점들이었다.

　디즈니플러스 서비스와 같이 '직접적 방식의 콘텐츠 전달'은 지금까지 디즈니가 운영했던 전략적 토대를 변화시키는 중대한 결심이었다. 이런 변화가 어떻게 이루어졌는지 알기 위해 디즈니를 이끌었던 전문 경영인들의 경영 철학과 행보도 함께 살펴보았다.

작은 애니메이션 제작 회사로 출발했던 디즈니가 미디어 제국을 건설하기까지 80년 이상 걸렸다. 창업자 시대를 거쳐 전문 경영인 중심의 근대적 기업으로 탈바꿈하며 영입한 마이클 아이즈너, 밥 아이거는 무려 15년~20년 이상 재직하며 콘텐츠 왕국 디즈니를 이끌었다. 이들의 경영 방식에 따라 디즈니의 모습은 새롭게 변화했다. 한국의 미디어 기업에 종사한 필자의 입장에서 디즈니의 경영 구조는 관심 대상이었다.

디즈니는 올드한 기업의 모습을 탈바꿈하기 위해 외부 인재를 과감하게 영입하고 그에 맞춰 기업 문화까지 바꿔 나갔다. 게다가 충분한 시간을 주고 그 변화를 만들었다는 점도 주목할 만하다. 현재 디즈니는 디즈니플러스의 확장에 발맞춰 새로운 대표를 임명했다. 디즈니의 역사를 볼 때 새로운 시대에 맞춘 또다른 변화가 예상된다.

더불어 실리콘밸리에서 출발한 넷플릭스가 거대 미디어 제국을 위협하는 '빅 컴퍼니'가 된 성공 비결이 무엇인지 분석했다. 한국에 진출한 넷플릭스가 국내 1위 스트리밍 서비스가 된 배경과 국내 미디어 기업의 대처 상황도 살펴보았다. 디즈니플러스가 국내의 미디어 지형을 어떻게 변화시킬 것인지에 대한 의문은, 이보다 먼저 들어온 넷플릭스의 행보에서 답을 찾을 수 있다. 마지막으로 미국 미디어 기업보다 먼저 OTT를 시작한 한국의 스트리밍 사업이 어떤 길을 걸어왔는지 짧은 역사를 정리했다. 이를 통해 미래의 대처 방안을 찾았다.

'온라인 스트리밍' 또는 'OTT Video'는 단순한 기술 트렌드를 뛰어넘어 TV 산업의 질서를 붕괴시킬 '미디어의 대전환점'이다. 이 책은 그 '대전환'의 의미를 찾아가는 질문으로 구성되었다.

첫 번째 질문 :
디즈니의 혁신 DNA는 어디에서 나올까?

미키 마우스의 창조자 월트 디즈니는 1930년대 미국에서 누구보다 앞서 나간 진정한 혁신가였다. 이 책의 Part 1은 몽상가로도 보일 수 있는 그의 실패와 성공을 다뤘다.

월트는 1950년대의 뉴미디어였던 텔레비전에 적합한 콘텐츠 제작에도 앞장섰다. 월트 디즈니가 후대에 남긴 유산은 무엇보다 그의 '전략 메모'에 잘 정리되어 있다. 1955년 디즈니랜드를 건설한 월트 디즈니는 1957년 냅킨에 그린 스케치인 '시너지 맵'을 통해 회사의 핵심 전략을 제시했다. 이 맵을 살펴보면 디즈니라는 기업을 이끄는 성장 엔진에 대해 월트가 얼마나 깊이 이해하고 치밀하게 구축해 나갔는지 알 수 있다. 놀랍게도 현대의 디즈니 또한 이 전략을 따르고 있다. 월트의 정신은 사라진 것이 아니라 디즈니에 각인되어 '혁신 DNA'의 나침반이 되었다.

두 번째 질문 :
디즈니는 콘텐츠 산업의 위기를 어떻게 극복했나?

콘텐츠가 '업'인 산업은 이용자들의 문화 소비 방식을 어떻게 변화시키느냐에 따라 흥망이 결정된다. 월트 디즈니의 후손들은 유산을 지키기에 급급했으며, 이로 인해 디즈니는 점점 더 위축되었다. 이런 퇴보는 마이클 아이즈너와 밥 아이거 등 전문 경영인 시대가 되어서야 반전을 맞이했다. 그들은 디즈니의 브랜드 콘텐츠를 중심으로 디즈니의 정체성을 수직, 수평적으로 확장했다.

　1984년 디즈니의 새로운 대표로 선임된 마이클 아이즈너는 영화와 테마파크 중심의 디즈니를 엔터테인먼트 복합체로 성장시켰다. 1990년대 디즈니 혁신의 상징이었던 아이즈너는 2000년대 인터넷 시대가 되자 낡은 리더십으로 새로운 기술을 수용하는데 한계를 드러냈다. 2000년대 초 취임한 밥 아이거는 픽사, 마블, 루카스 필름을 차례로 인수하며 디즈니의 성장 엔진에 다시 불을 붙였다. 하지만 실리콘밸리의 작은 테크 기업 넷플릭스의 도발적 기술 혁신으로 디즈니 사업은 하락세를 맞이했다. 결국 2017년 디즈니는 스트리밍 진출이라는 카드를 뽑아들었다.

Part 2에서는 1970년대에서 2000년대 중반까지 미디어 산업의 시대 상황과 디즈니가 기술과 규제 환경을 어떻게 극복했는지를 다뤘다. 그리고 브랜드 콘텐츠를 강화하기 위한 인수 과정에서 그들을 어떻게 '디즈니화'했는지 살펴보았다.

세 번째 질문 :
디즈니플러스는 디즈니를 다시 살려낼까?

2012년 디즈니는 넷플릭스와 콘텐츠 공급 계약을 맺었다. 당시 밥 아이거 회장은 이렇게 말했다.

"우리는 디지털 플랫폼의 기회에 대해 기쁘게 생각합니다. 미디어 회사에서 소유한 IP로 수익을 창출할 수 있는 기회가 신기술뿐만 아

니라 전 세계적으로 증가하고 있음을 확인했습니다. 새로운 플랫폼 소유자를 통해 수익과 성장이 계속해서 증가할 것이라고 생각합니다. 지적 재산 소유자에게는 흥미로운 시간입니다."

- 2012년 디즈니 실적 발표 회의 발언 중.

하지만 시간이 지나면서 외부 플랫폼들이 디즈니의 사업 영역에 타격을 주기 시작했다. 5년 뒤 디즈니는 넷플릭스에서 디즈니를 철수시키기 위해 거래 중단을 선언했다.

Part 3에서는 넷플릭스에서 수익을 창출했던 디즈니가 거래 중단까지 가야했던 이유와 디즈니플러스를 준비하는 5년 동안의 치밀한 준비 과정을 서술했다. 무엇보다 디즈니플러스의 전략적 의미와 미래 가치에 대해 중점적으로 살펴보았다.

네 번째 질문 :
스트리밍 전쟁의 최후 승자는 누구일까?

글로벌하게 전개되는 스트리밍 전쟁의 승자를 예측해 보는 것은 이 경쟁의 실체를 밝히는 일이기도 하다. 현재 경쟁의 선두에는 넷플릭스가 있다. 2021년 4월 현재 2억 명 이상의 가입자를 보유한 넷플릭스는 스트리밍 기술에 대한 우위를 바탕으로 미디어에 월정액 구독 모델을 가장 먼저 도입했다. 넷플릭스의 성공 이유를 살펴보는 것은 스트리밍 사업이 가야 할 방향을 밝히는 것과 같다. 필자는 2007년 넷플릭스의 스트리밍 진출 결정이 얼마나 적절한 의사 결정이었는지 분석했다. 또한 넷플릭스가 한국에서 성공한 이유를 따로 정리했다. 국내의 미디어 진영이 넷플릭스를 잘 활용한 것인지 아니면 포식자를 키운 것인지에 대해 논의하고 싶었다.

Part 4에서는 글로벌 '스트리밍 전쟁'의 승자가 누구인지 예측해 보며 미디어 산업이 변화하는 방향과 의미에 대해 정리했다.

다섯 번째 질문 :
국내 OTT는 글로벌 OTT에 어떻게 대응해야 할까?

결국 마지막은 어떻게 대응할 것인가의 문제이다. 이미 두 배까지 벌어진 글로벌 OTT 넷플릭스와 국내 OTT의 격차는 현재 구도로는 좁혀지기 어렵다. 여기에 디즈니플러스가 한국에 상륙하면 얼마나 빠른 속도로 국내 2위 자리를 차지할지 내기를 해도 좋을 만큼 이들의 위력은 무섭다.

　Part 5에서는 미디어 현장에서의 경험과 분석을 통해 매너리즘에 빠져 있거나 기업 이기주의에 매몰돼 고객을 보지 못하는 국내 OTT의 비혁신적 현장을 지적하고 싶었다. 글로벌 OTT는 한국의 미디어 산업을 선진화시키는 계기를 제공하는 긍정적 메기 효과를 줄 것이다. 하지만 이면에는 글로벌 플랫폼의 '문화 동질화'라고 하는 무서운 이데올로기가 숨어 있다는 점도 알아야 한다.

　해외에서는 디즈니를 포함한 글로벌 콘텐츠 기업과 케이블, 통신 회사 등 플랫폼 진영이 2~3번의 큰 통합과 분화를 하면서 규모와 경쟁력을 키웠다. 여기서는 국내 OTT의 돌파 전략을 제시하며 고객의 가치를 중시하는 플랫폼 전략이야말로 글로벌 OTT에 맞설 무기임을 이야기하고 싶었다.

콘텐츠를 담는 미디어 플랫폼의 성장 방향은?

필자는 지난 20년간 미디어 산업에서 케이블, IPTV, OTT 등의 플랫폼과 콘텐츠의 현장을 경험했다. 미디어 플랫폼은 콘텐츠를 담는 그릇이다. 기술을 토대로 디지털 케이블, IPTV, OTT 플랫폼이라는 그

릇의 크기는 지속적으로 성장해 왔다.

성장하는 산업에 종사하는 것만큼 기업인에게 기쁜 일은 없다. 특히 케이블과 IPTV는 태생적으로 네트워크에 의존적인 반면, OTT는 자유도가 높은 영역이다. 산업 현장에서 항상 트렌드의 엣지만을 생각하며 기술과 콘텐츠를 다룰 수 있었던 것은 큰 행운이었다. 케이블이 IPTV로 전환하고, 그 IPTV가 다시 OTT에 전복당할 위기 속에서 새로운 기회를 잡기 위해 늘 현장에서 분주했다. 과거에 작성했던 전략 보고서의 먼지를 털어 한 장 한 장 살펴보면 IPTV의 가입자 성장 예측이나 넷플릭스의 국내 가입자 예측치가 모두 틀렸음을 알 수 있었다. 그만큼 기업은 늘 미래 예측에 인색했고 보수성에 기반해 의사 결정을 했다. 그러한 실행의 중심에 '내'가 있었음을 반성하면서 이런 고민을 책으로 만들어 보자는 결심에 이르렀다.

모든 업무가 온라인화되고 외부 만남이 차단된 팬데믹은 그 결심을 실행할 수 있는 적절한 시간을 만들어 주었다. 재택근무 시간과 잠자는 시간을 제외한 모든 시간을 국내와 해외의 미디어 산업을 파악하기 위한 공부와 정리에 쏟았다. 한국의 미디어 산업은 마치 정해 놓은 레고블록을 순서대로 맞추어 가는 수준의 게임에 머물고 있는 것인지도 모른다. 이런 생각에 동의하는 분들께 상상을 자극하는 책이기를 희망한다.

CJ와 SK에서 미디어 플랫폼과 콘텐츠 전략 사업, 제작, 마케팅, 개발 등 다양한 영역에서 활동을 함께한 선배님들, 동료, 후배들과 미디어 산업 내 지인들이 한 분 한 분 스쳐간다. 업의 인연이 인간적 교감으로 깊어진 소위 '동지'들에게 고마운 마음을 전하고 싶다. 이름을 모두 쓰고 싶지만 지면이 한없이 부족하다. SK에서 어려운 시기마다 늘 정신적인 응원과 자존감을 일깨워 주시는 SK그룹 소셜밸류위원회 이형희 사장님께 깊은 감사를 드린다. 지난 수개월 동안 책을 쓰라고 자극과 격려를 보내준 친구 네오캡 김경달 대표에게 특별히 감사의 말을 전한다. 연남동의 어느 중식당에서 책 쓰기 동맹에 큰 힘을 보태 준 이은콘텐츠 황윤정 대표의 지원에 감사한다. 책 쓰기에 전념할 수 있도록 마곡동에 작은 서재를 마련해 준 아내 연주와 아들 경준은 언제나 나의 지원군이다.

그럼 이제부터 디즈니가 걸어온 미디어 역사의 발자취와 디즈니플러스, 넷플릭스 등 글로벌 OTT 서비스들이 어떤 혁신을 보이고 있는지, 이에 맞선 해법은 무엇인지 하나씩 살펴 보자.

2021년 5월 김종원

추천의 글

 미디어 산업에 대한 깊은 통찰을 얻을 수 있는 책
이태현 대표 / 콘텐츠웨이브 주식회사

저자와의 인연은 수년 전 웨이브 출범을 논의할 때부터 시작됐다. 지상파 방송사들과 통신사가 함께 OTT 분야 협업 모델을 만들어야 하는 중요하고 의미 있는 협상 자리였다. 이전 통신사와 방송사의 관계는 대체로 자기 것을 지키기 위해 상대방과 싸우려고만 하던 앙숙 관계였다. 그런데 온라인 미디어가 몰고 온 국내 전통 미디어 산업의 위기는 서로의 서비스(푹과 옥수수)를 합쳐 동맹을 맺어야 상생할 수 있다는 논의를 촉발시켰다. 거대 미디어들이 서로 손을 잡은 그 자체만으로도 하나의 혁신적 사건임이 분명했다.

그런 중차대한 시기에 미디어 산업에 대한 깊은 통찰을 가진 저자와의 만남은 참으로 다행스러운 일이었다. 우리가 옳은 방향으로 가고 있다는 확신을 더 크게 갖도록 했기 때문이다.

국내 미디어 플레이어들도 여러모로 고군분투하고 있지만, 이미 전 세계를 무대로 패권 경쟁을 하고 있는 글로벌 미디어들 앞에서는 속수무책이다. 과거에는 신규 미디어에 의해 올드 미디어가 위축되는 정도였다. 방송법의 틀 안에서 균형을 맞추며 산업을 보호받을 수 있었다. 하지만 온라인 미디어의 출현으로 미디어 생태계의 경계가 허물어지고 있다. 전 세계 미디어 산업 영토는 글로벌 미디어들 간의 잔혹한 전쟁터가 되고 있다.

저자의 지적처럼 대한민국 미디어들이 지금의 위기를 극복하기란 쉬운 일이 아닐지도 모른다. 하지만 무기력하게 머물러 있을 수는 없다. 이제는 제도와 규제에 기댈 수도 없다. 오직 파괴적 혁신을 거듭하면서 스스로 살아남아야 한다.

저자는 디즈니의 시작과 좌절, 성공의 역사를 자세히 들여다보며 대한민국 미디어의 방향을 함께 고민하자고 이야기한다. 이 책에서는 세계적인 영향력을 가진 미디어 그룹이지만, 미래를 위해 뼈를 깎는 고통을 감수하며 혁신에 나선 디즈니의 모습을 자세히 접할 수 있다. 책은 디즈니 사례를 들어 우리에게 절대 멈추지 말라고 말한다.

프롤로그에서 밝힌 저자의 고백이 인상 깊다. 저자는 과거 본인이 작성했던 보고서에서 IPTV나 넷플릭스 가입자에 대한 예측치가 모두 틀렸다고 반성한다. 많은 이들이 자기보호를 위해 현실을 직시하지 않고 낙관적 전망을 내놓는 과오를 범한다. 최고의 로드맵은 최악의 시나리오를 예측하고 대비하는 것에서 출발해야 한다.

우리는 늘 의심해야 한다. '우리가 옳은 방향으로 가고 있는지.' 우리는 늘 고민하고 실행해야 한다. '지금 어떤 결정을 내려야 하는지.' 변화는 설레이면서도 두렵다. 강 건너 비옥한 땅을 바라보며 부러워만 할 것이 아니라 체력과 실력을 키워 그 강에 몸을 던져야 한다. 비록 누군가는 건너편에 도달하지 못하고 빠져 죽을 수도 있겠지만 말이다.

기업의 혁신 사례를 분석하고 산업 문제를 진단하는 많은 저서를 접했지만, 실제 경기장에서 뛰고 있는 플레이어의 입장에서는 항상 부족함을 느꼈다. 그런데 오랜 현업 기간을 통해 정확하고 깊이 있는 정보를 정리하고, 발표하고, 토론하던 저자의 활동을 지켜본 입장에서 이 책을 신뢰하지 않을 수 없다.

이 책이 정책 연구자들이나 현업 종사자들에게 좋은 참고서이자 신선한 자극제가 될 것으로 믿는다. 많은 분들이 읽고 함께 토론하면서 대한민국 미디어 기업들이 혁신에 주저하지 않도록 든든한 응원군이 됐으면 한다.

우리가 꼭 알아야 할 콘텐츠 기업의 디지털 전환 생존기

조대현 상무 / 카카오엔터테인먼트

파괴적 혁신의 상징인 넷플릭스와 그 대척점에서 올드 미디어의 위기를 성공적으로 극복한 디즈니의 스트리밍 사업. 그 내밀한 스토리를 한국 최초의 OTT 사업가에게 듣는 일은 무척 흥미롭다. 미디어 분야를 넘어 전통적 기업이라면 누구나 참고할 수 있는 디지털 전환 생존기라 할 만하다.

테크 기업으로 진화하는 디즈니의 변화를 현미경처럼 분석한 책

강정수 박사 / 전 청와대 디지털소통센터장, 미디어스피어 이사

넷스케이프의 설립자 마크 앤드리슨은 2011년 '소프트웨어가 세상을 먹어 삼키고 있다'는 글에서, 경제에서 소프트웨어가 차지하는 역할이 근본적인 변화를 겪고 있다고 주장했다. MS, IBM은 소프트웨어

라는 도구를 판매한다. 우버, 에어비앤비, 넷플릭스 등은 소프트웨어 파워를 가지고 있다. 그러나 이들은 택시 회사, 호텔, 방송국, 영화사 등에 소프트웨어를 판매하지 않는다. 이들 기업은 소프트웨어를 지렛대 삼아 전통 비즈니스 모델을 전복시키고 소비자 접점의 변화를 가져온다.

디즈니는 소프트웨어라는 도구를 구입하지 않고, 자신의 소프트웨어로 자신이 군림했던 시장의 질서를 뒤흔들면서 스스로 테크 기업으로 진화하고 있다. 이 책은 이 놀라운 변화를 현미경처럼 분석하고 있다.

 미디어 지형도가 달라지는 전환 시대의 필독서
김경달 대표 / 씨로켓리서치랩, 네오캡

원고를 받고 단숨에 다 읽었다. 그만큼 흥미진진했다. 한동안 OTT 시장은 파괴적 혁신자로 불리는 넷플릭스가 끌고 가는 형국이었다. 여기에 거대 미디어 그룹 디즈니가 디즈니플러스를 내놓고 빠른 시간 내 큰 성과를 올리며 OTT 시장에 격전이 펼쳐지고 있다.

어떻게 이런 일이 가능했을까? 이 책은 그 맥락을 소상히 담고 있다. 미디어 현장에서 OTT 서비스를 총괄하는 등 풍부한 경험을 가진 저자가 마치 옆에서 설명하듯 생생한 이야기들이 펼쳐진다. 더불어 한국 OTT들이 어떻게 대응하면 좋을지 돌파 전략을 제시하는 부분에선 절로 고개가 끄덕여졌다. 저자의 전문성과 경험을 잘 알기에 집필을 권유하긴 했지만, 이렇게 빠른 시간에 통찰력 깊은 글을 내놓을지 몰랐다.

이제 콘텐츠가 우리 주변을 흘러 다니는 스트리밍의 시대다. 동시에 미디어를 소비하는 일상의 문화적 풍경이 바뀌고, 미디어 지형도가 달라지는 전환점을 맞고 있다. 미디어 현장에서 일하는 사람이 아니어도 누구나 교양 필독서로 읽어볼 만한 책이라고 생각한다. 적극 추천한다.

목차

프롤로그: 디즈니플러스 한국 상륙에 앞서 무엇을 준비해야 하는가?　　002
추천의 글　　016

▶ll Part 1. 디즈니의 혁신 DNA는 어디에서 나오는가?

1장 혁신가 월트 디즈니

세계 최초 유성 애니메이션과 장편 애니메이션 제작　　030
기술과 뉴미디어 활용에 앞장선 월트 디즈니　　036
'전략 메모'를 통해 본 디즈니의 가장 중요한 혁신 자산　　037

▶ll Part 2. 디즈니는 콘텐츠 산업의 위기를 어떻게 극복했나?

2장 혁신 동력을 잃은 디즈니의 위기

1970년~1990년 케이블 다채널, 인터넷 시대의 시작　　043
창업가 정신이 사라진 디즈니의 경영 위기　　044

3장 1980년대 위기 극복, 콘텐츠 중심 전략 회귀와 ABC 인수

아이즈너의 시대와 글로벌 엔터테인먼트 회사로의 변모 047
지상파 네트워크가 절실하게 필요했던 이유는? 052
콘텐츠 유통 창구 확보! 신의 한수가 된 'ABC 인수' 056

4장 인터넷 시대, 디즈니에 닥친 새로운 위기

2000년 인터넷 시대의 도래와 아이즈너의 추락 060
디즈니의 전통적 메시지를 지키고 싶어한 아이즈너 062

5장 2000년대 위기 돌파를 위한 밥 아이거의 콘텐츠 '빅 3' 인수

디즈니 애니메이션의 부활을 위해 픽사 인수 추진 066
픽사의 자율성을 그대로 유지한 디즈니 069
7,000개 이상 캐릭터 보유한 '콘텐츠 보물 창고' 마블 인수 072
'포스'는 디즈니와 함께! 루카스 필름 인수 077
빅 3 인수의 파급 효과, 디즈니 콘텐츠 모델의 부활 079
빅 3 인수 성과 이후 찾아온 코드커팅 위기 082

6장 아이거의 사임과 팬데믹 시기 밥 차펙의 등장

팬데믹 위기 극복을 위한 새로운 CEO의 출현 086
디즈니 서비스를 통합해 더 강력한 시너지를 만들 적임자 088

▶︎❙❙ **Part 3.** 디즈니플러스는 디즈니를 다시 살려낼까?

7장 디즈니의 인터넷 진출 실패 경험들

넷플릭스보다 먼저 영화 다운로드 서비스를 시작하다	092
플랫폼-콘텐츠 동맹의 실험 'TV Everywhere'	094
디즈니플러스의 선배, 올인원 플랫폼 '디즈니라이프'	096

8장 디즈니플러스를 위한 준비 작업

트위터 인수 시도 해프닝과 뱀테크 인수	098
OTT 서비스를 위한 전략적 '폭스' 인수 결정	103
스트리밍 전쟁 선포와 ESPN플러스 론칭	106
콘텐츠 진영의 동맹으로 시작한 훌루의 주인이 되다	110
올드한 유통 정책의 결별 '디즈니 볼트(Vault)' 중지	113

9장 예상치 못했던 팬데믹과 디즈니플러스의 성과

팬데믹과 디즈니플러스의 행운	117
디즈니플러스의 빠른 가입자 확장 이유는?	119
극장 폐쇄로 인한 영화 스트리밍 시장의 변화	121
가속화되는 디즈니플러스의 해외 확장	127

10장 디즈니를 구원할 미래 사업 '디즈니플러스'

디즈니플러스와 넷플릭스는 무엇이 다를까? … 131
TV시장이 붕괴되더라도 스트리밍을 추진하는 이유 … 134

11장 디즈니 기술 혁신의 현재와 미래

로봇이 오고 있다! 스턴트로닉스 기술 특허 출원 … 137
테마파크 경험을 재창조하는 증강현실 매직밴드 … 140
가상현실과 증강현실 기술로 혁신적인 고객경험 제공 … 141

▶‖ Part 4. 스트리밍 전쟁의 최후 승자는 누가 될까?

12장 넷플릭스 구독자 2억 명 달성의 숨겨진 비밀

성공 비결 1. 적절한 시기에 스트리밍 사업 진출 결정 … 147
성공 비결 2. 네 가지 상품 가치를 통한 비즈니스 모델의 혁신 … 153
성공 비결 3. 독보적으로 앞선 오리지널 콘텐츠 퀄리티 … 157
성공 비결 4. 글로벌 진출 위한 통신사 제휴 활용 … 165
성공 비결 5. 콘텐츠 개인화에 집중한 넷플릭스 마케팅 … 168

13장 넷플릭스의 한국 성공 이유는 따로 있다

넷플릭스의 콘텐츠 전략 거점이 된 한국	174
TV 이용 시청 확대가 넷플릭스 성공에 기여	175
한국 구독자의 성장 발판이 된 국내 콘텐츠 제공	178

14장 스트리밍 전쟁의 최종 승자는 누가 될까?

넷플릭스의 강세가 꺾일 수 있는 변수는?	184
결국 스트리밍 전쟁의 최후 승자는 디즈니일까?	186
애플이 넷플릭스를 인수한다고? 핫하게 돌고 있는 루머들	192

▶ll Part 5. 국내 OTT는 이 위기를 어떻게 돌파해야 할까?

15장 글로벌 OTT가 한국 미디어 시장에 미친 영향

고객에게 넷플릭스는 어떤 서비스일까?	196
대규모 제작비 유입이 콘텐츠 제작 산업에 미친 '명'과 '암'	201
콘텐츠 엔터테인먼트 기업의 대형화	207
+Page 네이버와 카카오, 넥스트 '마블'을 꿈꾸나?	210

16장 토종 OTT 플랫폼의 과거와 현재

티빙: 케이블이 품은 토종 OTT의 시초	219

옥수수, 시즌: 통신회사의 OTT에서 탈피하다	222
푹, 웨이브: 한국의 훌루가 되고 싶은 지상파	225
쿠팡: 쿠팡플레이로 한국의 아마존이 될까?	229
이커머스로 확장된 OTT 경쟁 전선	232
따라가기 어려운 지경까지 벌어진 토종 OTT	233
+Page 포스트 코로나 시대, '슬기로운 스트리밍 생활' 시작되나?	236
+Page 한국의 넷플릭스는 '왓챠'?	239

17장 글로벌 OTT와의 경쟁, 어떻게 돌파해야 할까?

한국인의 디즈니에 대한 충성도는?	240
돌파 전략 1. 글로벌 OTT와 똑같은 수준으로 사용성을 개선하라!	244
돌파 전략 2. 넷플릭스와 콘텐츠 거래 질서를 재조정하라!	247
돌파 전략 3. 토종 OTT도 TV로 과감하게 진입하라!	251
돌파 전략 4. 디즈니플러스 제휴를 평등하게 추진하라!	254
돌파 전략 5. 디즈니플러스에 대응할 IPTV의 무기를 준비하라!	258
돌파 전략 6. 아시아 진출을 위해 토종 OTT 연합을 추진하라!	262
+Page OTT 콘텐츠 쿼터제가 문제인 다섯 가지 이유	266

에필로그: 승자 독식을 막을 혁신이 필요하다	274
부록: 디즈니플러스 서비스의 사용성 평가 및 시리즈 예정작 소개	280

I

디즈니의
혁신 DNA는
어디에서
나오는가?

미키 마우스의 창조자 월트 디즈니는 1930년대 당시 진정한 혁신가였다. 그의 끝없는 실험 정신과 상상력은 세계 최대 콘텐츠 기업 디즈니를 탄생시켰다. 월트의 정신은 디즈니에 각인되어 '혁신 DNA'의 나침반이 되었다.
Part 1에서는 디즈니의 바탕을 이루고 있는 혁신 DNA의 시작과 확장을 구체적으로 살펴본다.

1장
혁신가 월트 디즈니

미술가이자 창의적인 리더 월트 디즈니는 혁신의 상징이다. 우리가 현재 즐기고 있는 애니메이션의 대중화는 그가 개척한 것이나 다름없다. 한때 애니메이션은 영화와의 경쟁에서 뒤떨어져 퇴출 위기에 처했지만 표현의 자유도가 높은 어린이용 콘텐츠로 변신해 자신의 영역을 되찾았다. 그 선두에 월트 디즈니가 있었다.

세계 최초 유성 애니메이션과 장편 애니메이션 제작
1920년 월트는 첫 번째 원작 애니메이션을 제작했다. 특히 그는 실사영화와 애니메이션을 결합하는 새로운 방법으로 자신감을 얻었다.

1923년 월트는 자신이 완성한 애니메이션과 40달러를 들고 할리우드로 향했다. 이곳에서 은행가였던 형 로이와 의기투합해 디즈니브라더스라는 영화사를 세우고 당시에는 아무도 시도하지 않던 애니메이션 제작에 매달렸다.

그는 1927년 유니버설 스튜디오를 통해 자신의 최초 히트 작품인 〈토끼 오스왈드〉를 발표하며 능력을 인정받기 시작했다. 하지만 제작 다음 해에 <토끼 오스왈드>의 판권을 배급업자에게 빼앗겼다.

1928년 실의에 빠져 있던 월트는 어느 날 아내 릴리와 기차여행

토끼 오스왈드 캐릭터. 출처: pt.wikipedia.org

> 저작권을 빼앗긴 지 80년이 지난 후 디즈니 CEO 밥 아이거는 〈토끼 오스왈드〉의 저작권을 원상 회복해 창업자의 뜻을 기리고 싶었다. NBC유니버설이 소유한 저작권을 다시 가져오기 위해 2006년 당시 디즈니 산하 ESPN의 스포츠 방송 진행자인 앨 마이클스를 NBC에 트레이드하는 조건으로 〈토끼 오스왈드〉의 저작권을 되찾았다.

을 하던 중 즉흥적으로 그림을 그리기 시작했다. 여기서 당시 최고 스타였던 찰리 채플린의 이미지와 생쥐의 모습을 결합한 '미키 마우스'가 탄생했다.

미키 마우스의 작화는 월트의 동업자인 유브 아이웍스가 맡았다. 토끼 오스왈드를 변형시킨 듯한 모습의 미키 마우스는 귀가 둥글고 꼬리가 달린 모습이었다. 판권을 강탈당한 사건이 오히려 전화위복이 되었다. 하지만 사람들이 처음부터 미키 마우스를 좋아했던 것은 아니었다. 초기 시리즈 두 편은 시장에서 외면당했다. 미키 마우스가 등장하는 〈증기선 윌리〉는 세계 최초의 유성 흑백 만화영화였다. 경쾌한 음악과 독특한 효과음을 미키 마우스의 동작과 결합해 엄청난 인기를 끌었다.

월트는 미키 마우스의 성격을 생생하게 표현하기 위해 직접 목소리 연기를 시도했을 정도였다. 미키 마우스는 유성 영화 기술의 힘을 바탕으로 인기를 얻기 시작했다. 영화를 보고 사람들 사이에서는 미키 마우스처럼 휘파람을 불거나 손동작을 따라하는 동작들이 폭발적으로 유행했다.

1920년대 미국을 강타한 대공황은 오히려 미키 마우스의 성공 배경이 되었다. 귀엽고 쾌활하고 순진한 미키 마우스는 대공황으로 마음이 피폐해진 사람들에게 웃음과 희망을 전달했다. 대공황을 극복한 후 미키 마우스는 보수적인 미국의 가치를 전세계로 전파하는 존재로 영향력을 키워나갔다. 그 결과 디즈니는 근면 성실하고 금욕적인 프로테스탄티즘에 입각한 가부장적 사랑과 로맨스, 가족 중심

미키 마우스가 출연한 세계 최초 유성 흑백 만화영화인 〈증기선 윌리〉. 출처: it.wikipedia.org

사상의 가치관을 표방한 작품의 대표 주자가 되었다.

　월트는 애니메이션의 표현 방식에서도 늘 혁신적인 실험을 했다. 최초의 삼원색 테크니컬러를 이용한 색채 만화 〈숲의 아침〉(1932)으로 아카데미상을 수상했다. 영화보다 한발 앞선 컬러 화면을 선보인 작품이었다.

　미키 마우스 외에 디즈니는 또 다른 캐릭터를 준비했다. 사람들은 미키 마우스가 보이 스카우트처럼 '굿 가이'이기를 바랐다. 이와 다른 천방지축 성격의 캐릭터가 필요했다.

1934년 탄생한 도널드 덕은 양면적인 성격을 가진 캐릭터로 화도 내고 성질도 고약하게 그려졌다. 하지만 2차 세계대전 시절에는 애국심이 넘치는 모습으로 국방의 임무를 완수하는 미국 병사의 모습을 담당하기도 했다. 디즈니의 캐릭터 확장은 고객들의 시대적 감정을 다양하게 대변했다.

세계 최초의 유성 애니메이션 제작에 이은 월트 디즈니의 업적은 장편 애니메이션 영화 제작이다. 1934년 그는 모든 할리우드 관계자들이 '디즈니의 어리석음'이라고 비웃던 장편 애니메이션 제작에 돌입했다. 제작 기간은 거의 3년이 걸렸고 제작 비용만 당시 149만 달러에 육박한 엄청난 프로젝트였다. 월트의 아내와 형 로이는 월트에게 프로젝트 중단을 조언하기도 했다.

하지만 1937년 개봉한 〈백설공주와 일곱 난쟁이〉는 관객들로부터 기립 박수를 받았고 800만 달러를 벌어들였다. 이어서 〈피노키오〉(1940), 〈환타지아〉(1940), 〈덤보〉(1941), 〈밤비〉(1942) 등 장편 애니메이션을 발표했다.

1940년에 디즈니는 로스앤젤레스 버뱅크 스튜디오를 설립했다. 애니메이터, 제작자, 미술가, 스토리 작가, 기술 인력을 모두 합쳐 1,000명에 이르는 규모로 성장했다. 디즈니는 이 스튜디오에서 81편의 작품을 완성했다. 당시 디즈니는 기술적으로나 사업적으로 시대를 선도했다.

제2차 세계대전 후에는 〈신데렐라〉(1950)부터 〈정글북〉(1967)에 이르는 일련의 장편 애니메이션 외에도 〈보물섬〉(1950) 같은 극영화

월트 디즈니와 미키 마우스, 도널드 덕 전시 인형. 출처: pxhere.com

와 〈사막은 살아 있다〉(1953) 등 장편 기록영화까지 제작해 장르를 확장했다. 1960년대에는 텔레비전 프로그램도 제작했다. 이 과정에서 만들어진 뮤지컬 영화 〈메리 포핀스〉(1964)는 당시 1억 달러를 벌어들인 디즈니 최고의 성공작이었다.

1955년에는 그가 오랫동안 꿈꾸던 디즈니랜드를 캘리포니아에 완공했다. 디즈니랜드의 공개식이 열린 1955년 7월 17일은 일요일이었다. 공개식은 퍼레이드 참관과 공원 시설에 참여할 수 있는 사람들만 초청한 행사로 기획되었으나, 위조 초대장이 만들어져 2만 명 이상의 관중이 모였다. 개장 몇 주 이내에 100만 명의 사람들이 디즈니랜드를 방문했다. 월트는 디즈니랜드를 '영원히 막을 내리지 않는 영화 속 세상'으로 구현하려고 했고 이곳의 관람객들을 모두 영화 속 주인공이 될 수 있도록 만들고자 했다.

디즈니랜드의 개장식에서 월트는 관람객을 '디즈니가 초대한 손님(guest)'이라고 정의했다. 이날 이후 '손님'이라는 개념은 디즈니사의 고객 만족 실천의 가장 중요한 철학으로 정립되었다. 그 이후 1971년 10월 1일 '환상의 나라 월트 디즈니 월드'가 플로리다에 설립되었다.

1966년 12월 15일 월트는 자신이 세운 왕국을 남긴 채 세상을 떠났다. 선구자, 혁신가였으며 애니메이터의 상상력 그 이상을 펼쳤던 월트는 일생 동안 마흔여덟 개의 아카데미상과 일곱 개의 에미상을 포함해 950개가 넘는 훈장과 표창장을 받았다.

기술과 뉴미디어 활용에 앞장선 월트 디즈니

월트는 개방적 사고를 가진 인물이었다. 영화인으로서는 드물게 텔레비전을 적극적으로 공략해야 하는 매체로 인식했다. 다른 대규모 할리우드 영화사들이 극장 관객을 빼앗길 우려가 크다는 이유로 TV 진입을 머뭇거리는 사이, 디즈니는 영화사로는 유일하게 TV와 협력 관계를 맺고 TV를 적극 활용했다.

1954년 지상파 방송 ABC에서 디즈니가 만든 TV 시리즈를 처음 방영했다. 1955년에는 같은 방송사에서 〈미키 마우스 클럽〉 시리즈를 방송했는데 이 프로그램으로 디즈니랜드에 대한 마케팅도 자연스럽게 이루어졌다.

창의력에 바탕을 둔 월트 디즈니의 과감한 혁신과 도전은 영화와 테마파크의 결합을 대표로 꼽을 수 있다. 이 둘의 시너지 창출을 위한 성공 방정식은 다음과 같이 이루어졌다.

영화 흥행 수입이 늘고 시청률이 올라가면 콘텐츠를 시청한 사람들이 관련 테마파크를 찾아가고 관련 캐릭터를 구입한다. 이렇게 직접적인 접점을 만든 사람들은 점점 더 디즈니에 대한 애착이 높아지고, 디즈니 영화나 TV 프로그램의 열혈 관객이 되는 순환 구조를 만들어 간다. 이런 상승효과로 디즈니는 안정적인 사업을 영위할 수 있게 되었다. 특히 ABC 방송국과의 계약은 디즈니랜드의 입장객 증가에 큰 영향을 미쳤다. 당시 할리우드에서 일곱 번째로 큰 영화사가 된 '월트 디즈니 프로덕션'은 본격적인 엔터테인먼트 왕국으로 시동을 걸 수 있게 되었다.

'전략 메모'를 통해 본 디즈니의 가장 중요한 혁신 자산

월트는 자신의 사업 경험을 광범위한 메모와 오디오 녹음으로 남겼다. 이는 디즈니 아카이브에 저장되어 있는데, 기업 전략에 관한 메모는 1957년 작성되었다고 알려졌다. 그 메모에는 디즈니 기업의 가치와 이후 콘텐츠 자산을 어떻게 사업으로 확장할 것인가에 대한 그의 통찰이 기록되어 있다. 월트의 메모는 디즈니가 창업자의 사후부터 현재까지 70여 년 이상을 지탱해 온 기업 전략의 핵심이다.

1957년의 시점에서 보면 놀라운 통찰력이자 직관이다. 이 메모를

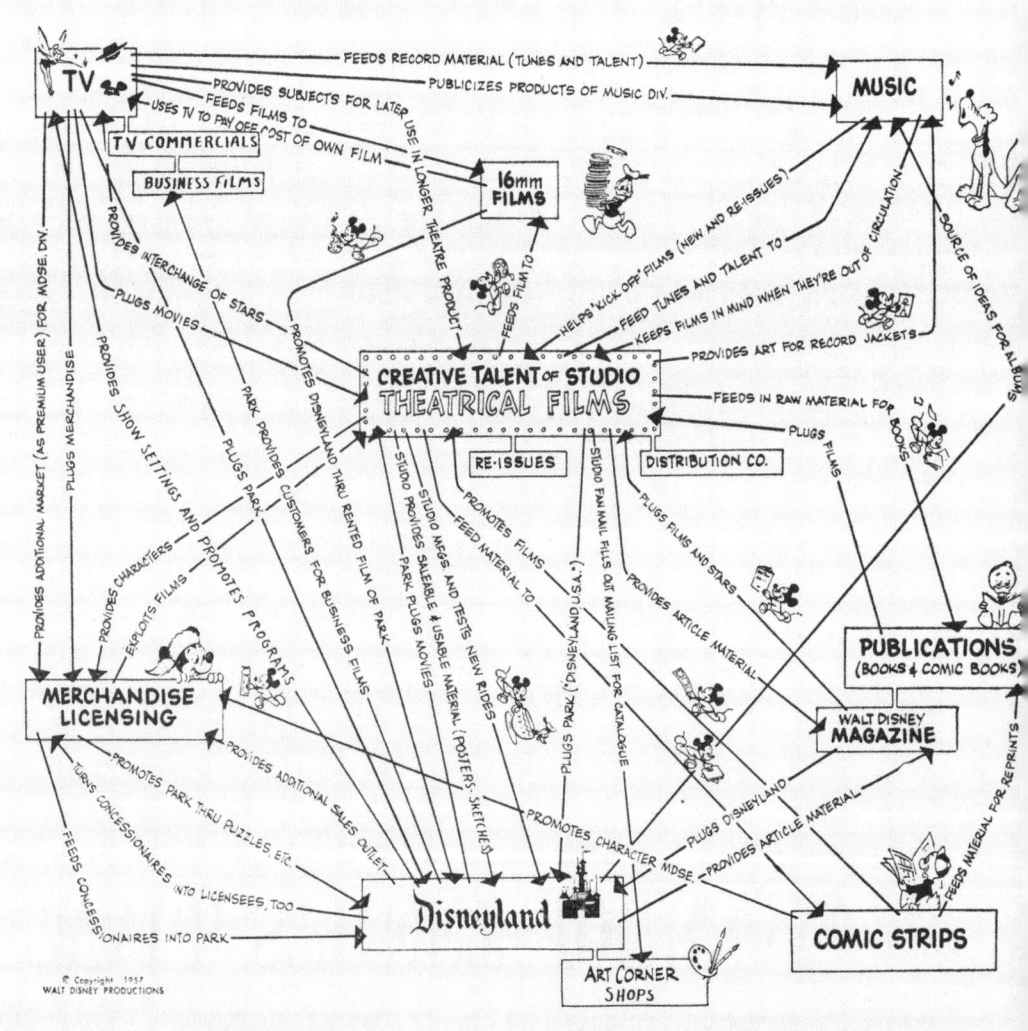

월트 디즈니 전략 메모. 출처: hbr.org , Illustration: @1957 Disney

디즈니는 '지속성장기업 이론'이라 부른다. 중앙에는 창의력의 원천이자 오리지널 캐릭터 및 스토리 제작을 맡고 있는 '디즈니 스튜디오'가 놓여 있다. 그리고 주변에는 디즈니 캐릭터를 세상에 계속 알리며 지속적으로 수익을 창출해 나가는 다양한 채널이 연결되어 있다.

디즈니는 콘텐츠를 중심으로 한 산업 포트폴리오의 연계를 위해 광범위한 채널에서 수익 창출이 가능한, 시대를 초월한 캐릭터를 창조하는데 중점을 두었다. 이는 일회성 히트작을 지양한다는 의미이다. 극장용 영화를 중심으로 TV, 음악, 머천다이징(상품화), 라이센싱, 디즈니랜드, 출판, 잡지, 단편 만화 등의 사업으로 확장하는 전략은 1957년 이후 수십 년이 흘러도 디즈니를 관통하는 원소스멀티유즈 원칙으로 이어졌다. 월트가 그린 전략 메모는 이후 추가 자산이 축적되면서 계속 확장되었다. 오늘날 디즈니의 콘텐츠 순환 지도를 그리려면 더 많은 상자와 화살표가 필요하다. 하지만 기본 패턴과 통찰력 및 직관은 일관되다. 전략 메모를 중심에 두고 디즈니는 크게 영화, 애니메이션 제작 스튜디오와 테마파크, 리조트 부분이라는 두 축으로 사업을 발전시켰다. 여기에 시대의 변화에 따라 방송 영역, 디즈니 스토어 등 오프라인 신사업, 디지털 유통 및 인터렉티브 게임, 그리고 스트리밍에 이르기까지 조직의 갈래들을 만들어 나갔다.

디즈니 컴퍼니는 월트의 사후 10년에서 15년을 주기로 전략 메모의 중심축인 '콘텐츠' 파워가 약화되면서 기업 가치가 흔들리는 상황을 맞이한다. 하지만 그때마다 전략 메모의 주문대로 '콘텐츠 강화'를 중심으로 한 변화가 이루어지며 위기를 극복해냈다.

II

디즈니는 콘텐츠 산업의 위기를 어떻게 극복했나?

디즈니를 이끌었던 두 전문 경영인 마이클 아이즈너와 밥 아이거는 디즈니의 정체성을 수직, 수평적으로 확장했다.
Part 2에서는 위기 때마다 그에 맞는 새로운 리더를 영입해 성공적으로 변화를 이끈 디즈니의 모습을 통해 1970년대에서 2000년대에 이르기까지 미디어 산업이 겪은 시대 상황과 이를 극복하는 과정을 살펴본다.

2장
혁신 동력을 잃은 디즈니의 위기

월트 디즈니 사후 디즈니의 변화 과정을 알아보는 것은 미국의 미디어 역사를 살펴보는 과정이기도 하다. 정보화 시대를 맞아 영화와 미디어 산업에 일어난 변화는 대중문화 배출 시스템의 변화이자 이 대중문화를 세계 곳곳에 전달하는 미디어 시스템의 변화이기도 했다.

시대와 사회의 변화와 더불어 기술의 변화는 기업의 흥망성쇠에 가장 큰 영향을 미치는 외부 요인이다. 적응하지 못하고 무너지는 기업들을 우리는 많이 봐 왔다. 1990년대까지 디즈니도 그런 기업 중 하나로 여겨졌다.

1970년~1990년 케이블 다채널, 인터넷 시대의 시작

미국은 1970년대 오일쇼크, 1980년대의 불황을 지나 1990년대부터 역사상 가장 지속적인 호황을 맞이했다. 미디어 산업 측면에서는 1972년 미국의 첫 번째 유료 채널 HBO가 탄생했다.

1972년 HBO 로고. 출처: logos.fandom.com

1980년대에는 케이블 TV에 대한 미연방 정부의 제한적 규제 완화를 통해 10년 동안 5,300만 가구가 케이블 TV에 가입했다. 그러면서 미국인의 영상 시청 습관도 바뀌었다.

미국인들은 영화, 뉴스, 스포츠, 다큐멘터리 전용 채널은 물론 어린이 전용 채널, 여행, 요리 등에 이르기까지 무한대로 세분화된 케이블 채널을 입맛에 맞춰 고를 수 있게 됐다. 이로 인해 콘텐츠 부족 현상이 시작되었다.

영상 저장 매체도 1970년대부터 1980년대 사이에 격변했다. 1975~1976년 일본의 소니와 JVC사는 각각 베타맥스와 VHS비디오테이프를 개발했고, 소비자들은 영상을 보기 위해 비디오플레이어를 구입했다. 이 매체는 1995년 DVD에 이어 2000년대에는 블루레이로 발전했다. 1990년대에는 위성 방송과 인터넷이 등장했다. 1990년대 전후로 미디어, 정보통신, 엔터테인먼트 등의 분야에 걸쳐 대형 기업합병이 이어졌다.

1996년 미국은 63년 만에 통신법을 개정했다. 이 전자통신법은 각종 진입 장벽을 완화하고 서비스 기반 경쟁을 도입함으로써 통신과 미디어 서비스의 융합을 허용했다.

1991년은 인터넷 원년이다. 1995년 마이크로소프트는 인터넷 익스플로러 웹 브라우저를 출시했다. 넷스케이프와의 웹 브라우저 경쟁은 1998년 마이크로소프트의 '윈도우' 출시로 승자가 가려졌다. 당시 인터넷 관련 사업은 가장 주목받는 신사업이었다. 그리고 1997년 리드 헤이스팅스와 마크 랜돌프가 넷플릭스를 설립했다. 디즈니는 이런 환경 변화에 적응해야 했다.

> 2020년 마이크로소프트는 2021년 8월까지 인터넷 익스플로러 서비스 지원을 중단한다고 발표했다. 약 30년 간의 익스플로러 천하가 문을 닫는 중이다.

창업가 정신이 사라진 디즈니의 경영 위기

강력한 리더십을 가진 창업자가 사망한 뒤 그 기업이 위기 상황에 빠지는 경우는 기업 역사에 흔한 일이다. 슘페터는 기업의 혁신과 관련해 "성공을 이룬 모든 기업은 어느 한순간에만 기업가적이었다"라고 주장했다. 혁신을 앞세운 기업가 정신을 유지하기가 그만큼 쉽지 않다는 의미다.

창업자 사망 후 1970년대 말까지 디즈니의 경영 문제는 상당히 심각했다. 영화제작을 소홀히 취급해 콘텐츠를 통한 고객의 테마파크 유입을 끌어내지 못했다. 디즈니의 산업구조는 영화나 텔레비전 프로그램이 인기를 얻으면서 테마파크나 캐릭터 상품으로 고객의 관심이 전이되는 방식으로 발전해 왔다. 그런데 월트의 사후 애니메이션을 포함한 영화제작 부문의 부진이 너무 심각했다.

디즈니 애니메이션은 월트가 마지막으로 손을 댄 〈정글북〉(1967) 이후 1981년까지 14년 동안 〈로빈 후드〉(1973)를 포함해 고작 네 편만 제작됐다. 실사 영화도 히트 작품의 리메이크가 대부분이었다.

그나마 수익을 내고 있었던 테마파크도 1970년대 석유 위기로 가솔린 가격이 올라가자 가족 단위의 방문객이 감소하며 위기가 중첩되었다.

디즈니의 후계자들은 새롭게 등장하는 미디어와 기술을 활용하지 못했다. 즉각적 또는 장기적으로 효과를 발휘할 중대한 미디어 산업의 변화에 적응하지 못했다.

1980년대 디즈니는 비디오플레이어의 가파른 증가, 지상파 네트워크와 케이블 TV 제작 영역의 확장 등 새로운 변화 기회를 외면했다. 당시 비디오플레이어와 테이프는 누구나 영화를 보고싶을 때마다 몇 번이고 돌려볼 수 있는 매체가 되었다.

1980년대 후반 영화사들의 비디오 판매 매출은 극장 흥행 성적에 버금갔다. 하지만 디즈니 후계자들은 VTR의 활용에 소극적이었다. 오히려 비디오를 통한 반복적인 시청이 디즈니가 보유한 영화 자산 가치를 떨어뜨린다고 여겼다. 당시 디즈니는 자사의 작품을 몇 년 단위로 극장에서 반복 상영하며 추가 수익을 올리고 있었다. 이 사업 구조가 무너지는 것을 우려했다.

케이블 TV의 가입자 확대와 다채널화로 영상 콘텐츠의 필요성이 증가했다. 영화업계는 새로운 수익 창구가 생겼다. TV 진영은 영화사들이 창고에 쌓아놓은 필름 라이브러리를 탐냈다. 할리우드는 과거 케이블 TV 진입을 주저하던 1970년대 전략을 변경하고 적극적인 제휴에 나섰다. 반면 이 시기 디즈니는 미숙하게 대응했다. 특히 아동용 애니메이션 콘텐츠를 다수 보유해 신디케이션들에게 중요한 고객이었음에도, 디즈니는 방송권을 판매하거나 TV 콘텐츠 제작 등 그 어떤 것에도 적극적으로 나서지 않았다.

이렇게 사업 기회를 놓친 디즈니 브랜드는 급속히 인기가 떨어졌다. 1980년대 들어 〈스타워즈〉 영화와 캐릭터 상품이 절대적 인기를 끄는 동안 디즈니는 대중으로부터 점점 잊혀졌다.

3장
1980년대 위기 극복, 콘텐츠 중심 전략 회귀와 ABC 인수

1970년대 후반 기업 사냥꾼들이 디즈니에 적대적 M&A를 시도했다. 이를 해결하는 과정에서 결국 기존 경영진들이 물러났다. 아이러니하게도 이로 인해 디즈니는 친족 회사에서 근대 기업으로 변모하게 되었다. 이 변신이야말로 디즈니 왕국의 탄생에 필수적인 과정이었다.

아이즈너의 시대와 글로벌 엔터테인먼트 회사로의 변모

창업기의 디즈니는 월트라는 창조적인 인간과 로이라는 실무형 인간의 조화로 성장한 회사였다. 디즈니가 재탄생하려면 새로운 창조적

리더십이 필요했다. 월트의 조카인 로이 에드워드 디즈니는 1984년 마이클 아이즈너를 디즈니의 CEO 겸 회장으로 추대하고 전 워너브라더스 CEO인 프랭크 웰스를 사장으로 영입했다. 이들에게 디즈니의 미래를 걸었다. 아이즈너가 파라마운트에서 이룬 업적을 높이 평가했다. 그와 같은 창조적인 경영자가 필요하다는 지지를 얻었다. 그는 텔레비전 프로그램 제작으로 경력을 쌓았으며 NBC, CBS, ABC 방송국을 모두 거쳤다. ABC에서는 프로그램 제작과 편성 업무를 담당했는데, 특히 주말 아침 어린이용 애니메이션 프로그램 개발로 두각을 나타냈다.

아이즈너는 월트의 창조형 리더십을 이어받은 인물로 평가받았다. 그의 진두지휘로 디즈니는 기적의 급성장을 시작했다.

아이즈너는 시대의 흐름에 회사를 적응시키면서도 월트의 유산을 존중하는데 방점을 두었다. 그는 디즈니를 영화와 테마파크 중심의 회사에서 글로벌 엔터테인먼트 회사로 변모시켜 나갔다.

"우리를 만드는 상징적 브랜드, 창의적 사고 및 혁신적인 기술을 반영하는 비교할 수 없는 스토리텔링의 힘을 통해 전세계 사람들을 즐겁게 해주는 세계 최고의 엔터테인먼트 회사로 만들어 갑시다."

- 『경영의 신화 디즈니』 중에서

아이즈너는 1986년 주주총회에서 사명을 '월트 디즈니 프로덕션'에서 '월트 디즈니 컴퍼니'로 변경했다. 그리고 5개년 중장기 계획을 발표했다. 1년에 12편의 영화와 1편의 애니메이션 영화를 만들어 콘텐츠를 강화한다는 계획이었다. 특히 그는 디즈니의 고전 영화를 5년 주기로 극장에서 재개봉하는 기존 전략을 폐기했다.

아이즈너는 창의적인 조직을 만들기 위해 인재를 모으고 조직문화를 개편했다. 엔터테인먼트 산업에서 인재는 경쟁력의 원천이고 창의적 콘텐츠를 만들어내는 기반이다.

아이즈너는 파라마운트에서 제작 총괄을 맡고 있던 제프리 카젠버그를 스카우트했다. 카젠버그는 우편물 담당 직원에서 제작 담당 사장까지 오른 입지전적인 인물이었다.

아울러 파라마운트의 유료 케이블 TV 제작 책임자를 포함해 여러 전문가들을 영입했다. 창의적 인재를 영입하기 위해 기존 연봉 시스템도 변경했다. 업계 최고의 연봉과 스톡옵션 제도, 성과 연동형 보너스 제도를 도입해 능력자들을 스카우트하고 업무 의욕을 자극했다. 이렇게 모인 인재들은 '팀 디즈니'로 뭉쳐 디즈니 재건의 핵심이 되었다.

영입된 인재들을 활용해 다시 콘텐츠 제작 사업을 일으켜 세우기 위해서는 더 많은 자금이 필요했다. 아이즈너는 테마파크의 입장료 인상과 비디오 유통을 추진했다. 가격 인상에 대한 명분이 필요했던 디즈니는 테마파크의 재밋거리를 보강하는데 역점을 두었다.

그는 미국 10대들에게 인기가 높았던 〈스타워즈〉에 주목했다. 조지 루카스에게 스타워즈의 비행선을 모티브로 한 디즈니랜드 놀이시설을 제안했다. 어려서부터 디즈니랜드에 매료되었던 조지 루카스

디즈니랜드의 스타 투어스. 출처: commons.wikimedia.org

감독은 이 제안을 수락했다. 스타워즈 영화 시리즈를 기반으로 만든 〈스타 투어스〉라는 모션 시뮬레이터는 대성공을 거뒀다. 이를 통해 아이즈너는 당시 17달러였던 테마파크 입장료를 1달러 인상해 2,699만 달러 이상의 자금을 추가로 확보할 수 있었다.

아이즈너는 창고에서 잠자고 있는 디즈니 고전 영화에 다시 눈을 돌렸다. 1985년 미국의 홈 비디오플레이어(VTR)의 보급률은 28%였는데 1987년에는 52%까지 확대되었다.

그는 '디즈니 영화를 영원히 고객님의 가정에'라는 마케팅 캠페인을 펼쳤다. 여섯 번이나 재상영을 하며 264만 달러의 수익을 올렸던 〈피노키오〉를 비디오테이프로 제작해 29달러에 판매하기 시작했다. 〈피노키오〉 비디오는 1989년 1억 달러 이상의 매출로 이어졌다. 그는 한발 더 나아가 월마트나 타깃 등 할인, 양판점 매장에서도 디즈니 비디오를 판매하기 시작했다. 〈신데렐라〉 비디오는 당시 비디오 판매 1위였던 〈E.T.〉에 이어 2위를 차지했다. 이렇게 수혈된 자금은 새로운 영화와 애니메이션 제작에 투입되었다.

회사의 조직문화도 창의적으로 변화시켰다. 아이즈너는 여러 아이디어를 접수받아 회의를 통해 거르는 파라마운트 방식을 디즈니에도 이식했다. 공쇼(gong show)로 불렸던 이 방법을 통해 직원들의 아이디어가 쏟아졌고 새로운 텔레비전 프로그램이 제작되었다. 비서를 포함해 회사의 모든 직원들이 아이디어를 낼 수 있었다. 3~5분 정도의 프리젠테이션 후 아이디어가 통과되면 곧바로 애니메이터, 기술팀을 구성하여 제작에 돌입했다. 1996년 4월 1일 발행된 포춘 매거진과의 인터뷰에서 아이즈너는 "자신의 아이디어 제안에 대해 안전하다고 느끼는 환경을 만드는 것이 중요하다"고 말했다. 이런 혁신을 통해 아이즈너 취임 이전 미국 영화 시장 점유율 4%였던 디즈니는 1987년에 14%까지 성장할 수 있었다.

〈세 남자와 아기 바구니〉(1985), 〈굿모닝 베트남〉(1987)은 1억 달러가 넘는 소위 '텐트폴' 영화의 흥행 성적을 올렸다. 1988년에는 파라마운트를 제치고 흥행 순위 1위를 차지했다. 아이즈너는 1988년 미국 기업 CEO 연봉 1위에 올랐다.

아이즈너가 영입한 제프리 카젠버그의 노력과 열정도 영화 제작 부문의 선전에 크게 기여했다. 1990년대 초부터는 애니메이션 분야에서도 가시적 성과가 나타났다. 3억 달러의 대 히트를 친 〈미녀와 야수〉(1991)를 시작으로 〈알라딘〉(1992)은 3억5,000만 달러 〈라이온 킹〉(1994)은 7억 달러의 흥행수익을 기록했다. 이는 고스란히 디즈니 테마파크, 호텔 등과 시너지로 이어졌다.

카젠버그는 월트 디즈니 픽처스, 터치스톤 픽처스, 할리우드 픽처스 등 3개 영화사 외에도 텔레비전 제작 부문, 비디오 부문을 이끌었다. 이중 애니메이션 영화와 어린이 대상 TV 프로그램은 큰 성과를 냈다.

지상파 네트워크가 절실하게 필요했던 이유는?

1980년대의 미디어 인수, 합병이 단순한 머니게임 양상을 보였다면, 1990년대의 미디어 기업과 영화사들의 합종연횡은 기업 활동이 보다 글로벌화되고 다각화되는 상황 때문에 진행됐다. 1990년대 통신 기술의 발전으로 콘텐츠가 공간적 제약을 벗어나 국경의 벽을 넘나드는 것이 쉬워졌다. 글로벌한 커뮤니케이션 시장이 출현했다.

아울러 미국의 지상파 네트워크 관련 규제도 디즈니와 같은 기업의 인수 활동에 우호적 환경으로 변화했다. 오른쪽 표는 10년 단위로 변화된 미국의 규제 사항과 내용을 정리한 것이다.

1971년의 규제는 지상파 네트워크 중심의 방송 시장이 디즈니와 같은 할리우드 스튜디오 중심으로 서서히 이동하는 상황을 만들었다. 할리우드에 유리한 규제 상황이었다.

미국 지상파 네트워크 관련 규제 사항 및 내용 변화

구분	규제 사항	규제 내용	산업 영향도
1971년	Prime time access rule	지상파의 신디케이션 권리 금지	독립 방송국 숫자 증가로 할리우드 스튜디오 판매처 활성화
1982년	방송국 3년 거래 제한 폐지	방송국 소유 이후 3년간 거래 불가 조항 해제	방송국 인수 합병 활성화
1991년	지상파 콘텐츠 신디케이션 판매 제한 완화	지상파 제작 콘텐츠 판매 가능토록 제한 수준 낮춤	지상파의 수익 다변화 가능

출처: 위키피디아 분석

1982년 연방통신위원회(FCC)는 방송국 소유 이후 3년간 거래 불가 조항을 폐지했다. 방송국을 언제든 사고 팔 수 있게 되었다. 방송국 인수를 위한 외부 자본도 쉽게 유입될 수 있었다. 이와 같은 규제 완화로 1985년부터 미디어 시장이 움직였다. ABC는 투자 회사인 캐피탈 시티즈에게 팔렸고, 제너럴 일렉트릭은 NBC를 인수했다. 1986년에는 루퍼드 머독이 제4지상파인 폭스 브로드캐스팅 컴퍼니(FBC)를 설립했다. 이런 변화 속에 디즈니도 인수전에 참가해 NBC, CBS 등과 접촉했으나 때를 놓쳤다.

1991년에는 지상파가 자사 방송 콘텐츠를 신디케이션에 판매하는 것에 대한 규제가 다소 완화되었다. 지상파 네트워크의 수익 극대화를 허용해 준 규제였다. 디즈니는 내부에서 지상파 방송국 인수 논

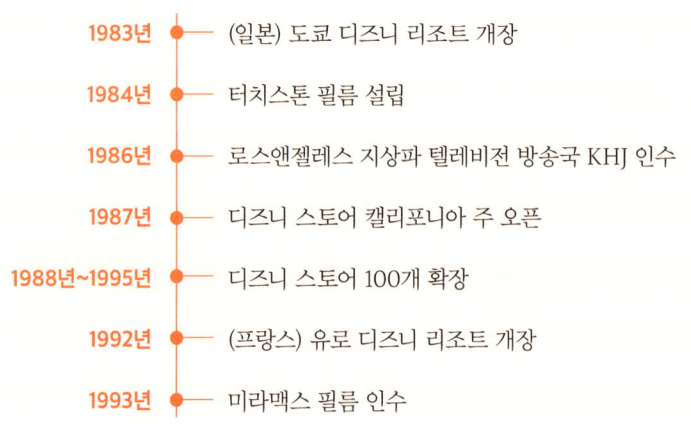

의를 다시 시작했다.

    지상파 네트워크 인수에 대한 회사 내의 의견은 양분되었다. 1993년 10월 중순 아이즈너는 ABC 회장인 톰 머피를 만나 인수 논의를 시작했다. 아이즈너는 ABC가 지상파 네트워크는 물론 케이블 TV의 기반도 탄탄하다는 점을 주목했다. 케이블 TV 채널을 외국으로 송출할 수도 있었다. ABC 인수 가격은 다른 지상파 네트워크에 비해 세 배 이상 비쌌다.

    그렇다면 디즈니는 왜 지상파 네트워크가 필요했을까? 1984년 아이즈너 취임 이후 디즈니가 확장한 사업들을 살펴보자. 우선 기존 사업 부문의 확장이 두드러진다.

아이즈너는 리조트와 영화 사업, 그리고 이를 바탕으로 한 캐릭터 사업에 앞장섰다. 한편으로는 기존 사업이 정체될 것에 대비해 새로운 동력을 찾았다. 그는 기존의 사업 분야를 보완하면서 새로운 성장 동력이 될 수 있는 분야가 바로 '방송'이라고 판단했다.

1994년 10월, 디즈니 주가가 48달러에서 38달러로 급락했다. 지상파 인수는 디즈니에게 새로운 사업의 장을 열어줄 뿐만 아니라 동시에 궁지에 몰린 아이즈너의 타결책이기도 했다.

당시 회사의 전략 부서는 CBS 인수와 ABC 인수로 나뉘어 논쟁을 벌였다. CBS 인수는 콘텐츠의 파이프라인을 확보하는 수준으로 평가되었다. 반면 ABC를 인수하면 단번에 미디어 제국이 될 수 있었다. 당시 ABC는 매해 최고 매출을 갱신하고 있었다. ABC의 자회사인 ESPN은 무섭게 성장해 미국 국내 6,700만 세대와 외국의 1,500만 세대에 서비스되고 있었다.

ABC 전체 수입의 20%를 벌어들이고 있던 ESPN 스포츠 채널은 케이블 텔레비전이나 위성 방송이 전세계로 급속히 보급되면서 향후에도 가입자가 지속적으로 증가할 전망이었다. 이뿐 아니라 ABC는 남미, 아프리카, 아시아 24개국에 자사 지분이 들어간 계열 방송국도 보유하고 있었다. 1995년 당시에 외국에서 디즈니 콘텐츠를 방송하는 곳은 포르투갈, 이탈리아, 영국 정도였는데 ABC 인수를 통해 다른 유럽 국가나 라틴아메리카로의 진출을 앞당길 수 있었다.

또한 ABC가 보유한 ESPN 브랜드를 테마파크에 활용할 수 있다

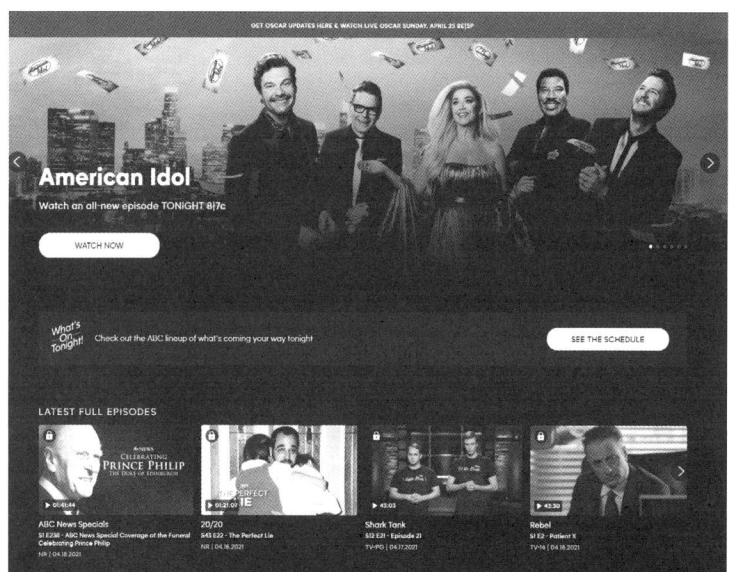

ABC 방송국 홈페이지 캡처. 출처: abc.com

는 점과 디즈니 스토어를 통해 ABC의 주요 프로그램 상품을 판매할 수 있다는 점 등은 인수 즉시 가능한 시너지였다.

콘텐츠 유통 창구 확보! 신의 한수가 된 'ABC 인수'

1995년 7월 ABC의 굿모닝 아메리카에서 디즈니의 ABC인수가 속보로 발표되었다. 190억 달러라는 인수 금액은 미국 인수합병 역사상 두 번째로 큰 금액이었다. 양사의 합병 계획이 발표되자 월스트리트는 일제히 '꿈의 결합'이라며 환영했다. 디즈니의 ABC 인수 이후 글로벌 미디어 기업의 빅딜이 이어졌다. GE는 NBC를, 바이어콤은 CBS를 인수했다. 이 촉매 역할을 한 것은 물론 디즈니였다.

ABC 인수를 통해 디즈니는 영화, 케이블, 지상파, 유선 전화까지 가장 많은 플랫폼을 보유하며 이를 콘텐츠 유통 창구로 활용했다. 디즈니는 제작과 유통을 수직적으로 결합한 미디어 기업으로 변모하면서 당시 기술과 정보산업 분야에서 전개되던 급속한 변화의 판도를 주도할 수 있었다.

어린이 프로그램부터 뉴스, 스포츠, 성인용 TV 시리즈까지 광고주가 선호하는 채널을 모두 갖추고 광고주 영입에 유리한 환경이 마련되어 사업 기반도 탄탄해졌다.

ABC 인수 직후 디즈니는 디즈니 케이블 TV 채널에서 방송 중이던 〈디즈니 새터데이 나이트 무비〉를 공중파인 ABC TV의 토요일 밤 프로그램으로 편성했다. 이 프로그램은 디즈니의 고전 애니메이션에 오리지널 실사 프로그램을 더한 시리즈였는데 편성을 옮기며 더 높은 시청률을 기록했다.

자연스럽게 사람들은 디즈니 케이블 채널에도 관심을 갖게 되었다. 그 결과 디즈니 채널의 가입 세대수는 2년도 안되어 500만에서 4,200만으로 늘었다.

ESPN이 디즈니에 가져다 준 공헌은 단순한 파이프라인 정도가 아니었다. 1997년 ESPN의 매출은 그해 미국의 지상파 네트워크 1위였던 NBC보다 높았다. 1996년까지 ESPN은 20여 개국에 프로그램을 판매했는데, 합병 이후부터는 ESPN의 스포츠 프로그램과 디즈니의 콘텐츠를 세트로 판매할 수 있었다.

　ABC 인수는 콘텐츠와 유통의 결합을 추구한 디즈니의 생존 전략이었다. 디즈니를 제외하고 거의 모든 할리우드 영화사들의 주인이 바뀌었다. 다행히 디즈니는 테마파크 사업으로 영화 제작 사업의 위험을 줄일 수 있었다. 이마저도 위험에 빠진다면 이를 상쇄해줄 사업은 결국 유통 영역의 방송뿐이었다.

　ABC는 미국의 전 국민을 대상으로 한 지상파 네트워크라는 점에서 그 힘이 막강했다. 1990년대 후반 미국 지상파 네트워크는 황금 시간대에 40%의 시청률을 점유하고 있었다. 디즈니는 위험 분산의 기본 공식을 따른 것이다.

　2020년 코로나19로 테마파크의 위험도가 역사상 가장 커졌을 때, 디즈니의 위험 분산을 맡은 사업은 디즈니플러스였다. 미디어 역사는 참으로 역동적이다.

4장
인터넷 시대, 디즈니에 닥친 새로운 위기

ABC 인수 이후 단맛에 빠졌던 디즈니는 2000년대 초기부터 다시 어려움을 겪기 시작했다. 당시 인터넷의 발전은 사회 전반에 걸쳐 혁신과 함께 미디어 생태계에 엄청난 변화를 가져왔다. 지상파, 케이블 TV, 위성 TV 등 다매체가 확산했고, 가입 세대는 전체 미국 가구의 60%를 넘어섰다. 극장 상영이 끝난 영화들이 다매체를 통해 서비스되면서 비디오의 판매가 급격히 줄었다.

비디오 대신 DVD가 새로운 저장 매체로 부상하는 시점이었다. 하지만 아직 속도는 미미했다. 기술의 교체 시점에 미디어 기업들은 매출 하락을 직격탄으로 맞았다.

2000년 인터넷 시대의 도래와 아이즈너의 추락

1972년 HBO 채널이 유료 케이블 TV로 첫 출범한 후 2009년까지 미국 케이블 TV 채널이 539개로 증가하며 30년 동안 무려 6,000%나 성장했다. 2000년대는 기존 미디어의 급격한 변화 외에도 혁신적인 인터넷 기업들이 영향력을 확대하던 시기이기도 했다. 구글을 위시하여 유튜브, 넷플릭스가 등장했다.

반면 2000년에 아이즈너의 연봉은 미국 CEO 중 14위로 떨어졌다. 성과 인센티브로 좌우되는 그의 연봉 순위는 디즈니의 성장 둔화를 의미했다.

2000년~2004년 디즈니 주가 추이. 출처: www.chrischae.kr

2000년대 초반 디즈니의 기업 이미지는 영화, 미디어 업계는 물론 일반 대중에게도 그리 좋지 않았다. 아이즈너와 카젠버그 등 임원들의 불화와 법적 분쟁이 원인이었다. 카젠버그 퇴사 이후 중요 인력들의 퇴사는 디즈니를 미디어 산업 변화에 뒤쳐지게 만들었다. 게다가 카젠버그의 이탈로 애니메이션 부문의 실적이 형편없이 하락했다.

> 1994년 프랭크 웰스 사장의 후임으로 자신을 예상했던 카젠버그는 아이즈너와의 불화로 갑작스럽게 해고됐다.
> 카젠버그는 해고 이후 경쟁 애니메이션 제작사 드림웍스를 설립하고 〈슈렉〉 등 애니메이션을 제작해 성공했다. 또한 디즈니를 상대로 한 보너스 지급 소송에서 승소해 3,000억 원의 거액을 챙겼다. 당시 이사회는 이 사건을 아이즈너의 리더십 문제로 몰고 갔다.

그나마 픽사와의 제휴를 통해 〈토이 스토리〉 등 몇 편의 애니메이션을 성과로 얻었을 뿐이다. ABC의 사업 실적도 전반적으로 둔화되어 불과 2년 사이에 1위에서 3위로 하락했다. 새로운 콘텐츠 발굴을 소홀히 한 탓이다.

2000년대 초반까지 지상파 네트워크와 케이블 TV의 단순 경쟁 구도였던 미디어 환경은 신규 사업자의 등장과 서비스의 다각화로 복잡한 경쟁 구도가 형성되었다. 버라이즌, AT&T 등 통신회사들이 IPTV를 플랫폼화하여 케이블 TV 시장을 공략했고, 2006년엔 구글이 유튜브를 인수해 미디어 산업계를 긴장하게 만들었다. 인터넷으로 인해 미디어의 지각 변동이 시작되었다. 하지만 아이즈너는 1995년 픽사와 제휴 이후 픽사의 최대 주주인 스티브 잡스와 끊임없이 불화를 일으켰다.

애플은 2001년부터 애플의 미디어 관리 프로그램 아이튠즈와 휴대용 음악 재생기 아이팟을 차례로 발표했다. 혁명적 발상이었지만 콘텐츠를 보유한 기업 입장에서는 위협적이었다. 아이즈너는 애플이 저작권법을 무시하며 불법 복제를 부추기고 있다고 스티브 잡스를 공개적으로 비난했다. 문제는 스티브 잡스가 디즈니 애니메이션 사업을 지탱해 줄 동맹군이라는 점이었다.

디즈니와 픽사는 1995년 중반 다섯 편의 영화를 공동으로 제작, 마케팅, 배급하는 계약을 맺었다. 〈토이 스토리〉(1995), 〈벅스 라이프〉(1998), 〈몬스터 주식회사〉(2001) 등 3편의 영화는 전세계적으로 10억 달러가 넘는 수입을 올렸다. 성공과 함께 픽사의 위상도 치솟았다.

디즈니와 계약 당시 스타트업 기업이었던 픽사는 다소 불리하게 계약을 체결했다. 픽사 영화의 속편 제작 소유권 등 많은 것들을 디즈니에 양보했다. 스티브 잡스는 불평등하다고 판단되는 계약 조건을 변경하고 싶어했다.

디즈니의 전통적 메시지를 지키고 싶어한 아이즈너

이런 상황에서 2001년 911 테러가 터졌다. 디즈니는 올랜도의 월트 디즈니 월드를 잠정 운영 중단했다. 911 테러 이후 미국으로 들어오는 해외 관광객의 길이 막혔고, 관광업 자체가 급격히 얼어붙었다. 디즈니의 시가 총액이 1/4이나 떨어졌다. 책임질 사람이 필요했다. 디즈니 이사회는 픽사와 갈등, ABC 시청률 하락, 기업 이미지 실추 등을 이유로 아이즈너의 리더십을 공격했다. 아이러니하게도 그 선두에는 1984년 아이즈너를 최고 경영자로 영입한 로이 디즈니가 있었다.

이 와중에 2004년 1월 스티브 잡스는 디즈니의 계약 연장 요청에 대해 앞으로 픽사가 제작을 총괄하고 모든 속편의 권리도 픽사가 갖겠다고 주장했다. 서로의 입장 차이를 좁히지 못하자 스티브 잡스는 디즈니와 영원히 거래하지 않겠다고 공개적으로 선언했다.

아이즈너는 기존에 출시한 픽사의 모든 속편에 대한 제작 권리는 디즈니에 있기 때문에 독자 노선을 택해도 된다고 내부를 다독였다. 로이 디즈니는 이사회를 통해 더 강하게 사임 압박을 했다.

이 상황에서 컴캐스트가 디즈니를 상대로 적대적 인수에 나섰다. 그런 사실이 언론에 보도되자 일반 시민들의 반감이 높아졌다. 사람들 사이에는 여전히 디즈니 기업에 대한 우호적인 이미지가 존재했다. 돈으로 만든 케이블 회사가 꿈과 희망을 이야기하는 회사를 인수하는 것에 부정적이었다.

컴캐스트는 결국 인수 의사를 철회했다. 하지만 이사회는 이 또한 아이즈너의 경영 무능이라고 질책했다. 이사회는 아이즈너의 이사회 의장직을 박탈하되 CEO 직위는 유지하는 타협안을 통과시켰다. 2004년 9월 아이즈너는 자신의 계약이 만료되는 2006년 CEO 자리에서 물러나겠다고 발표했다.

20년 동안 CEO로 재직하며 아이즈너는 디즈니를 미디어 제국으로 변모시켰다. 그는 '디즈니의 DNA'를 되찾았고 디즈니를 다국적 회사로 만드는 기틀을 닦았다. 기업 구조의 관점에서는 ABC를 인수해 미디어 기업으로서 수직 통합을 완성했다. 그러나 그는 콘텐츠와 기술의 결합을 신뢰하지 못했고 인터넷 시대를 읽어내지 못했다.

디즈니 콘텐츠의 핵심 정신은 '가족 문화'였다. 아이즈너는 이것을 지키는데 몰두했다. 월트 디즈니가 펼쳤던 유산을 계승하고 다시 원점으로 돌리는 성과를 보였지만, 한계 또한 명확했다.

그는 여성, 흑인, 동성애 같은 주제를 멀리했다. 디즈니를 다양한 콘텐츠를 보유한 미디어 그룹으로 만들려고 하지 않았다. 결국 인터넷 시대의 도래와 함께 아이즈너의 시대가 저물었다.

5장
2000년대 위기 돌파를 위한 밥 아이거의 콘텐츠 '빅 3' 인수

아이즈너의 후임으로 CEO가 된 밥 아이거는 2019년에 출간한 자서전 『디즈니만이 하는 것』에서 디즈니 취임 후 세 가지 전략을 고수했다고 밝혔다.

첫째는 고품질 브랜드 콘텐츠 창출. 월트 디즈니 시절부터 내려온 유훈과도 같은 전략이다. 두 번째는 신기술의 적극 수용. 전임 CEO와 분명히 다른 노선이다. 세 번째는 글로벌 기업으로의 변모. 디즈니의 영토 확장이 그가 짊어진 운명이었다.

디즈니의 새로운 위기에 직면한 아이거는 아이즈너와 다른 해결 방식을 보였다.

아이즈너가 외부의 창의적 인재를 수혈해 이를 해결했다면, 밥 아이거는 외부의 생태계를 통째로 매집하는 전략을 택했다. 이는 제작 프로세스 전체를 한순간에 동력화하는 방법이었다.

디즈니 애니메이션의 부활을 위해 픽사 인수 추진

첫 번째 인수 카드는 '픽사'였다. 아이거는 취임 직후 이사회를 개최해 '애니메이션 부활'을 강조했다. 그리고 픽사를 직접 인수해 빠른 혁신을 도모하는 것이 효과적이라고 설득했다. 당시 픽사는 60억 달러가 넘는 시가 총액과 까탈스러운 스티브 잡스가 주식의 50%를 보유하고 있는 회사였다. 픽사 인수가 바람직한지에 대한 성토가 이어졌다.

하지만 픽사는 디즈니에게 없는 애니메이션 기술의 진보를 이뤄낸 회사였다. 무엇보다 디즈니가 그토록 원하는 고객과의 강력한 연결을 만들어낼 수 있는 회사였다. 픽사는 가족 모두의 동심을 불러일으키는 작품을 통해 디즈니보다 사랑받는 애니메이션 브랜드로 자리 잡고 있었다. 애니메이션은 디즈니의 뿌리이며 텔레비전, 놀이공원, 디즈니 스토어 제품 등 디즈니의 전 사업에 자양분을 제공하는 분야였다. 절대적으로 픽사의 인수가 필요했다.

무엇보다 먼저 스티브 잡스와 화해해야 했다. 아이거는 스티브 잡스와 통화하면서 TV의 미래에 대한 고민과 함께 컴퓨터로 영상을 보는 시대를 예견하며 모바일 기술의 발전 방향에 대해 의견을 나눴다. 디즈니 본사를 직접 방문한 스티브 잡스는 아이거에게 '비디오 아이팟'을 직접 시연했다. 잡스는 디즈니가 비디오 아이팟에 동영상을 제공해 줄 수 있는지 물었다.

2005년 10월 애플이 비디오 아이팟을 전세계에 공개하는 자리에서 스티브 잡스는 디즈니의 최고 경영자 밥 아이거를 소개했다. 아이팟 비디오가 제공하는 동영상 2,000편 중에는 ABC 드라마 〈로스트〉, 〈위기의 주부들〉과 디즈니 채널의 TV 프로그램 다섯 편, 픽사 애니메이션 여섯 편 등이 포함되었다. 이날 프레젠테이션에서 밥 아이거는 다음과 같이 말했다.

"이것은 더 많은 사람들이 온라인에서 더 많은 콘텐츠를 사용할 수 있도록 하는 첫 번째 거대한 단계입니다. 콘텐츠와 기술의 훌륭한 결합이고 그것에 저는 감격합니다. 내가 생각하는 미래입니다."

아이팟에 디즈니 영상을 제공하면서 스티브 잡스와 화해 무드가 조성되었다. 스티브 잡스는 아이거를 '시대의 변화를 읽고 행동할 줄 아는 경영자'라고 평가했다. 비디오 아이팟의 성공적인 론칭 직후 애플 본사 회의실에서 본격적인 '픽사 인수'에 대한 협상이 시작되었다.

아이거는 픽사를 직접 방문해 디즈니와 픽사의 마지막 협력 작품인 〈카(Car)〉(2006)의 시연을 관람했다. 경주용 자동차의 빛나는 금속 도장을 구현한 애니메이션을 직접 목격했다. 창의적 스토리에 결합되는 기술 플랫폼에 대한 설명을 들으며 아이거는 픽사 인수에 대한 확신이 더욱 강해졌다. 픽사 직원들이 보여준 재능, 열정, 스토리텔링의 독창성, 기술 완성도, 조직 문화 등 모든 것들이 디즈니보다 우위에 있었다.

2005년 10월 잡스는 팔로알토에 있는 자신의 집으로 픽사의 핵심 인재인 에드 캣멀과 존 라세터를 초대해 '픽사 매각'이라는 폭탄 발언을 했다.

픽사가 제작한 애니메이션을 전세계에 상영하기 위해서는 글로벌 유통망과 마케팅 협력사가 필요하다는 점을 강조했다. 디즈니와 합병으로 픽사는 더 넓은 세계 무대를 향해 창의력을 발휘할 수 있다고 강조했다. 에드 캣멀은 자신의 책에서 스티브 잡스가 이런 말을 했다고 회고한다.

"현재 픽사는 작은 요트입니다. 디즈니와의 합병은 높은 파도와 악천후에 별 영향을 받지 않고 대양을 운항하는 거대한 유람선에 올라타는 셈입니다. 픽사는 외부의 위험에 보호받을 수 있을 겁니다."

- 에드 캣멀 『창의성을 지휘하라』 중에서

사실 에드 캣멀과 존 라세터 또한 디즈니에 애착이 많았다. 애니메이션 전문가인 이들은 어려서부터 월트 디즈니가 제작한 만화 영화 속에 빠져 살던 세대였다. 그의 예술가적 이상을 자신들의 손으로 완성시킬 수 있는 기회였다. 아이거는 픽사의 창의적 문화를 보호할 것이며, 존 라세터와 에드 캣멀이 픽사와 함께 디즈니 애니메이션의 공동 경영을 맡을 것이라고 약속했다.

존 라세터는 1983년 디즈니의 직원으로 재직할 당시 컴퓨터를 활용한 애니메이션 제작을 건의했지만 오히려 해고를 당한 인물이었다. 그런 그가 픽사의 핵심 리더가 되어 다시 디즈니로 돌아온 것이다. 그는 디즈니의 애니메이션 부활에 기여했지만, 2018년 성추문 이슈로 디즈니에서 다시 한 번 사퇴하게 되었다.

픽사의 자율성을 그대로 유지한 디즈니

2006년 밥 아이거와 스티브 잡스는 74억 달러라는 최종 인수 가격에 합의했다. 반대 의견도 만만치 않았다. 전임 회장 마이클 아이즈너는 잡스를 디즈니로 끌어들이는 것은 재난을 자초하는 일이라며 강력히 반대했다. 하지만 이사회의 최종 표결 결과 찬성 9표, 반대 2표로 인수가 결정되었다.

아이거에게는 픽사와 디즈니 애니메이션의 조직을 각자 유지하면서 픽사의 기술과 스토리텔링 역량을 디즈니에 성공적으로 이식하는 것이 과제였다. 픽사의 성공 바탕에는 영감을 주는 탁월한 기업 문화가 있었기 때문이다. 픽사에는 직원 간 계층 구조가 없었고 의사소통의 자유가 보장되었다.

결국 두 스튜디오는 통합하지 않고 아울러 상대방을 위해 일을 하지 않는다는 원칙을 정했다. 다만 에드 캣멀과 존 라세터 두 리더에 의해 언제든지 아이디어와 기술을 공유하게 만들었다. 이것은 마블을 인수할 때도 동일하게 적용되었다.

에드 캣멀은 아이거의 양해를 얻어 디즈니와 합병 후에도 픽사에서 유지해야 할 사항을 자세히 적은 합의서를 작성했다. 이 합의서는 59개 조항에 달하는 직원 보상과 휴가, 복지, 인사 정책 등을 규정해 놓았다.

휴일 파티, 영화 제작 완료 기념 파티, 종이비행기 콘테스트, 바비큐 파티 등을 비롯한 이벤트 파티를 계속 진행한다는 식의 조항이 들어갔다. 직원들이 이전과 똑같이 개인 사무실, 휴게실 공간을 자신의 취향에 맞게 꾸밀 권리를 보장한다는 조항도 있었다. 이들이 픽사가 가진 조직문화를 보존하기 위해 얼마나 노력했는지 엿볼 수 있는 대목이다.

영화와 상품, 테마파크의 놀이기구 브랜드에 픽사를 그대로 사용하는 것도 합의했다. 픽사의 마스코트인 룩소주니어는 그대로 사용

픽사의 룩소주니어 구조물. 출처: flickr.com ⓒ Jason Pratt

하되 디즈니 성이 그 앞에 나오는 것에도 동의했다. 타운홀 미팅에서 룩소 전등을 선물받은 아이거는 감사 인사를 전하며 '디즈니의 성'을 밝히는데 그 전등을 사용하겠다고 말했다. 룩소 전등은 지금까지 그렇게 사용되고 있다.

아이거는 자서전에서 타운홀 미팅 전에 비밀스러운 회동이 있었다고 털어놓았다. 산책을 제안한 스티브 잡스는 자신의 암이 재발했다고 이야기하며 지금이라도 이 거래를 중단할 수 있다고 했다. 하지만 아이거는 거래를 취소해도 좋다는 그의 제안을 거절했다. 잡스의 사망 전까지 둘의 인연은 더욱 깊어졌다.

1939년에 발행된 마블 코믹스 1호.
출처: www.marvel.com

7,000개 이상 캐릭터 보유한 '콘텐츠 보물 창고' 마블 인수

디즈니는 고품질의 브랜드 콘텐츠 확보를 위한 인수 목록을 작성했다. 디즈니 사업 부문과 전방위적으로 시너지를 낼 수 있는 뛰어난 콘텐츠 자산이 무엇인지 고민하면서 마블과 루카스 필름을 떠올렸다. 1933년에 설립된 마블은 주로 캐릭터 기반 엔터테인먼트 및 라이선스 사업을 벌이고 있었다.

1941년 조 사이먼과 잭 커비는 마블의 간판 히어로인 〈캡틴 아메리카〉를 창조했다. 나치 독일군을 무찌르는 미국의 슈퍼히어로로 등장한 캡틴 아메리카는 큰 인기를 끌며 매 호마다 100만 권 이상 판매했다.

1961년 스탠 리가 회사를 맡으면서 마블은 황금기를 맞았다. 〈판타스틱 4〉(1961)를 제작하고, 1963년에는 잭 커비와 함께 어벤져스 만화를 만들었다. 여기에는 토르, 앤트맨, 와스프, 헐크, 아이언맨 등이 등장한다.

1960년대 말에는 전통적인 슈퍼히어로에서 다소 벗어난 캐릭터인 헐크, 앤트맨, 엑스맨 시리즈, 데어데블 등을 제작했다. 1972년 마블은 평생 라이벌인 DC를 따라잡고 만화계의 양대 산맥에서 선두 자리를 차지했다. 하지만 1970년대부터 1980년대에 걸쳐 TV와 영화의 전성기가 시작되며 코믹북 장르는 수요가 감소했고 마블 코믹스의 경영도 불안정해졌다.

1980년 마블은 영화 제작사인 마블 프로덕션을 설립해 영화, TV 시리즈, 애니메이션을 제작했다. 하지만 1990년 당시 마블의 CEO였

마블 코믹스 잡지들. 출처: pixabay.com/InspiredImages

던 로널드 페렐먼은 판권 판매에만 관심이 있었고 영화 제작에는 관심이 없었다. 엑스맨 판권은 20세기 폭스에게, 스파이더맨 판권은 소니 픽처스에게 판매되었다. 1996년 마블은 파산을 신청했고 몇 년 뒤에야 다시 회복할 수 있었다.

   1997년 마블의 CEO가 된 아비 아라드는 이전에 판매했던 마블의 판권을 다시 회수하는데 사력을 다했다. 그는 영화 제작을 위해 마블 스튜디오를 설립했다. 마블 스튜디오는 영화 〈블레이드〉(1998)를 제작하며 호평을 받았고, 2007년까지 총 16편의 작품을 스크린에 올렸다.

   2005년 아이크 펄머터가 CEO 자리에 오르면서 IP(콘텐츠 권리)를 회수하는 작업을 시작했다. 그제서야 아이언맨, 헐크, 토르, 블랙 위도우 등 어벤져스 핵심 멤버들이 다시 마블 히어로 패밀리에 복귀하게 되었다. 그 대가로 마블은 2005년 파라마운트 픽처스와 향후 8년간 10편의 마블 영화를 제작하는 계약을 맺었다.

   2008년 마블은 판권을 되찾은 아이언맨, 헐크, 토르, 블랙 위도우 네 명의 캐릭터 저작권을 담보로 돈을 빌려 영화 〈아이언맨〉(2008)을 개봉했다. 2008년이 되어서야 마블은 자기 의지대로 제작한 작품을 선보일 수 있었다. 〈아이언맨〉은 전세계적으로 흥행에 성공해 6억 달러의 수익을 올렸다.

   마블이 〈아이언맨〉으로 더 큰 도약의 가능성을 확인했던 그 즈음 디즈니는 마블의 인수를 검토했다. 마블은 디즈니 영화와 텔레비전 프로그램, 놀이공원, 상품과 연계하기 쉽고 그 자체만으로도 브랜드 파워를 낼 수 있는 콘텐츠 자산이었다. 마블 인수의 걸림돌은 마블의 이름으로 제작된 영화 판권들이 여기저기 흩어져 있다는 점이었다. 파라마운트와의 장기 계약은 물론 〈스파이더맨〉의 판권은 소니 픽처스에 매각되어 있었고 〈인크레더블 헐크〉는 유니버설 스튜디오에, 〈엑스맨〉과 〈판타스틱 4〉는 20세기 폭스에 판권이 넘어가 있었다.

아이거는 마블이 디즈니 브랜드에 미칠 영향보다 마블의 충성 팬들이 디즈니와 마블이 합쳐졌을 때 어떤 반응을 보일 것인지에 대해 더 걱정했다. 마블의 독특한 개성을 잃고 마블만의 가치를 훼손할 수 있다는 우려를 어떻게 불식시킬 것인가를 고민했다. 픽사와 마찬가지로 마블도 독립적으로 관리해 나갈 자신감이 있어야 했다.

2009년 8월 21일 마블은 40억 달러에 디즈니 품에 안겼다. 아이거 회장은 인터뷰에서 마블을 '콘텐츠 보물 창고'라고 표현하며 디즈니에서 더 큰 혜택을 받게 될 것이라고 강조했다. 공식 발표 후 디즈니의 주가는 3% 하락했다. 인수 당시 마블 엔터테인먼트는 〈아이언맨〉, 〈인크레더블 헐크〉(2008)만을 제작했을 뿐 판권이 여러 할리우드 제작사로 흩어져 있던 시기였다. 하지만 많은 분석가들은 디즈니의 마블 인수를 영리하고 야심찬 확장 전략이라고 보았다.

언론은 스파이더맨, 엑스맨, 헐크 등 마블이 보유한 5,000개 이상의 캐릭터 라이브러리가 디즈니의 클래식 캐릭터에 합류하여 무시무시한 IP 라이브러리를 만들 것이라는 점을 보도했다. 또한 캘리포니아, 파리, 홍콩에 있는 디즈니 테마파크에 마블 캐릭터가 즉시 통합됨으로써 사업 시너지를 만들고 새로운 상품 출시를 통한 해외 마케팅의 잠재력도 크다고 분석했다.

마블에는 개발되지 않은 수천 개의 캐릭터가 있었다. 인수 과정에서 디즈니는 약 7,000개에 달하는 마블 캐릭터의 자료 전체를 수집했다. 마블이 이 캐릭터들을 계속 대형 화면에서 생생하게 표현해 낸다면 디즈니에 막대한 수익을 가져다줄 것이라고 판단했다.

케빈 파이기가 이끄는 마블 스튜디오 제작진들은 자신들의 장기적 전망을 세계관으로 만들어 마블 시네마틱 유니버스, 즉 MCU라고 표현했다. 여러 캐릭터들이 서로 복잡하게 얽히고 매우 강하고 심오한 스토리로 연관되어 있다는 발상은 디즈니를 놀라게 만들었다.

픽사와 마찬가지로 마블의 경영은 아이크 펄머터 사장이 그대로 맡았다. 마블 인수 이후에도 디즈니는 마블의 영화 제작에 크게 간섭하지 않았고 자율성을 발휘할 수 있는 공간과 자금을 마련해 주었다. 2015년 5월에는 마블의 영화 제작 사업부를 분리하여 월트 디즈니 스튜디오에 편입해 앨런 혼에게 맡겼다. 영화 제작의 자율성을 경영으로부터 분리시키는 결정이었다.

합병 후 마블 영화들은 평균 10억 달러 이상의 흥행 수익을 올렸고 놀이공원과 TV, 캐릭터 상품 등 디즈니의 사업 부문과 조화롭게 성장했다.

특히 디즈니의 후광으로 확보된 자금력은 마블 시네마틱 유니버스의 세계관을 마음껏 펼칠 수 있는 기회를 주었다. 마블 유니버스란 마블 코믹스에서 출판된 만화의 독립된 캐릭터들을 같은 세계 안에 묶어내는 '공유 세계관'이다. 각 캐릭터들은 자기 작품에서 독립적인 이야기를 펼쳐 나가지만 유니버스 안에서는 공통의 스토리로 엮인다. 마블 시네마틱 유니버스는 미디어 간의 콘텐츠로도 연계되며 확장되었다.

〈가디언즈 오브 갤럭시〉(2014)가 대박 흥행을 거두면서 2015년 디즈니XD 채널에서 〈가디언즈 오브 갤럭시〉 애니메이션 시리즈를 방영했다. 〈어벤져스〉(2012) 시리즈 흥행 성공 이후 ABC를 통해 〈에이전트 오브 쉴드〉(2013)와 〈에이전트 카터〉(2015) 시리즈가 방영되는 등 마블 시네마틱 유니버스를 통한 미디어 간의 스토리 연계는 뒤에 소개할 디즈니플러스의 오리지널 시리즈 제작까지 이어졌다.

'포스'는 디즈니와 함께! 루카스 필름 인수

마블 인수 작업을 완료한 디즈니가 점찍어 둔 다음 인수 대상은 루카스 필름이었다. 조지 루카스는 〈스타워즈〉(1977) 개봉 당시 자신의 영화가 히트작이 될 거라고 예상하지 못했다. 그는 프란시스 포드 코폴라와 브라이언 드 팔마를 비롯한 할리우드 동료들에게 미리 영화를 보여주었다. 하지만 스티븐 스필버그를 제외하고 그리 좋은 반응들이 아니었다. 그는 실제로 영화가 개봉되었을 때 부정적인 리뷰를 보기 싫어서 휴가를 갈 정도였다.

그러나 〈스타워즈〉는 할리우드에서 가장 잘 나가는 프랜차이즈 중 하나가 되었다. 인수 시점까지 전세계에서 여섯 편의 영화로 44억 달러를 벌었고, TV 쇼, 비디오 게임, 테마파크 놀이기구 및 상품으로 수십억 달러를 벌은 상태였다.

디즈니의 루카스 필름 인수는 전 연령대의 소비자에 대한 지배력을 강화하는 목적이었다. 〈스타워즈〉를 포함한 루카스 필름이 보유한 캐릭터들은 모든 연령대의 남성을 대상으로 소비자를 확장할 수 있는 기회였다. 루크 스카이워커, 한 솔로가 미키 마우스와 버즈 라이트이어, 아이언맨 등의 디즈니 영웅 목록에 합류하는 것이다. 2020년 디즈니플러스로 탄생한 베이비 요다를 보라!

조지 루카스 입장에서는 픽사와 마블의 합병이라는 교과서가 있었다. 그는 픽사와 같은 거래 조건을 원했다. 그러나 74억 달러의 픽사 머니를 루카스 필름에 적용하기는 쉽지 않았다.

루카스 필름은 조지 루카스의 영향력이 너무 커서 기술 전문가들 이외의 제작 인력은 부족했다. 인수 당시 제작 단계에 들어간 영화도 없었다. 2012년 10월 디즈니는 40억 달러에 스타워즈 프랜차이즈를 품에 안았다. 루카스 필름의 특수 효과 제작사와 오디오 제작 스튜디오가 포함되었다. 인수 가격만으로는 마블의 가치와 유사했다. 조지 루카스는 성명서를 통해 다음과 같이 알렸다.

"35년 동안 가장 큰 즐거움 중 하나는 '스타워즈'가 한 세대에서 다음 세대로 넘어가는 것을 보는 것이었습니다. 이제 새로운 세대의 영화 제작자에게 스타워즈를 전달할 때입니다."

아이거는 루카스 필름의 설립자인 조지 루카스의 열정과 비전,

스토리텔링의 역사에 대해 존경심을 표하며 스타워즈를 포함한 루카스 필름의 콘텐츠 포트폴리오와 디즈니의 독창적인 창의력을 결합해 지속적인 성장을 창출하겠다고 약속했다.

빅 3 인수의 파급 효과, 디즈니 콘텐츠 모델의 부활

디즈니는 픽사, 마블, 루카스 필름을 인수하며 소위 리플 이펙트 (Riffle Effect, 파급 효과)를 유발했다. 리플 이펙트는 호수에 돌을 던지면 큰 파동과 함께 호수 가장자리까지 잔물결의 파동이 이어진다는 의미로 경제학의 승수 효과를 의미한다. 하지만 디즈니의 전략에는 약점이 있었다. 물결 제조기, 즉 애니메이션이나 영화라는 안정적 콘텐츠 공급원이 없으면 회사는 어려움을 겪는다는 점이다.

아이거가 추진한 콘텐츠 빅 3 인수는 물결 제조기를 시스템화하는 전략이었다. 픽사, 마블, 루카스 필름은 디즈니 전체에 새로운 물결을 발생시켰고, 지속 가능한 성장에 필요한 영화, 애니메이션이 쏟아지기 시작했다. 이는 디즈니 모델의 부활에 영향을 미쳤다.

디즈니는 침체된 디즈니 애니메이션 시스템을 픽사를 통해 한번에 일으켰다. 픽사 인수를 통해 디즈니는 크리에이티브 협업이 중시되는 조직문화로 변신했다. 픽사는 고품질 크리에이티브 역량에 집중했고, 유통 및 상품화 등 사업 영역은 디즈니 본사의 마케팅 조직이 담당해 상호 시너지를 일으켰다.

디즈니의 픽사 인수 이후 〈토이 스토리3〉(2010), 〈인사이드 아웃〉

(2015), 〈도리를 찾아서〉(2016), 최근의 〈소울〉(2020)에 이르기까지 전 세계 애니메이션 흥행 선두를 픽사가 차지했다. 디즈니도 〈겨울왕국〉(2013), 〈주토피아〉(2016), 〈모아나〉(2016) 등 자체 애니메이션을 제작했다. 〈모아나〉는 손으로 그린 디즈니의 전통 애니메이션 기법과 픽사의 컴퓨터 기반 기술의 결합이 만들어낸 결과였다. 애니메이션의 인기 후에는 캐릭터 상품 등 기록적인 제품 판매 성과가 이어졌다.

2009년 마블 인수로 디즈니는 마블이 보유한 거대한 지적 재산을 획득했다. 인수 즉시 디즈니는 전세계 마케팅 인프라를 활용해 마블 브랜드를 빠르게 확장시켰다. 캐릭터 개발에 필요한 프로세스를 줄였고 수익화에 필요한 캐릭터를 빠른 속도로 활용했다.

2012년부터 2019년까지 총 23편의 영화를 내놓은 마블은 2020년 현재 박스 오피스 수익으로 약 212억 달러(약 26조 원)를 벌었다. 특히 마블은 영화와 TV로 콘텐츠 연결고리를 확대했고 테마파크, 상품화 라이선스 등에서 막강한 프랜차이즈 효과를 얻었다.

팬데믹 영향으로 2020년부터 마블의 신작 영화들이 극장 개봉을 미루고 있지만, 디즈니플러스를 통해 2021년 포문을 연 〈완다비전〉(2021)을 시작으로 〈팔콘 앤 윈터 솔져〉(2021), 〈로키〉(2021) 등 마블 시네마틱 유니버스 4기가 시작되었다. 영 어벤져스의 등장과 〈이터널스〉(2021) 등을 통해 새로운 세계관이 펼쳐질 예정이다.

루카스 필름 인수를 통해 확보한 스타워즈 역시 2만 년 이상의 역사와 함께 수천 개 행성이 얽힌 스타워즈 유니버스가 존재한다. 스타워즈의 세계관도 지속적으로 확장되고 있다. 디즈니플러스와 함께

디즈니 마블 영화/시리즈 예정 작품

장르	제목	년도	월
영화	블랙 위도우 샹치와 텐 링즈의 전설 이터널스 스파이더맨: 노 웨이 홈	2021년	7월 9월 11월 12월
	닥터 스트레인지 인 더 멀티버스 오브 매드니스 토르: 러브 앤 썬더 블랙 팬서: 와칸다 포에버 더 마블스	2022년	3월 5월 7월 11월
	앤트맨과 와스프: 퀀텀매니아 가디언즈 오브 갤럭시 VOL. 3	2023년	2월 5월
시리즈	완다비전 팔콘 앤 윈터솔져 로키 미즈 마블 호크아이	2021년	1월 3월 6월 하반기 하반기
	쉬헐크 문 나이트(Moon knight) 시크릿 인베이전 가디언즈 오브 갤럭시 홀리데이 아머 워즈(Armor wars) 아이언하트	2022년	미정 미정 미정 12월 미정 미정
애니메이션	왓 이프...?	2022년	여름

탄생한 〈더 만달로리안〉(2019)의 스토리도 이중 아주 작은 일부다.

    루카스 필름 인수 후 3년 뒤인 2015년 12월 개봉한 스타워즈 시리즈 7편 〈스타워즈: 깨어난 포스〉는 전세계적으로 20억 달러를 벌어들여 전체 스타워즈 시리즈 중 가장 좋은 흥행 실적을 기록했다.

스타워즈 시리즈의 첫 번째 스핀오프 〈로그 원: 스타워즈 스토리〉(2016)는 10억 달러의 수익을 올렸다. 스타워즈 시리즈 8편 〈스타워즈: 라스트 제다이〉(2017)로 디즈니는 인수 금액 전액을 회수했다. 〈스타워즈: 라이즈 오브 스카이워커〉(2019)는 스타워즈 시리즈의 대미를 장식하는 마지막 작품이었다. 40년의 대서사가 막을 내렸다. '포스'가 디즈니와 함께 한 기록들이다.

2019년에는 '스타워즈: 갤럭시즈 엣지'로 명명된 놀이공원이 캘리포니아 애너하임에 있는 디즈니랜드와 플로리다 올랜도의 월트 디즈니 월드에 개장했다. 다만 호텔은 코로나19로 건설이 지연되고 있다. 2021년 이후 스타워즈 세계관 기반의 열 편의 오리지널 시리즈가 디즈니플러스를 통해 공개될 예정이다.

빅 3 인수 성과 이후 찾아온 코드커팅 위기

픽사, 마블, 루카스 필름 등 소위 '빅 3' 스튜디오 인수 이후 디즈니의 콘텐츠 혁신은 분명한 성과를 보였다. 콘텐츠 보물들을 인수하면서 아이거가 가장 잘한 부분은 각각의 프랜차이즈 브랜드를 그대로 유지하면서 독자적 조직문화를 보호한 것이다.

픽사와 마블 등이 디즈니의 전형성에 물들지 않고 고유의 창작문화를 유지했기 때문에 폭발적 시너지가 일어날 수 있었다. 마블은 지속적으로 캐릭터를 발굴하는 탄탄한 구조를 만들어 진정한 '보물'이 되었다. 콘텐츠 창고의 다양성이 증가할 때마다 디즈니의 기업가

디즈니 인수합병과 주가 추이. 출처: 삼성증권 글로벌리서치 2019.4.5

치는 상승했다.

그런데 이러한 '빅 3' 효과도 2016년을 기점으로 정체기를 맞았다. 2017년 디즈니의 전체 매출에 적신호가 켜졌다. 이전 5년간 지속적으로 성장하던 매출이 2017년에 하락세로 전환했다.

당시 디즈니의 성장을 이끌어 온 것은 TV와 케이블 사업 영역을 포함한 미디어 네트워크 부문과 테마파크&리조트 부문이었다. 그런데 전체 매출의 43%를 차지하는 미디어 네트워크에서 케이블 가입자 감소가 두드러지게 나타났다.

간판 채널인 ESPN과 ABC 방송국까지 전 채널의 유료 가입자와 시청자 수가 감소했고 이는 광고 매출 하락 등 미디어 영역의 매출 하락으로 이어졌다. 픽사, 마블, 루카스 필름 등 영화 사업 부문의 수익도 전년 대비 -11% 감소했다.

TV, 케이블, 영화와 여기서 파생되는 캐릭터 상품 판매 등 디즈니

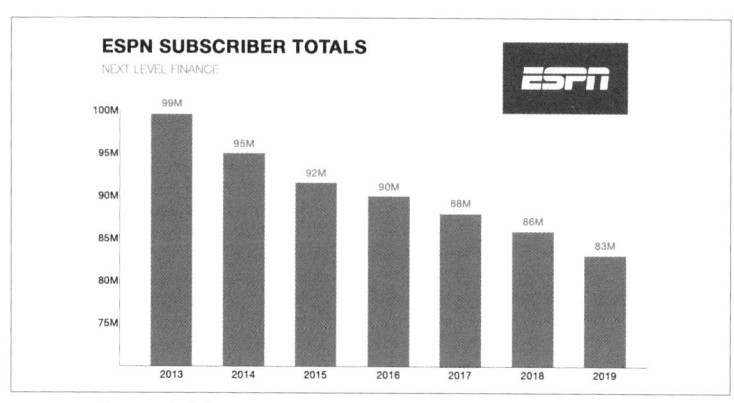

2013-2019년 ESPN 가입자 추이. 출처: nextlevel.finance

사업 포트폴리오의 전체 사이클에 이상 징후가 포착됐다.

하락의 원인은 무엇일까? 2017년~2018년은 미국 미디어 산업의 지각 변동이 일어난 시기였다. 넷플릭스가 한 해 80억 달러(약 8조 원) 이상을 투입해 오리지널 콘텐츠 제작에 들어갔다. 무엇보다 넷플릭스의 영향으로 소비자의 관심과 미디어 소비 방식이 온라인 스트리밍으로 급격하게 이동했다.

온라인 스트리밍으로 인해 유료 방송 또는 케이블 TV 가입을 해지하는 코드커팅(Cord-cutting)이 당시 미국 미디어 업계의 화두였다.

코드커팅이 지속되면 ESPN을 포함한 방송 매출의 하락이 불가피하다. 디즈니 콘텐츠의 핵심 공급원 중 하나인 TV, 케이블 채널의 경쟁력이 하락하면 블록버스터 제작에 필요한 영화 자금의 확보가 어려워지고, 콘텐츠 생산력이 저하되면 테마파크 및 상품의 판매 부진 등 전반적 악순환으로 이어진다.

　넷플릭스의 오리지널 드라마 〈하우스 오브 카드〉(2013)가 방송 제작 시장에 영향을 주기 시작한 이후 아마존 프라임도 오리지널 제작 경쟁에 뛰어들었다. 이들은 ABC, NBC, HBO 등 기존 방송 미디어 진영의 제작비를 넘어서기도 했다. 넷플릭스, 아마존 등의 오리지널 콘텐츠가 증가하고 이용자의 케이블 방송 이탈이 가속화되는 상황에서 디즈니는 기존 시장에만 안주할 수 없었다.

　이제 디즈니도 콘텐츠를 새로운 방식으로 전달해야 한다는 결론에 이르렀다. 그것도 중개인 없이, 자체 기술 플랫폼을 만들어야 했다. 디즈니는 케이블 TV 중심의 올드 플랫폼에서 스트리밍 중심의 디지털 미디어로 전환을 결정했다. 이런 상황에서 디즈니플러스 등 디즈니의 OTT 전략이 세워졌다.

6장
아이거의 사임과 팬데믹 시기 밥 차펙의 등장

2005년부터 디즈니 회장직을 역임한 밥 아이거는 당초 2021년까지 예정되어 있던 임기를 채우지 않고 2020년 2월 퇴임을 발표했다. 다만 2021년까지 이사회 의장직은 유지하기로 했다. 상하이 디즈니랜드 테마파크 폐쇄를 결정하고 며칠 뒤, 이사회는 아이거의 퇴임을 의결하고 밥 차펙을 후임으로 선정했다.

팬데믹 위기 극복을 위한 새로운 CEO의 출현

밥 아이거는 디즈니의 수장으로 15년 이상 일하면서 대담한 인수를 통해 명성을 얻은 불세출의 리더였다. 그가 인수한 '콘텐츠의 왕'들은 디즈니플러스 탄생의 밑거름이 되었고 디즈니플러스는 유례없는 전세계적 위기 상황에서 디즈니의 핵심 사업부로 부상했다.

그는 이메일을 통해 '이 정도 규모의 위기와, 이런 위기가 디즈니에 미친 영향은 15년 동안 회사를 운영하면서 처음이다'라고 언급하며 그의 사임이 코로나19의 영향 때문임을 간접적으로 시사했다. 팬데믹으로 인해 중국 상하이 디즈니랜드를 포함해 전세계 테마파크의 폐쇄 조치가 초읽기에 들어간 상태였고 디즈니는 거대한 규모의 손실을 입은 상황이었다.

새로 부임한 밥 차펙 회장은 1960년생으로 1993년 디즈니에 입사했고 회사 생활의 2/3를 디즈니랜드의 '매직 킹덤'에서 보냈다. 그의 업적 중 가장 큰 부분은 디즈니가 보유한 방대한 지적 재산의 새로운 수익화 방안을 찾은 것이다.

차펙은 1990년대 디즈니 영화 타이틀을 홈 비디오로 유통하는 마케팅을 실행했다. 디즈니 콘텐츠를 DVD에서 블루레이로, 그리고 아이튠즈와 같은 디지털 파일 다운로드로 판매할 수 있도록 디지털 전환 전략에 기여했다.

2010년부터 차펙은 디즈니 비즈니스의 소비자 대면 조직에 관여했다. 2011년에는 장난감에서 소매점에 이르기까지 전체 소비자 제품 사업을 총괄했고 2015년부터는 테마파크와 리조트를 감독했다.

사실 아이거의 후임으로는 소비자 TV 부문을 책임지고 디즈니플러스의 론칭을 이끌었던 케빈 메이어가 더 주목받고 있었다. 스트리밍이 디즈니의 미래라고 천명한 아이거의 전략으로 볼 때 케빈 메이어가 적합하다는 평가였다. 그러나 결과는 차펙의 다양한 사업 경험이 오히려 높은 평가를 받았다.

디즈니 서비스를 통합해 더 강력한 시너지를 만들 적임자

'아이거는 차펙에 대해, 회사의 핵심 자산을 잘 파악하고 있으며 디즈니 전체 사업 부문의 시너지 창출에 기여할 리더라고 판단해 그를 선정했다'는 언론보도가 이어졌다. 미디어 및 기술 전문가인 벤 톰슨은 아이거가 '더 넓은 포트폴리오를 경험한 임원을 선호'했다고 말했다.

디즈니플러스의 잠재력은 넷플릭스를 이기는 것이 아니라 디즈니를 더 강력하게 통합적으로 만드는데 있다. 이것이 '테마공원과 리조트뿐만 아니라 소비자 제품 사업 경험을 가진 차펙을 선택한 이유'라고 논평했다.

아이거는 성명서에서 "디즈니의 소비자 직거래 사업이 성공적으로 시작되고 21세기 폭스의 통합도 잘 진행되고 있어, 새로운 CEO로 전환하는데 최적의 시기라고 생각한다"고 밝혔다.

재임 기간 동안 아이거는 디즈니의 비전을 강화하면서 사업 부문의 통제권을 각 부문의 리더들에게 이양해 왔다. 대부분의 리더는 예상보다 훨씬 더 오래 머물다가 성과가 떨어지면 강제로 쫓겨나는 경우가 많다. 디즈니의 전임 CEO인 아이즈너를 보라! 반면 아이거는 미래를 위한 가장 좋은 방법은 '잘 떠나는 것'이라는 리더십의 좋은 모범을 보여주었다.

공교롭게도 아이즈너의 사임은 911테러 이후 관광 산업이 둔화된 시기에 이루어졌다. 아이거는 팬데믹으로 인한 위기 상황에 사임했다. 디즈니는 위기 상황 직후에 경영진을 교체하면서 새로운 전기를 마련하는 기업 역사를 반복해 쓰게 되었다.

2020년 10월 디즈니는 신임 회장 밥 차펙의 취임 9개월 만에 조직의 변화를 시도했다. 미디어와 D2C(Direct To Consumer) 조직을 단일 사업부로 통합해 해당 사업부가 콘텐츠 배급, 광고 판매, 디즈니플러스 사업 모두를 총괄한다는 발표였다.

2020년 8월 디즈니가 보유한 세 개의 스트리밍 서비스 가입자 총합이 1억 명을 돌파했다는 발표 이후 스트리밍 사업에 힘을 실어주기 위한 결정이었다. 새롭게 통합된 글로벌 배급팀은 디즈니플러스, 훌루, ESPN플러스와 새로운 글로벌 스트리밍 서비스 '스타'의 콘텐츠를 전 플랫폼에 걸쳐 최적의 방식으로 제공하고 수익화하는 콘트롤 타워 역할을 맡았다. 밥 차펙은 팬데믹 위기 극복을 위해 디즈니플러스의 강화 전략을 선택했다.

III

디즈니플러스는
디즈니를
다시 살려낼까?

콘텐츠 기업으로서 디즈니는 자신의 콘텐츠 산업을 확장하기 위해 많은 시도를 했다. 콘텐츠 기업들을 인수한 결과는 성공이었지만, 인터넷 시대에서 살아남는 과정은 녹록치 않았다. 결국 디즈니는 자사의 콘텐츠를 다른 플랫폼에 제공하며 인터넷 산업의 변화에 적응해야 했다. 이런 와신상담을 거친 후 디즈니는 자신들이 세운 미디어 기업의 모습을 바탕부터 바꾸어 갔다. 넷플릭스에서 디즈니 콘텐츠를 철수시키고 디즈니플러스를 출시했다. Part 3에서는 넷플릭스를 활용해 수익을 창출하던 디즈니가 넷플릭스와 거래 중단까지 가야 했던 이유와 디즈니플러스를 준비하는 5년 동안의 치밀한 준비 과정을 살펴본다.

7장
디즈니의 인터넷 진출 실패 경험들

영화를 온라인으로 직접 유통하려는 시도는 넷플릭스보다 디즈니가 먼저 추진했다. 2003년에 디즈니 콘텐츠를 전용 셋톱박스로 시청할 수 있는 무비빔(moviebeam)이라는 VOD 서비스를 시작했다. 그리고 ABC 방송국의 콘텐츠를 광고와 함께 감상할 수 있는 스트리밍 웹사이트도 오픈했다. 당시 삼성전자는 무비빔 셋톱박스를 디즈니에 독점 공급했다.

넷플릭스보다 먼저 영화 다운로드 서비스를 시작하다

디즈니는 미국 플로리다주, 워싱턴주 등에 시범 사업으로 무비빔을 판매했다. 이 셋톱박스에는 디즈니 영화 이외에도 드림웍스, MGM, 미라맥스, 소니 픽처스, 유니버설 스튜디오, 워너브라더스, 20세기 폭스의 영화 100편이 내장되어 있었고 매주 열 편씩 갱신되어 이용할 수 있었다.

무비빔은 영화를 보기 위해 비디오 대여점에 가지 않아도 된다는 점을 강점으로 내세웠다. 그러나 무비빔은 200달러짜리 셋톱박스를 구매하고도 영화를 볼 때마다 다시 돈을 내야 했고, 재생 버튼을 누르면 24시간 내에 영화를 감상해야 했다.

또한 무비빔은 고객의 전화 잭에 연결시켜 놓아야 했다. 전국 PBS 방송국의 방송 신호로 주문형 VOD 영화를 제공하는 기술 방식이었기 때문이다. 시스코, 인텔 등 테크 기업들이 지원했으나 고객을 만족시키는 서비스로 발전하지는 못했다.

콘텐츠의 권리를 우선시하는 할리우드 기업의 작은 실험은 실패로 돌아갔다. 2003년 미국 가정의 광대역 인터넷 보급 수준은 50%

무비빔 셋톱박스.
출처: www.nytimes.com

이하였고, DVD 화질 수준의 영화 한 편을 다운로드 받으려면 두 시간이 걸렸다.

2000년 초반 영화 회사들의 시도는 테크 기업 넷플릭스와 견줄 만한 수준이 아니었다. 다운로드 서비스 기술과 서비스 사용성은 엉성했고 콘텐츠 제공 수준도 열악했다.

디즈니의 무비빔 실패 사례로 넷플릭스는 특정 셋톱박스에 귀속되거나 컴퓨터에만 국한된 서비스가 아니라, 각종 휴대기기부터 TV에 이르기까지 어디서나 스트리밍 영상을 즐길 수 있는 간편한 미디어 프로그램을 개발하기로 결심하게 된다. 영화사들의 비싼 수업료는 오히려 우수한 경쟁자 넷플릭스에 단서를 준 셈이다.

플랫폼-콘텐츠 동맹의 실험 'TV Everywhere'

2009년 유료 방송 플랫폼인 컴캐스트, 타임워너 케이블 등에서 'TV Everywhere'라는 온라인 전략을 발표했다. 고객이 유료 TV를 구독하면 TV뿐 아니라 모바일에서도 TV 콘텐츠를 마음대로 이용할 수 있다는 전략이다. 멀티 스크린 접근에 대한 추가 비용을 청구하지 않는다는 것이 핵심이었다.

디즈니 등 콘텐츠 제작사들도 이에 동의해 주었다. 유료 방송이 무너지면 자신들의 사업 영토가 사라지는 것이기에 '플랫폼-콘텐츠 동맹'이 만들어진 것이다.

그만큼 넷플릭스에 대한 두려움이 큰 이유도 있었다. 디즈니의 어

여러 방송국이 참여한 서비스 TV Everywhere. 출처: www.fiercevideo.com

린이 케이블 방송 채널인 디즈니 채널, 디즈니XD 채널, 디즈니 주니어 채널 등은 모바일 앱을 만들고 컴캐스트 가입자 인증을 하면 영상을 무료로 시청하게 했다. 이후 세 개의 앱을 Disney Now 앱으로 통합했다.

2010년 NBC는 케이블 가입 인증자에게만 2010년 동계 올림픽 방송 VOD를 제공했고 HBO는 케이블 채널 가입자만 시청이 가능한 HBO GO를 출시했다. 디즈니는 디즈니 어린이 채널 중심 앱에 이어 Watch ESPN 앱을 출시했다. 2013년에는 ABC 방송국 VOD를 TV Everywhere로 제공하기 위해 Watch ABC 모바일 앱을 출시했다.

전략은 좋았지만 성공하지 못했다. 가장 큰 이유는 콘텐츠 부족이었다. 넷플릭스를 통한 라이선스 판매 수익을 포기하지 못한 디즈니가 TV Everywhere에는 콘텐츠 일부만 제공했기 때문이다. 이외에도 고객이 케이블 요금을 계속 지불하는 경우에만 모바일, 노트북 등으로 콘텐츠를 시청할 수 있다는 제약이 접근성을 막았다.

결국 유료 방송 플랫폼의 채널 번들을 유지시키려는 사업자의 속셈을 고객에게 쉽게 들켜버린 셈이다. 원하는 콘텐츠를 더 적은 비용으로 이용할 방법을 찾는 고객들에게 TV Everywhere는 선택권을 빼앗는 것과 같은 서비스였다.

이는 새로운 플랫폼에 대한 혁신이 아니라 오래된 사업 수익을 보호하려는 방식이었다. TV Everywhere는 결국 2017년~2018년 디즈니를 포함한 콘텐츠 진영이 직접 '스트리밍 전쟁'에 참여하면서 점차 빛을 잃어갔다.

디즈니플러스의 선배, 올인원 플랫폼 '디즈니라이프'

2014년 디즈니는 온라인 스트리밍 서비스에 대한 여러가지 테스트를 진행했다. 2015년 10월 디즈니라이프라는 디즈니 영화에 대한 주문형 구독 비디오 서비스를 영국 등에서 운영했다.

디즈니라이프는 최대 여섯 명의 가족이 디즈니 영화, TV 프로그램, 음악, 오디오북 및 전자책을 온라인, 모바일, 크롬캐스트에서 스트리밍할 수 있는 유료 서비스였다. 디즈니의 유명 캐릭터 중심의 디자인을 강점으로 내세웠다. 구독료는 13달러였다.

디즈니라이프는 흩어져 있던 디즈니의 콘텐츠를 하나의 서비스로 통합했다는데 의미가 있었다. 일명 올인원 플랫폼을 구현했다. 하지만 당시 계약 관계로 인해 마블이나 스타워즈는 제공하지 못했고 디즈니의 클래식 콘텐츠 위주로 제공했다. 디즈니는 이 서비스를 통해 고객들이 원하는 기능이나 고객들이 반응하는 콘텐츠에 대한 충분한 데이터 수집이 가능했을 것이다. 이외에도 기술 검증을 위한 테스트가 포함되었다.

디즈니라이프는 새로운 영화나 독점 콘텐츠가 없었기 때문에 관심이 제한적이었다. 고객들은 넷플릭스와 비교했고 가격 저항선이 존재함을 확인했다. 디즈니는 구독 가격을 반으로 인하했다.

2년 후 분석가들은 디즈니라이프의 구독자가 약 43만7,000명에 불과하다고 추정했다. 디즈니는 디즈니라이프가 온라인 스트리밍 서비스에 대한 테스트 서비스라고 공개적으로 밝혔다.

8장
디즈니플러스를 위한 준비 작업

디즈니플러스는 2019년 11월에 론칭되었다. 디즈니는 디즈니플러스의 추진을 위해 2016년부터 사전 작업들을 착실히 준비해왔다.

트위터 인수 시도 해프닝과 뱀테크 인수

2016년부터 디즈니의 자체 온라인 스트리밍 추진 준비가 본격화됐다. 이는 기술 플랫폼의 도입 검토로 이어졌다. 소비자와 직접 대면하는 플랫폼 기술은 구축을 위한 속도가 중요했다. OTT를 처음 추진하는 기업들처럼 디즈니도 내부 기술 인력을 통한 자체 구축과 외부의

플랫폼을 인수하는 방안을 모두 검토했다. 속도 때문이라면 외부 수혈이 가장 적합한 방법이었다. 디즈니는 인수 대상 기업을 물색했다. 스냅챗, 스포티파이, 트위터 등이 1차 대상이었다. 디즈니는 트위터에 대해 가장 글로벌하게 확장된 플랫폼으로 가치가 높다고 보았다.

2016년 4월 트위터 이용자는 3억5,000만 명에 달했다. 미국에서 페이스북, 인스타그램 다음으로 이용량이 많았다. 또한 대통령 선거와 게임, 스포츠 이벤트 등을 실시간 생중계하는 플랫폼으로 부상하고 있었다. 트위터는 내셔널 풋볼 리그(NFL)와 계약하고 2016년 시즌 열 개의 목요일 밤 경기를 생중계로 방송 중이었다. 트위터 인수를 위해 여러 기업이 경쟁했다.

구글, 버라이즌, 마이크로소프트, 세일즈포스에 디즈니도 합류했다. 디즈니 이사회도 거래를 완수하기 위해 아이거에게 힘을 실어 주었다. 그러나 마지막 협상을 앞두고 아이거는 인수 추진을 멈췄다. 아이거는 자서전에서 "당시 트위터 인수 시도는 회사를 위한 올바른 결정이 아니었다"고 말했다.

트위터는 디즈니의 새로운 목적에 충분히 부합하는 플랫폼이었지만 트위터의 타임라인에는 이용자들의 정치, 사회적 견해로 인한 분노와 통제할 수 없는 의견이 넘쳤다. 아이거는 이것이 디즈니의 브랜드 가치를 훼손할 가능성이 크다고 걱정했다. 성인 사이트 링크, 이용자의 증오심, 해킹된 사이트의 연결 등은 트위터 인수의 걸림돌이었다.

거의 같은 시기에 디즈니는 뱀테크(BAMtech)라는 회사에도 투자했다. 2000년 미국 프로야구 리그(MLB)의 30개 구단은 각기 100만 달러를 출자해서 자회사 MLBAM(MLB Advanced Media)을 설립했다. 초기에는 프로야구 구단들이 소유하고 있는 온라인 사업권과 구장 티켓 판매를 대행하는 회사로 출발했다. 해당 웹사이트를 외부에 위탁하며 이 회사는 운영사 역할만 할 계획이었다. 하지만 웹사이트가 기술 장애 등으로 서비스가 불안정해지면서 MLBAM은 직접 개발자를 고용해 사이트를 운영하기로 결정했다.

MLBAM은 온라인 티켓 판매 전문 웹사이트인 '티켓마스터'로부터 티켓 판매권을 담보로 1,000만 달러를 대여받아 인력을 충원하는 등 회사의 외형을 확장했다. MLBAM은 텍사스 레인저스, 뉴욕 양키스의 경기를 직접 온라인 생중계하고 유료 가입자 10만 명을 확보하는데 성공했다.

스포츠 기반의 유료 온라인 스트리밍 사업 가능성을 확인한 MLB는 NHL(내셔널 하키 리그), PGA, WWE 등 다른 스포츠 분야의 기술팀과 통합해 기술 기반 신설 기업을 설립하기로 했다.

이렇게 탄생한 회사가 뱀테크이다. 지분의 90%는 MLBAM이 갖고 10%는 NHL이 주주가 되었다. NHL은 온라인 사업권 등을 뱀테크와 제휴했다. 뱀테크는 라이브 스트리밍 기반의 실시간 생중계 기술이 필요한 각종 스포츠 리그들과 방송사 또는 게임 회사까지 고객 기반을 넓혔다. 야구, 축구, 프로 레슬링, 골프는 물론 HBO 나우와 개발사로서 제휴했는데 ESPN이 가장 큰 고객이었다.

디즈니는 2016년 8월 뱀테크의 지분 33%를 10억 달러에 인수하면서 2020년 지배 지분을 매입할 수 있는 옵션도 얻었다. 당시 타임 워너와 소니도 관심을 보였던 것으로 알려졌으나 디즈니가 먼저 손을 내밀었다.

뱀테크는 유럽까지 사업 영역을 넓혀 디스커버리 커뮤니케이션 그룹과 합작 법인 '뱀테크 유럽'을 설립했다. 뱀테크는 '유로스포츠'와 계약해 유럽 지역의 라이브 스트리밍 기술 플랫폼을 제공, 수익을

안정적인 스트리밍 서비스를 위해 디즈니는 뱀테크를 인수했다. 출처: tech.kobeta.com

창출했다. 뱀테크는 폭스 스포츠, 플레이스테이션 뷰, 훌루 등 외부 고객을 끌어들이는 기술을 개발했다. HBO는 자체적으로 신뢰할 수 있는 독립형 스트리밍 서비스를 만들지 못하고 2014년 뱀테크의 기술로 'HBO 나우' 스트리밍을 시작했다.

디즈니는 수천만 개의 라이브 스트리밍을 제공하면서도 심각한 결함없이 안정적 운영을 하는 뱀테크의 기술력에 매료되었다. 2017년에는 추가 지분까지 확보해 75%의 대주주가 되었다.

뱀테크는 아마존 프라임 비디오의 기술을 이끌던 마이클 폴을 영입해 인력을 보강했다. 디즈니가 뱀테크를 비싼 가격에 인수했다는 비아냥도 있다. 하지만 뱀테크는 넷플릭스와 달리 실시간 스트리밍에서 탁월한 기술력을 보유하고 있다. 동시 접속 스트리밍을 지역 기반으로 해결하는 기술을 보유하고 있으며 가입자 과금, 국가 간의 환율, 지불 수단 등을 기술적으로 풀어낸 실력있는 회사다.

특히 컴퓨터 네트워크에서 지역에 따라 서비스를 차등화할 수 있는 특허를 보유하고 있다. ESPN은 지역마다 스포츠 중계권이 모두 다르기 때문에 이를 지역 기반 스트리밍 기술로 풀어내는 방식은 디즈니에게 매우 중요한 인프라일 수밖에 없다.

온라인 스트리밍에서 콘텐츠가 '왕'이라면 기술 인프라는 '전차'와 같다. 뱀테크 인수를 통해 디즈니는 강력한 스트리밍 인프라를 갖추었다. 2018년 디즈니는 뱀테크를 '디즈니 스트리밍 서비스'로 이름을 변경했다.

현재는 ESPN플러스 및 디즈니플러스를 위한 인프라 기반을 제공하고 있다. 다만 2019년 11월 디즈니플러스가 처음 출범하는 날, 1,000만 명의 이용자가 한꺼번에 서비스에 유입되면서 스트리밍과 앱에 장애가 발생해 명성에 금이 가기도 했다.

OTT 서비스를 위한 전략적 '폭스' 인수 결정

2018년 미국 이용자를 대상으로 "TV에서 동영상 콘텐츠를 보기 위해 가장 많이 이용하는 플랫폼은 무엇인가?"라는 질문에 넷플릭스가 39.7%로 1위를 차지했다. 케이블 TV는 20.1%로 2위를 차지했지만 1위와의 격차가 거의 두 배나 났다. 2018년 4분기 넷플릭스의 실적 발표에서는 넷플릭스에서 구독자들은 하루에 1억 시간의 동영상을 재생한다고 발표했는데 이는 미국 전체 TV 시청 시간의 10%를 차지하는 수치였다.

2017년, 미디어 황제로 불리던 루퍼드 머독은 자신의 방송국이 구글, 유튜브, 페이스북, 아마존, 넷플릭스, 애플 등 실리콘밸리 테크 기업들보다 콘텐츠에 더 많은 투자를 하기 어렵고 스스로 플랫폼을 소유하기도 힘들다고 예측했다. 마침 CNN, HBO, 워너브라더스 스튜디오 등을 보유한 타임워너가 2018년 AT&T에 최종 매각됐다. 이런 변화 과정에서 스스로 폭스의 해체를 결정한 머독의 고심은 불가피한 결심이었다.

매각 대상은 폭스 서치라이트 픽처스를 포함한 영화 제작사와 훌루 지분, FOX 네트워크, 내셔널 지오그래픽, 인도 시장을 포함한 해외사업 자산, 유럽의 가장 큰 위성방송 플랫폼인 스카이 지분이었다.

폭스가 소유한 〈엑스맨〉 시리즈나 〈아바타〉(2009) 등 주요 프랜차이즈의 소유권 확보도 가능했다. 폭스는 33개의 케이블 채널을 운영하고 있었는데, 규제 이슈로 매각에서 제외된 보도와 스포츠 채널을 제외한 29개 채널이 매각 대상이었다. 디즈니가 폭스 채널과 디즈니 채널을 묶으면 컴캐스트 등 방송 플랫폼 사업자들과 수신료 협상력을 높일 수 있겠다고 예측하는 것은 당연했다.

루퍼드 머독은 호주와 영국에서 미디어 사업을 키운 후 미국에 진출한 만큼 해외 자산도 다양하게 보유하고 있었다. 1993년에는 스타 인디아를 인수했는데 69개 방송 채널을 8개 언어로 제공 중이었

폭스 TV 홈페이지. 출처: www.fox.com

다. 스타 인디아가 온라인 스트리밍 서비스인 핫스타를 보유하고 있다는 점은 향후 디즈니플러스의 해외 사업 진출에도 중요했다. 이외에도 폭스는 유럽 최대 유료 TV 사업자로 2,100만 명의 유료 가입자를 보유한 스카이 지분의 39%를 보유하고 있으며 훌루 지분도 30% 보유하고 있었다.

2017년 말 컴캐스트는 디즈니가 폭스와 합의한 주당 28달러(총 525억 달러)보다 비싼 주당 35달러로 베팅을 하며 폭스 인수전에 참여했다. 아이거는 자서전에서 비밀리에 런던으로 이동해 머독과 회동 후 컴캐스트의 제안가보다 높은 주당 38달러를 베팅했다고 밝혔다.

비밀 작전은 통했다. 결국 컴캐스트는 입찰을 포기했다. 머독과 처음 매각 논의가 시작되고 19개월이 지난 2019년 3월, 디즈니는 공식적으로 폭스와 인수합병 절차를 종료했다.

디즈니의 폭스 인수를 두고 '사양 산업인 케이블 TV 채널을 왜 인수하느냐'는 질문이 많았다. 하지만 경영진은 FOX 네트워크, 내셔널지오그래픽 등 채널들의 자체 브랜드 경쟁력만으로도 OTT 서비스 강화에 기여할 수 있다고 평가했다. 더불어 유럽과 인도 등 해외 사업을 포함할 경우 해외 매출 비중이 23%에서 40%까지 증가할 것으로 기대했다.

디즈니의 폭스 인수는 첫째도, 둘째도, 셋째도 OTT를 위한 전략적 결정이었다. 2017년 디즈니의 폭스 인수 발표는 미디어 기업들에게 큰 자극제가 되었다. 넷플릭스보다 콘텐츠 지출이 많은 디즈니를 포함해 NBC유니버스, 워너 브라더스도 이 시점에 자체 스트리밍 서비스 출시 계획을 발표했고 애플도 대열에 합류했다.

스트리밍 전쟁 선포와 ESPN플러스 론칭

2017년 8월 디즈니는 분기 실적을 발표하는 자리에서 넷플릭스와의 콘텐츠 계약 중단을 밝혔다. 그리고 2년 뒤인 2019년 디즈니만의 스트리밍 서비스를 추진하겠다고 발표했다. '스트리밍 전쟁'의 본격적인 참여 선언이었다. 이날 아이거 회장은 이렇게 말했다.

"엔터테인먼트의 미래는 콘텐츠 제작자와 소비자 간의 직접적인 관계에 의해 정의될 것입니다."

2018년에 ESPN 스트리밍을 출시하고 2019년에는 '디즈니'라는 이름을 브랜드에 포함하는 새로운 스트리밍 서비스를 출시한다는 내용이었다. 미국에서 시작해 전세계로 확장해 갈 것이라는 '글로벌' 선언도 포함되었다.

디즈니는 넷플릭스와의 계약 변경과 온라인 스트리밍 선언을 동시에 발표하며 시장에 강한 충격을 주었다. 넷플릭스 주식은 바로 5% 하락했다. 넷플릭스는 2012년 월트 디즈니 애니메이션, 마블, 픽사 등 구작 영화들을 서비스하고, 2016년부터는 극장 개봉 이후 유료 TV 채널에 공급되는 시점과 동일하게 제공하는 계약을 체결했다.

이 계약으로 디즈니의 최신 영화들도 유료 채널 출시 시점에 맞추어 넷플릭스에 제공되고 있었으나 불과 2년여 만에 계약 해지 통보를 받은 것이다. 급변하는 경쟁 관계의 증거였다.

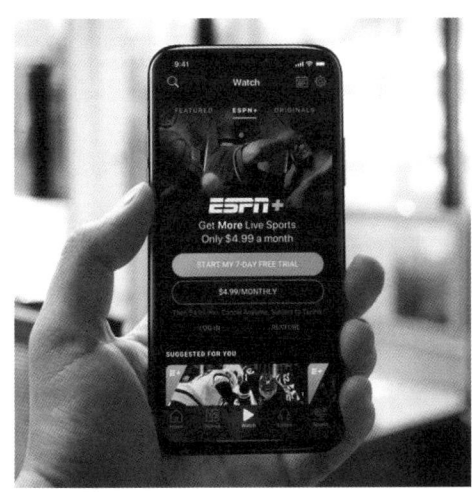

ESPN플러스 화면.
출처: www.digitaltrends.com

2018년 1분기 ESPN의 광고 수익은 11% 감소했다. 이 시점에 론칭한 ESPN 온라인 스트리밍 서비스는 서서히 무너져가는 TV 시장의 구원 투수가 되었다. 디즈니는 ESPN의 수익을 구체적으로 분류해 발표하지 않지만, 외부 분석으로는 연간 100억 달러에 이르는 것으로 추정됐다. 디즈니는 ESPN 구독자의 감소를 가입자당 가격 인상과 케이블 회사들과의 수신료 협상을 통해 관리하고 있었다.

ESPN플러스는 2018년 봄에 출시되었다. 당시 4.99달러(2021년 현재 5.99달러)로 ESPN TV 채널과 차별화된 라이브 스포츠 스트리밍, 오리지널 콘텐츠 및 VOD를 서비스했다. 특히 ESPN TV 채널에서 방송되지 않은 콘텐츠에 주력해 TV 채널의 보완적이고 부가적인 수요를 만들려고 했다.

실시간 스포츠 중계에는 메이저리그 야구, 하키, 메이저리그 축구, 대학 스포츠, 골프, 크리켓, 럭비, 테니스 등이 포함되었다. 반면 내셔널 풋볼 리그 경기의 생중계나 NBA 경기 하이라이트 및 일요일 밤 야구 경기 등은 TV에서만 시청이 가능하다고 밝혀 TV와 온라인을 차별화했다.

반면 일부 다큐멘터리 시리즈는 ESPN플러스에서 독점 공개되었다. 과거 NBA의 스타플레이어였던 코비 브라이언트가 출연하는 농구 분석쇼 같은 콘텐츠도 있었다. 〈30 for 30〉 같은 인기 스포츠 다큐멘터리는 케이블 TV로 방송된 후 일정 기간만 VOD로 서비스되고 그 후에는 ESPN플러스에서만 시청이 가능했다. MLB TV, NHL TV 등을 포함한 개별 스포츠 패키지는 별도로 구매할 수 있게 했다.

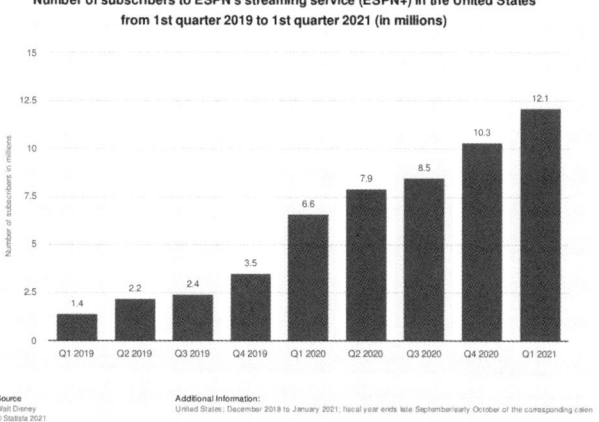

2019~2021년 ESPN플러스 미국 가입자 예상 증가 수치. 출처: Statista

디즈니는 ESPN플러스가 더 많은 스포츠를 갈망하는 스포츠 마니아들을 대상으로 새로운 시장을 만들어내기를 바랐다. ESPN플러스 앱은 각종 스포츠 종목의 뉴스, 점수, 하이라이트를 제공했으며, 자신이 가입한 유료 ESPN 케이블 계정을 인증하면 모바일이나 스마트 TV, 아마존 파이어 TV에서 시청할 수 있었다.

이는 기존 TV 가입자를 묶어 두는 효과도 노린 조치였다. 사실 스포츠는 라이브 중계의 특성상 광고가 삽입될 수밖에 없다. 디즈니 입장에서는 4.99달러의 유료 상품에 광고 상품을 함께 판매할 수 있어 일석이조였다.

2019년 1월부터 ESPN 및 ESPN플러스는 이종 격투기 스포츠인 UFC의 미국 독점 서비스를 시작했다. 1억5,000만 달러가 베팅된

통 큰 거래였다. 특히 ESPN플러스에서는 UFC의 독점 이벤트 및 모든 예선전을 제공하며 마케팅에 적극 활용했다. 열정적이고 충성도 높은 UFC 팬을 확보하기 위한 전략이었다. ESPN플러스는 2021년 1,200만 가입자 확보가 예상된다.

> 미국에서 가장 인기 높은 스포츠 종목인 NFL 경기의 생중계가 스트리밍으로 대거 이동하고 있다.
> 아마존이 2021년 4월 NFL 목요일 경기에 대한 독점 생중계 계약을 완료함에 따라 ESPN플러스와의 경쟁이 불가피해졌다.
> 이로 인해 케이블 TV의 시청률 하락과 더불어 스트리밍 경쟁에 스포츠 콘텐츠가 중요 역할을 담당할 것으로 보인다.

콘텐츠 진영의 동맹으로 시작한 훌루의 주인이 되다

훌루는 2007년 21세기 폭스(2007년 당시 뉴스코퍼레이션), NBC유니버설(컴캐스트) 등 미국 주요 TV 네트워크의 조인트 벤처로 출발했다. 훌루닷컴으로 시작된 2007년의 베타 서비스는 TV 쇼, 영화 및 짧은 클립 컬렉션을 무료로 스트리밍하는 서비스였다. AOL, MSN, 마이스페이스, 컴캐스트, 야후 등 여러 파트너 웹사이트의 프리미엄 콘텐츠 배포 네트워크 역할도 담당했다.

디즈니는 2년 간의 관찰 끝에 2009년 훌루와 협력해 온라인 콘텐츠 확산을 통한 새로운 기회를 찾기로 결정했다. 디즈니는 NBC유니버설 및 뉴스코퍼레이션과 거의 동일한 지분인 27%를 확보했다.

또한 훌루에 디즈니 프로그램을 제공하고 현금 투자도 병행했다.

2009년 훌루 지분을 확보하기 직전, 디즈니는 유튜브와 ESPN 콘텐츠 비디오 공유 계약을 중지했다. 2009년 2월 훌루는 야후를 제치고 유튜브에 이어 2위 웹 비디오 사이트가 되었다.

2016년 훌루는 무료 스트리밍을 중단하고 전면 유료화됐다. 경쟁자를 넷플릭스와 아마존 프라임 비디오로 설정하고 이때부터 광고가 포함된 유료(7.99달러) 상품과 광고가 포함되지 않은 유료(11.99달러) 상품을 판매했다. 그리고 2017년 TV 방송국을 포함한 모회사들의 실시간 방송 채널을 제공하는 '훌루 라이브 TV' 상품도 선보였다. 이 서비스에는 ABC, CBS, FOX, NBC, ESPN, CNN, FOX News, TBS, TNT 및 디즈니 채널 등 케이블 네트워크가 포함되었다.

이 서비스는 39.99달러로 출시되었는데 컴캐스트 등 유료 방송의 최상위 번들 상품에서 이탈하는 이용자들을 위한 저렴한 작은 번들, 일명 스키니 번들이었다. 컴캐스트의 풀 패키지는 약 99달러 수준이다.

이 과정에서 방송 진영은 인수합병의 격변기를 맞이했다. 훌루의 주주도 디즈니, 컴캐스트, AT&T 3사로 재편되었다. 2019년 AT&T와 컴캐스트가 디즈니에게 차례로 지분을 넘기며 훌루는 디즈니에 편입되었다. 컴캐스트의 지분 33%가 실제 넘어오는 시점은 2024년 1월이지만 경영권은 미리 확보한 상황이다.

훌루는 2021년 1분기 현재 3,600만 명의 유료 구독자를 보유 중이다. 훌루의 사용자 중 400만 명이 라이브 TV를 포함한 상품에 가입했다. 훌루의 상품은 디즈니플러스와 번들로도 제공된다. 디즈니플러스, 훌루, ESPN플러스를 번들로 묶어, 광고 없는 상품은 18.99달러, 광고 포함 상품은 12.99달러에 판매한다. 훌루는 오리지널에도 적극적인 투자를 해 에미상을 수상한 드라마 〈핸드메이즈 테일〉(2017)과 같은 인기 작품들도 선보였다.

디즈니플러스 가격

상품	가격	비고
디즈니플러스 월정액	7.99달러 / 월	
디즈니플러스 년간	79.99달러 / 년	
디즈니플러스 번들(훌루, ESPN플러스) 1	12.99달러 / 월	광고 시청
디즈니플러스 번들(훌루, ESPN플러스) 2	18.99달러 / 월	광고 없음

그렇다면 디즈니에게 훌루는 어떤 의미일까? 2019년 밥 아이거는 "훌루는 최고의 TV를 대표한다"고 말했다. 훌루는 디즈니가 보유한 TV 채널을 중심으로 하는 TV 스트리밍 플랫폼을 지향한다. 디즈니의 방송 네트워크를 지켜주는 보루인 셈이다.

또한 훌루는 기존 방송 플랫폼에서 온라인 스트리밍으로 이동하는 코드커터들을 위한 온라인 상품이다. 2020년 3분기 기준 훌루 라이브 TV는 유튜브 TV를 제치고 동종 서비스 중 36%의 점유율로 1위를 달리고 있다. 디즈니는 디즈니플러스, ESPN플러스, 그리고 훌루를 묶는 트리플 번들 상품을 출시해 디즈니 온라인 스트리밍 상품

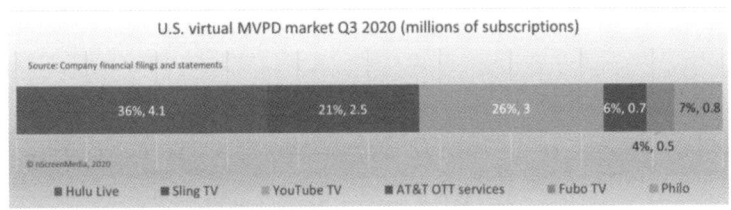

2020년 3분기 미국 다채널 유료 방송 플랫폼 사업의 시장 점유율. 출처: nscreenmedia.com

의 전체 파이를 키우려고 노력 중이다.

2019년 디즈니플러스 출시 5일 전, 훌루에 대한 의미있는 발표가 있었다. 케이블 TV 구독자들은 지난 시즌의 디즈니 채널 어린이 프로그램을 시청할 수 없으며, 2020년 3월부터 FX채널의 콘텐츠는 훌루로만 시청이 가능하다고 발표한 것이다. 디즈니플러스, ESPN 플러스, 훌루 라이브 TV의 번들 상품 강화를 위한 사전 포석이었다.

2019년 디즈니플러스의 출시를 발표할 때도 훌루는 독자 노선을 걷는다는 점을 분명히 했다. 훌루는 디즈니 브랜드 외에 폭스, ABC 방송국 콘텐츠와 그외 NBC 등 라이선싱 콘텐츠를 제공하며 '미래의 TV'라는 전략적 역할을 수행하고 있다. 또한 기존 레거시 유료 방송의 대체자가 되어가는 중이다.

올드한 유통 정책의 결별 '디즈니 볼트(Vault)' 중지

2019년 3월 디즈니는 디즈니 볼트 프로그램을 중지한다고 선언했다.

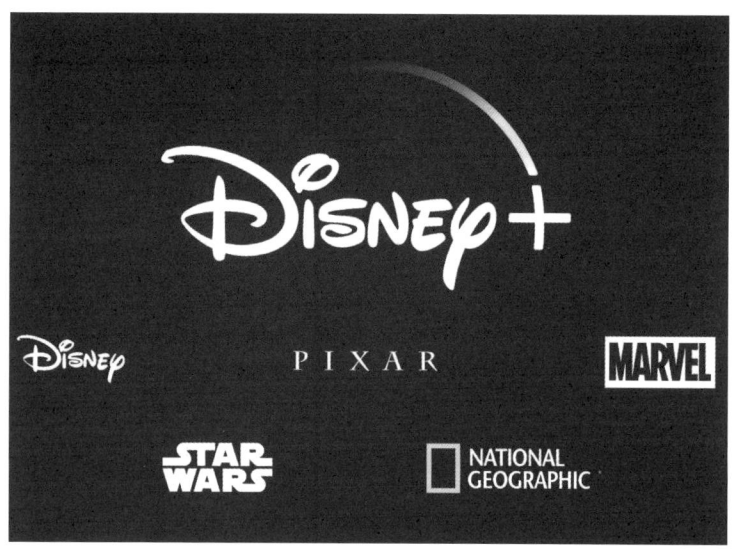

디즈니플러스의 다양한 브랜드 채널들. 출처: lrmonline.com

이는 디즈니의 과거 유통 정책과의 결별을 의미한다. 디즈니 볼트는 고전 영화의 IP로, 새로운 버전 영화를 개봉할 때 해당 영화의 이전 버전을 특정 기간 동안 스트리밍이나 VOD로 시청할 수 없게 만드는 정책이었다. 디즈니는 이전 버전으로 새로운 버전의 영화 수익이 감소되지 않게 인위적으로 유통을 통제해 왔다.

디즈니 볼트에 지정된 영화들은 〈미녀와 야수〉, 〈라이온 킹〉, 〈인어 공주〉 등 고전 애니메이션과 속편을 포함한 34편이었다. 이것을 풀었다는 것은 영상의 독점 창구를 디즈니플러스, 즉 자체 스트리밍 OTT로 가져가겠다는 것을 의미했다.

2019년 4월 11일 디즈니는 투자자들에게 새로운 소비자 직접 판매(D to C) 사업을 설명하는 행사에서 2019년 11월에 디즈니플러스를 출시한다고 선포했다.

아이거는 자서전에서 "디즈니플러스의 추진은 마치 우리 스스로 사업의 붕괴를 서두르는 것과 같다"고 표현했다. 디즈니로서는 콘텐츠 유통 전략의 전면 전환을 선언한 것이기 때문이다.

이 설명회에서 디즈니는 디즈니플러스를 위해 창고에 보관해 온 400개 이상의 영화 타이틀과 7,500편의 TV 프로그램, 25개의 오리지널 시리즈를 공개하고 더불어 매년 50편이 넘는 새로운 오리지널 드라마를 추가 제작할 예정이라고 발표했다. 여기엔 스타워즈 스핀오프 실사 시리즈인 〈더 만달로리안〉도 포함되어 있었다.

〈백설공주와 일곱 난쟁이〉(1937) 이후에 제작된 모든 디즈니 애니메이션 영화와 〈캡틴 마블〉(2019), 〈어벤져스: 엔드게임〉(2019)을 포함한 다수의 마블 영화들까지 실질적으로 디즈니가 소장하고 있는 모든 작품이 포함된 것이다. 여기에 폭스가 합류했다는 것은 600편이 넘는 〈심슨 가족〉시리즈까지 포함되었다는 것을 의미했다.

드디어 2019년 11월 미국과 캐나다를 시작으로 디즈니플러스의 닻이 올랐다. 디즈니플러스는 2019년 11월 론칭 첫날에만 1,000만 명의 구독자를 모았다.

9장
예상치 못했던 팬데믹과 디즈니플러스의 성과

디즈니플러스가 출시되고 몇 개월 뒤 전세계적으로 코로나19 팬데믹 상황이 확대됐다. 테마파크와 리조트가 문을 닫고 크루즈 운행이 중단되었으며 영화관이 수개월 동안 문을 닫았다. 디즈니 또한 여러 사업 분야에서 타격을 입었다. 2020년 2분기는 -42% 역성장 매출과 -47억 달러의 손실이라는 역대 최악의 성적표를 받았다.

디즈니의 네 개 사업 부문 중 공원&리조트 부문은 전년 2분기 대비 -85% 역성장을 보였다. 리조트 및 호텔의 폐쇄 조치에 따른 당연한 결과였다. 극장 수익을 근간으로 하는 스튜디오 엔터테인먼트 부문의 실적도 -54% 하락했다.

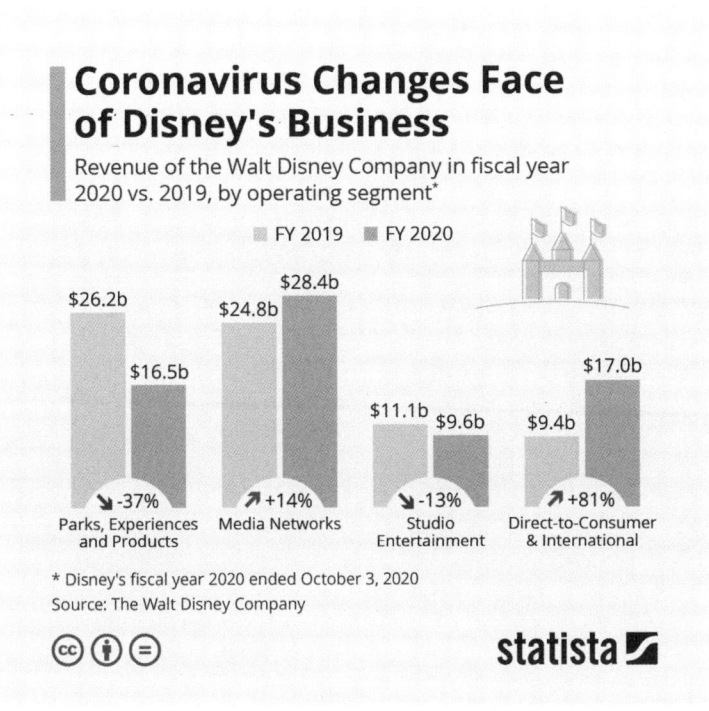

코로나로 바뀐 디즈니의 사업 실적. 출처: statista

팬데믹과 디즈니플러스의 행운

다행인 것은 디즈니의 D2C 사업 부문이 팬데믹 상황에서 예상보다 크게 성장했다는 점이다. 디즈니플러스는 론칭 직전 미국의 통신회사 버라이즌과 제휴를 발표했다. 버라이즌의 고객들은 무제한 데이터 요금제에 가입할 경우 디즈니플러스를 1년간 무료로 사용할 수 있다. 이외에도 디즈니 브랜드에 충성도가 높은 고객들에게는 다년 할인 프로모션도 제공했다.

디즈니 파크 회원들에게는 디즈니플러스 3년 계약 시 월 4.72달러 수준의 할인을 제공했다. 초기 가입 고객 중 34%가 이런 프로모션 고객일 정도로 가입자 확보의 첨병 역할을 했다. 현재는 13% 수준으로 낮아졌다.

디즈니플러스는 2021년 3월, 출시 15개월 만에 구독자 1억 명을 달성했다. 2024년까지 가입자 6,000만 명~9,000만 명을 달성하겠다는 목표를 3년 이상 앞당긴 것이다. 넷플릭스가 8.5년에 걸쳐 달성한 숫자를, 디즈니플러스는 1.2년 만에 기록했다.

여기에 훌루 구독자 4,000만 명과 ESPN플러스 구독자 1,300만 명을 합치면 디즈니 스트리밍 구독자는 1억5,300만 명에 육박한다.

다만 이 수치에서 고려할 점은 다른 국가 대비 구독 가격이 다소 낮은 인도의 '디즈니플러스 핫스타'도 포함된 수치라는 점이다. 따라서 구독자당 평균 월 매출은 4.03달러로, 2020년 5.56달러 대비 20% 감소했다.

이는 넷플릭스가 북미 구독자당 월 매출 13.41달러, 글로벌 구독자 평균 10달러 정도인 것과 비교해 50% 수준을 밑도는 상황이다. 디즈니플러스는 구독자의 빠른 확대에 전략적 무게를 두고 있다.

미국의 이마케터에서 분석한 표를 보면 디즈니플러스는 2020년 말 전체 미국 OTT 시청자의 32% 수준을 차지하고 있으며 2024년에는 절반이 넘는 52%까지 성장 가능할 것으로 예측했다.

흥미로운 것은 디즈니플러스 가입자의 80%가 넷플릭스를 중복 이용하고 있다는 점이다. 또한 거의 60%의 넷플릭스 이용자들도 넷

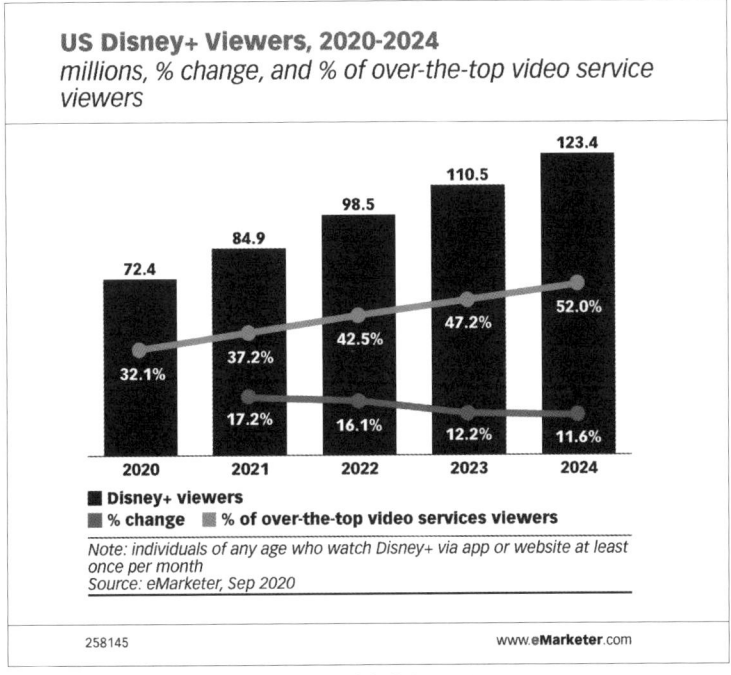

2020년-2024년 미국의 디즈니플러스 구독자 변화. 출처: eMarketer

플릭스를 끊지 않고 디즈니플러스를 이용하겠다는 반응이다. 두 서비스는 고객들에게 '둘 다 이용해야 유익'한 보완적 서비스로 자리 잡아가고 있다.

디즈니플러스의 빠른 가입자 확장 이유는?

디즈니플러스가 이렇게 빠른 속도로 가입자를 확보한 이유는 무엇일까? 우선 디즈니가 보유한 압도적인 영상 콘텐츠의 힘 때문이다. 디즈니, 픽사, 마블, 스타워즈에 이르기까지 전 연령을 아우르는 문화 콘텐츠는 고객 견인의 원동력이 되었다.

디즈니플러스(Disney+)라는 간결한 브랜드를 서비스명으로 삼고 각각의 영상 프랜차이즈를 독자적으로 서비스하는 형식을 통해 고객의 각기 다른 문화적 취향을 자극한 점도 성공 요인이다.

디즈니플러스가 출시되기 2~3년 전부터 시장과 고객을 향해 끊임없이 새로운 서비스에 대한 암시와 계획을 발표함으로서 지속적인 기대감을 제공했다는 점도 보이지 않는 마케팅 후광 요인으로 작용했다.

미디어 산업에서 넷플릭스의 영향력이 커진다는 것은, 반대로 디즈니와 같은 전통적 미디어 기업의 하락세를 의미했다. 디즈니는 지난 수십 년간 빅 베팅을 통해 콘텐츠 자산을 확보해 왔다. 그럴 때마다 시장과 고객은 디즈니에게 "앞으로 무엇을 할 것인가?"라고 물었다. 하지만 답이 쉽게 나오지는 않았다.

차근차근 준비하던 디즈니는 폭스를 인수하고서야 '온라인 스트리밍 사업자로 대전환'을 선언하며 자신이 쌓아 올린 기존 미디어 콘텐츠 사업의 지형을 직접 허물겠다는 메시지를 던졌다. 대중의 관심은 디즈니플러스의 출시와 함께 폭발적 가입으로 이어졌다.

그동안 디즈니는 방송, 극장, 테마파크, 호텔, 상점 등 오프라인 공간에서 고객과 충성도 높은 관계 기반을 형성해 왔다. 온라인을 통한 관계 확장은 이미 훌루나 ESPN플러스 등을 통해 순차적으로 추진되고 있었다. 이런 온·오프라인의 고객 관계가 자연스럽게 디즈니 플러스 대박 흥행의 밑바탕이 되었다.

극장 폐쇄로 인한 영화 스트리밍 시장의 변화

코로나19 팬데믹은 극장 산업의 위기를 앞당겼다. 영화관들이 문을 닫는 상황에서 극장 수익은 역대급 적자로 이어졌다. 디즈니를 포함한 할리우드 제작사들은 신작 영화의 개봉을 몇 차례 연기하며 때를 기다렸다.

드림웍스가 만들고 유니버설 픽처스가 배급한 인기 애니메이션 〈트롤: 월드 투어〉는 결국 2020년 5월 극장과 온라인 VOD 동시 개봉을 결정했다. 그때까지 전세계에서 유례가 없던 시도였다.

미국 최대 극장 체인 AMC와 국내의 CGV, 롯데시네마 등은 상영을 거부했다. 온라인 VOD는 2만2천 원(미국에서는 19.99달러)으로 가격을 책정해 극장을 가지 못하는 가족 단위의 시청을 촉진하려고 했다. 비싼 가격에도 불구하고 국내 IPTV에서 2020년 5~6월 판매 1위를 기록했다.

국내에서는 IPTV가 가장 판매가 높은 창구였고, 미국에서는 애플 TV 등 OTT에서 이용량이 많았다. 그렇다면 전체 수익은 어땠을까? 결과적으로 스트리밍 시작 후 몇주 동안 1억 달러를 벌어들였다. 동시 개봉 전략이 성공적임을 입증한 것이다.

유니버설 픽처스의 이 비즈니스 실험으로 극장과 할리우드 제작사 사이에 타협 없는 전쟁이 한동안 계속되었다. 유니버설 픽처스와 AMC 극장 체인은 2020년 7월, 기존에 75일이었던 극장의 독점 상영 기간을(미국 극장 상영 후 75일 이후에 부가 판권 판매 개시) 17일로 줄이는 협약을 체결하며 타협했다. 그러나 17일로 줄인 계약이 아무 의미가 없을 정도로 시장은 급변했다.

크리스토퍼 놀란 감독의 신작 〈테넷〉(2020)은 2020년 8월 개봉 후 한국 시장에서만 유일하게 개봉 2주차에 100만 명의 관객을 동원할 수 있었다.

2021년에도 전 세계 극장 체인의 생존 가능성은 예측하기 어려운 상황이다. 할리우드 영화 스튜디오와 디즈니 등 미디어 회사들의 영화 콘텐츠 수익 창구가 스트리밍 중심으로 이동하고 있기 때문이다. 사실 코로나 이전에도 미국의 영화 산업은 조금씩 하락하고 있었다.

2000년대 초 140억 달러로 정점을 찍은 이후 미국 영화 시장은

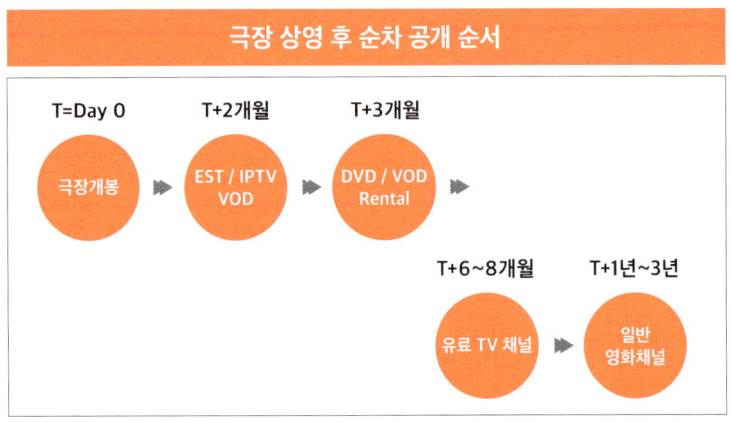

120억 달러 수준에서 정체되었다.

코로나19로 인해 영화 산업의 고전적 수익화 문법인 창구 효과가 무너져 버렸다. 창구 효과란 극장 개봉 후부터 EST(Electronic Sell Through: 다운로드 서비스), DVD, VOD 판매, 프리미엄 케이블 채널 등 각 창구에서 다음 창구로 넘어갈 때까지 왼쪽 하단의 그림처럼 시간을 두어 각기 다른 지불 의사를 가진 고객들의 총 지불 금액을 최대화하기 위한 유통 전략을 말한다.

지금까지 극장은 개봉 후 1개월 이내에 수익의 70% 이상을 올렸다. 미국에서는 극장 개봉 후 75일~90일이 지나면 부가 유통이 가능했다. 극장 체인이 요구하는 독점 상영 기간은 할리우드 제작사들에게도 1차 유통 시장의 수익을 극대화할 수 있는 시간이었다. 그러나 사업자들이 원하는 공급 질서는 고객들의 기호와 맞지 않았다.

중심축이 점차 극장에서 스튜디오와 스트리밍 OTT로 급격하게 기울어졌다. 코로나19 환경이 이 속도를 더욱 부추겼다.

2019년 디즈니플러스 출시 프리젠테이션에서 디즈니 스튜디오 영화들은 극장 개봉 후 1년 이내에 디즈니플러스에서 상영한다고 발표했다. 그러나 2020년 팬데믹으로 인해 기준이 깨졌다.

2021년 10월에 극장 개봉 예정인 인기 뮤지컬 〈해밀턴〉은 2020년 7월에 디즈니플러스를 통해 먼저 선보였다. 몇 차례 개봉을 미루어 온 신작 영화 〈뮬란〉은 2020년 9월 초에 영화관 개봉을 하면서 극장 이용이 어려운 지역에서는 디즈니플러스를 통해 19.99달러에 VOD로 판매되었다. 디즈니플러스는 프리미어 액세스라는 새로운 구매 방식을 선보였다. 디즈니플러스의 두 번째 프리미어 액세스 영화로 〈라야와 마지막 드래곤〉이 2021년 3월 29.99달러에 공개되었다. 그런데 미국의 3위 극장 체인 시네마크 씨어터스와 캐나다의 1위 극장 체인이 디즈니 애니메이션의 극장 개봉을 거부했다.

수익 배분의 기준을 높여 달라는 요청이 수용되지 않았다는 불편한 심기를 드러냈다. 본질은 극장과 스트리밍을 동시에 개봉하는 것에 대한 거부감 때문이었다.

2020년 12월 25일 미국에서는 픽사의 신작 애니메이션 〈소울〉이 극장 개봉 없이 디즈니플러스 가입자에게 무료로 제공됐다. 〈뮬란〉과 달리 유료 장벽을 없앴다. 2020년 12월 말 기준 8,500만 명의 구독자를 확보한 디즈니플러스는 〈소울〉을 무료로 서비스하면서 구독자 확보에 힘을 보태고 가격 인상(1달러)에 대한 고객의 저항 심리를 낮추는 마케팅 효과도 노렸다. 반면 디즈니플러스가 서비스되지 않는 국가에서는 극장에서 영화를 개봉했다.

스칼렛 요한슨이 주연한 마블의 프랜차이즈 영화 〈블랙 위도우〉는 당초 극장 개봉만 예정되었다. 그러나 디즈니는 2021년 7월 극장과 디즈니플러스 동시 개봉으로 변경했다.

팬데믹의 영향이기도 하지만 디즈니는 블록버스터급 영화까지 디즈니플러스로 이동시켜 구독자 확보와 스트리밍 유료 수익을 동시에 노리고 있다. 스트리밍 가입자 대상의 신작 영화 유료 판매(30달러 수준)는 극장 관객 다섯 명 수준의 수익과 동일하다. 수익을 극장과 배분할 필요가 없기 때문이다.

2019년 11월 개봉 예정이던 워너 브라더스, DC 엔터테인먼트의 〈원더 우먼 1984〉는 코로나19로 인해 계속 연기되다 2020년 12월 25일 개봉했다. 이때 워너 브라더스는 〈원더 우먼 1984〉를 극장 개봉과 동시에 자사의 스트리밍 서비스 HBO 맥스에도 오픈했다.

〈원더 우먼 1984〉의 동시 개봉으로 HBO 맥스의 구독자 증가는 개봉 첫 주에만 이전 대비 4.3배 늘었다. HBO 맥스의 월 구독료가 15달러 수준인 것을 감안하면 이 동시 개봉이 가입자 유치와 연동되었다는 평가가 가능하다. 워너미디어는 2021년 〈더 수어사이드 스쿼드〉, 〈고질라 vs. 콩〉, 〈듄〉, 〈매트릭스 4〉 등 17편의 영화를 극장 개봉과 동시에 HBO 맥스에 공개할 계획이다.

극장과 영화를 둘러싼 경쟁은 넷플릭스에서 더 활발하게 진행되고 있다. 이미 넷플릭스, 아마존 등에서는 극장 상영 없이 영화를 바로 스트리밍하며 플랫폼의 가치를 높였다. 한국에서는 팬데믹으로 〈#살아있다〉(2020), 〈승리호〉(2021), 〈낙원의 밤〉(2021) 등이 넷플릭스에서 바로 상영되었다.

한국의 OTT 티빙도 이 대열에 동참했다. 2021년 4월에 공유, 박보검 주연의 신작 영화 〈서복〉을 극장과 티빙에 동시 개봉했다. 영화 제작, 유통(극장, OTT)을 수직 계열화하고 있는 CJ ENM이기에 가능한 국내 최초의 실험이다.

넷플릭스는 2021년에 70편의 신작 영화를 공개한다고 발표했다. 넷플릭스는 본질적으로 구독자를 위한 '집안 영화관(Home Movie Theater)'이 되고자 한다. 스트리밍 전쟁이 영화 콘텐츠로 불이 붙었다. 팬데믹이 극복되면 극장의 소비가 회복세를 맞이하겠지만 OTT를 통한 영화 소비는 명확한 패턴으로 자리잡을 가능성이 크다.

한가지 흥미로운 지점은 스트리밍 OTT를 보유하지 않은 제작사들의 행보이다. SVOD(Subscription Video On Demand, 예약 주문형 비디오) 플랫폼이 없는 소니 픽처스, MGM, 라이언스게이트 등 영화사들은 자사 영화의 수익화를 위해 넷플릭스를 택할 가능성이 높다.

2021년 4월 넷플릭스는 소니 픽처스의 영화를 극장 상영 뒤 독점 방영하기로 합의했다. 그리고 스트리밍으로 직행할 영화에 대한 우선 협상권도 획득했다. 넷플릭스는 이 제휴에 1조 원 이상을 지불한 것으로 알려졌다.

영화 스트리밍은 넷플릭스, 디즈니플러스 등 스트리밍 OTT들에게는 가격 인상의 명분을 제공한다. 평균적으로 영화 티켓이 10달러

코로나가 끝나면 극장은 살아날까?

2021년 3월 1일 오디오 소셜 미디어인 〈클럽하우스〉에서 '코로나가 끝나면 극장은 살아날까'라는 주제로 토론회를 가졌다.
영화를 극장에서 관람하는 것은 인내와 몰입을 요구한다는 점에서 OTT와 차원이 다른 경험이라는 점이 공유되었다. 코로나 직후 보복적 소비와 외출의 증가로 영화관은 자기 자리를 찾아갈 가능성이 크다.
하지만 OTT 소비도 병행될 것이라는 예측이 공통된 의견이었다. 영화는 '올드'와 '뉴' 매체 사이에서 롤러코스터를 타겠지만 OTT로 인해 소위 '영화인'들이 겪고 있는 고충은 풀어야 할 숙제이다. 넷플릭스 등 OTT들의 제작사 줄세우기, OTT 경쟁으로 높아진 수입 판권 가격 등 넷플릭스는 한국 영화의 세계화를 촉진해 주는 '착한 자본가'일까, 아니면 영화 제작 생태계를 교란하는

포식자일까?

토론에서 박중훈 배우는 영화를 이렇게 정의했다. "연극이 과학을 만나 영화가 되었다." 영화는 기술과 과학을 만나 극장을 초월하여 관객의 커뮤니케이션 접점 어디에서나 전파될 수 있는 환경이 되었다. 급변하는 환경 속에 산업의 일부가 조정되고는 있지만 영화 자체는 여전히 우리 곁에 있다.

영화배우 윤여정 씨가 2021년 아카데미 시상식에서 영화 〈미나리〉로 여우조연상을 수상했다. 영화는 삶의 단면을 투영하는 종합예술이다. 극장이든 OTT이든 영화의 매력은 영원히 빛날 것이다.

수준인데 연간 70편의 신작 영화를 제공하는 넷플릭스가 이용 가격을 인상하겠다고 해도 고객들은 수용할 가능성이 높다.

가속화되는 디즈니플러스의 해외 확장

디즈니플러스는 현재 유럽 및 중남미 등 60여 나라에 서비스되고 있다. 2020년 4월 인도와 6월 일본, 2021년 2월 싱가포르 등 아시아 권역으로도 서비스가 확장되었다.

디즈니는 디즈니플러스의 글로벌 확장을 우선적으로 추진하면서도 핫스타와 스타 브랜드를 통한 확장도 동시에 진행하고 있다. 21세기 폭스의 인도 자회사인 스타 인디아는 인도 1위 스트리밍 서비스 핫스타를 출시한 회사다. 핫스타는 인도에서 가장 인기 있는 스포츠인 '크리켓'을 생중계하면서 1위 OTT가 되었다.

인도인들이 열광하는 인도 크리켓 토너먼트 중계 때는 월 방문자

유럽 디즈니플러스 사이트에서 살펴볼 수 있는 Star on Disney+.
출처: disney.co.uk/disney-plus-star

가 3억 명이 넘었고 생중계 중 1,000만 명 동시 접속자를 돌파하는 세계 기록을 세우기도 했다.

디즈니도 인도에서는 '디즈니플러스 핫스타'라는 브랜드로 기존 가입자를 전환하는데 주력했다. 디즈니플러스 핫스타는 인도의 인기 스포츠 콘텐츠와 TV 채널 등을 제공하고 있다. 또한 핫스타가 이미 계약하고 있던 HBO, 쇼타임, 폭스 등 기존 파트너십도 그대로 활용했다. 디즈니플러스 핫스타는 2020년 12월 말 기준 유료 가입자가 2,600만 명을 넘어 디즈니플러스 전체 가입자의 30%를 차지하고 있다.

이외에도 ABC, 폭스, 서치라이트, 프리폼 등이 제공하는 성인 대상 콘텐츠는 '스타' 브랜드로 확장할 계획이다. 제공 방식은 두 가지다. 첫 번째 방식은 디즈니플러스 앱 안에 스타를 별도 탭으로 두어 추가 지불을 하면 영상을 제공하는 방식이다. 2021년 2월 캐나다, 싱가포르, 호주, 뉴질랜드, 유럽 등에 제공된다. 유럽에서는 6.99유로에 2유로를 추가하면 이용이 가능하다. 우선 제공 국가는 '스타' 브랜드가 방송 채널로 정식 서비스되고 있는 국가들이다. 한국은 위성 전송 방식으로 서비스가 되고 있지만 현지화는 안되어 있어 아직까지 서비스는 미정이다.

두 번째 방식은 별도 스트리밍 서비스인 '스타플러스'를 서비스하는 방식이다. 스타플러스는 중남미에서 확장 계획을 가지고 있으며 2021년 6월부터 라틴아메리카를 시작으로 본격 서비스된다. 여기엔 엔터테인먼트 영화와 TV 프로그램, 축구와 테니스 등 스포츠 중계도 포함된다.

10장
디즈니를 구원할 미래 사업 '디즈니플러스'

　　디즈니와 넷플릭스는 기업의 규모와 비전에 큰 차이가 있다. 넷플릭스는 비디오/DVD 온라인 대여 사업에서 시작해 온라인 스트리밍으로 확장했지만 여전히 사업의 정체성은 콘텐츠 수집자였다. 하지만 2013년부터 직접 오리지널 콘텐츠를 제작하면서 점차 제작자로 정체성을 확대했다.

　디즈니는 태생적으로 제작자의 정체성을 가진 회사다. 고객과 유통 접점을 D2C(Direct to Consumer) 방식인 디즈니플러스로 강화하면서 넷플릭스와 경쟁자가 되었다.

디즈니플러스와 넷플릭스는 무엇이 다를까?

넷플릭스는 '수평적' 엔터테인먼트 플랫폼이다. 스트리밍 자체가 유일한 원동력이다 보니 고객이 지속적으로 스트리밍을 할 수 있도록 서비스를 발전시켜 왔다. 고객이 선택의 폭을 넓히도록, 원하는 작품을 다양하게 볼 수 있도록 하는 것이 넷플릭스의 목표다. 반면 제작

넷플릭스의 콘텐츠 사업 수평 확장 전략

사들은 넷플릭스에서 판매 수익 이외에 시너지 효과를 만들어낼 기회가 없다는 단점이 생긴다.

디즈니는 디즈니플러스를 통해 콘텐츠의 '수직 통합적 활용'이 가능해졌다. 이로 인해 빠르고 강하게 콘텐츠 사업화를 진행할 수 있게 되었다.

무엇보다 극장이나 유료 방송 플랫폼 등 대외적 환경이나 소비 문화의 변화에 따라 사업의 기반이 흔들리던 이전과 달리 자체 스트리밍 플랫폼인 디즈니플러스로 수익을 지속시킬 수 있다는 점이 전략 변화의 가장 큰 혜택이다. 디즈니가 보유한 기존의 IP와 디즈니플러스로 만들어지는 새로운 IP를 활용해 수익화가 가능해졌다.

또한 디즈니플러스에서는 정확한 고객의 취향과 인구통계학적 분석이 가능하며 콘텐츠를 통해 만들어지는 팬 커뮤니티 등을 통해 보다 세밀한 사업 전략을 짤 수 있다.

1957년 월트 디즈니가 구상했던 디즈니 기업의 플라이휠(flywheel)은 콘텐츠를 중심에 두고 디즈니가 소유한 사업 영역들이 상호 시너지를 일으키는 모델이었다. 디즈니플러스는 '플라이휠'을 구동시키는 온라인 접점이자 고객과 직접 만나는 플랫폼이다.

서비스 자체는 2024년에 수익성에 도달할 것으로 예상하지만, 디즈니 전체 사업의 지원군 역할만으로도 현재 충분히 그 역할을 하는 중이라고 볼 수 있을 것이다.

그렇기 때문에 디즈니플러스는 낮은 구독 가격으로 더 많은 가입자를 빠른 속도로 확보해 팬데믹 이후 디즈니 사업들의 시너지를 만들려고 한다. 디즈니플러스의 신규 오리지널 <더 만달로리안>으로 예상해 보자. 팬데믹이 끝나면 <더 만달로리안>은 곧 테마파크의 새로

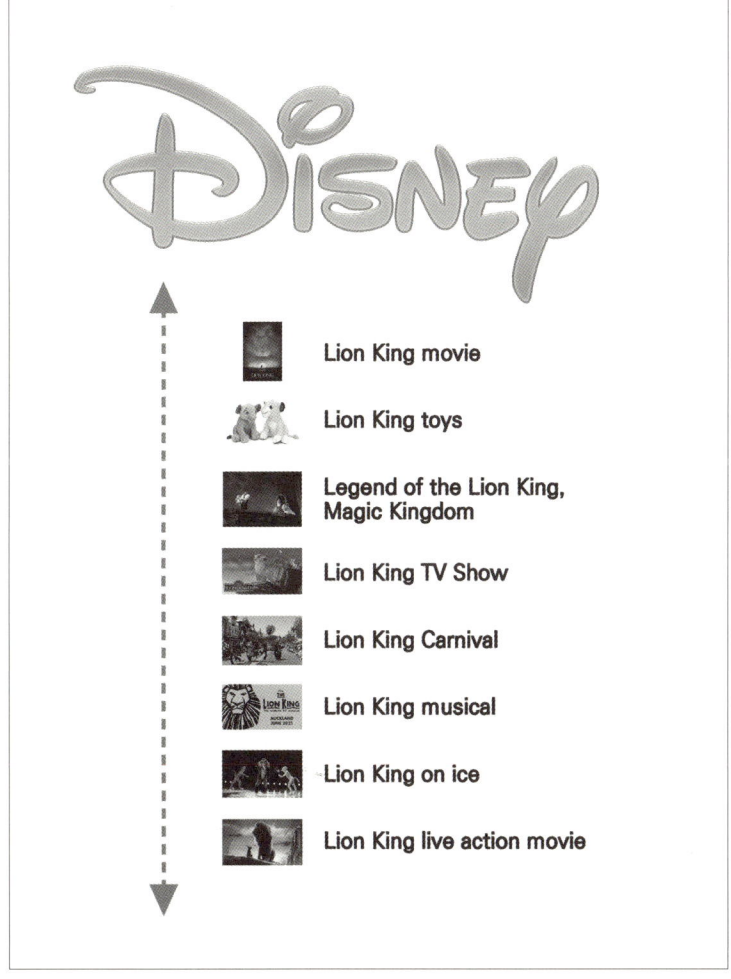

디즈니의 콘텐츠 사업 수직 확장 전략

운 놀이기구와 상품으로 연계되지 않을까? 이미 디즈니플러스 오리지널 〈더 만달로리안〉에 출연한 베이비 요다 인형이 출시되었다.

TV 시장이 붕괴되더라도 스트리밍을 추진하는 이유

2020년 에미상 TV 부문에 노미네이트된 작품들의 숫자를 보면 넷플릭스, 아마존 프라임 비디오, 디즈니플러스, 애플 TV플러스 등 스트리밍으로 공개된 작품이 전체의 40%가 넘는다. OTT에 비해 케이

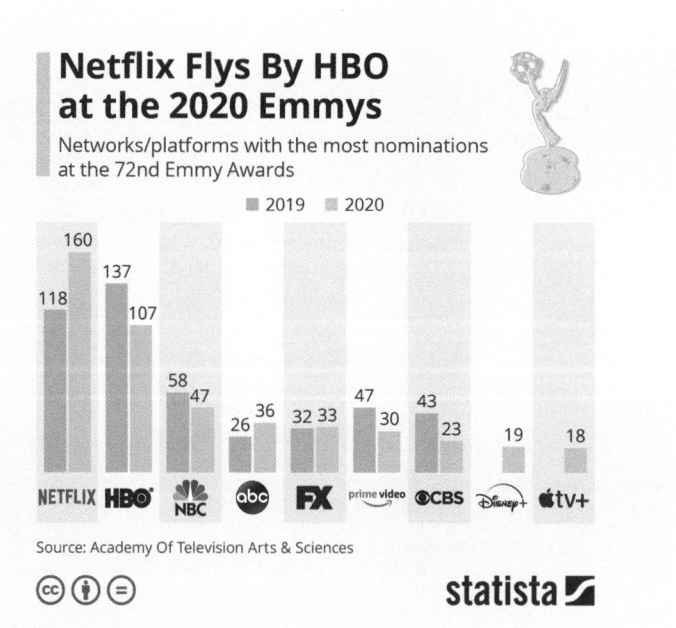

2019년, 2020년 네트워크, 플랫폼 별 에미상 노미네이트 작품 수. 출처: statista

블 채널의 경쟁력이 약화되고 있음을 반증하는 사례다.

콘텐츠의 위력이 점차 OTT로 이동하고 고객들도 따라 움직이고 있다. 앞으로 유료 방송 채널 패키지는 실시간 스포츠와 뉴스 외에 영화, 드라마 장르들은 인기를 잃어갈 수 있다.

미국 이용자들의 스트리밍 콘텐츠 소비량은 2018년을 기점으로 기존 TV를 넘어섰다. 시청자들은 매주 새로운 에피소드를 기다리기보다 전체 시리즈를 OTT로 한번에 시청하는 것을 더 선호하기 시작했다.

디즈니플러스가 정착되기까지 필요한 콘텐츠 제작 비용, 그리고 어플리케이션 기술 투입 비용까지 더한다면 단기적으로 디즈니는 수십억 달러의 손해를 볼 수도 있다. 그럼에도 불구하고 디즈니가 디즈니플러스를 추진하는 이유는 현재의 손해를 뛰어넘는 수익 기회를 창출할 수 있는 미래형 프로젝트이기 때문이다.

밥 아이거는 자서전에서 "비디오 스트리밍은 TV 등 회사의 핵심 사업을 방해했다. 그러나 한편으로 디즈니가 새롭고 혁신적인 비즈니스에 전적으로 헌신할 수 있게 해주었다"고 회고하며 디즈니플러스가 기존 사업과 회사의 체질 개선에 필요한 전략적 선택임을 밝혔다.

디즈니는 디즈니플러스, 훌루, ESPN플러스를 통해 기존 유료 방송 플랫폼을 대체하거나 보완 상품으로 활용하겠다는 전략을 펼치고 있다.

훌루는 디즈니가 소유한 지상파 방송인 ABC의 인터넷 파이프라인이다. 이용자의 45%는 텔레비전의 코드를 끊고, 케이블 TV를 한 번도 사용하지 않은 이용자들이다. 훌루는 팬데믹 초기인 2020년 4월 경 ABC 뉴스 라이브를 실시간으로 제공하기 시작했는데, 디즈니가 미래의 텔레비전으로 성장시킬 자산이다.

ESPN플러스는 디즈니 온라인 서비스 중 가장 다른 특성을 가지고 있다. 스포츠 채널이기에 플랫폼 사업자와의 제휴 수수료 협상에서 우위를 점할 수 있다. 경기 중 휴식 시간에 광고가 자연스럽게 들어갈 수 있어 수익 모델도 다양하다.

온라인 스트리밍으로 서비스될 때는 위치 기반 스트리밍 기술을 활용해 지역 스포츠의 개인화 서비스를 제공하며 OTT로서 장점 발휘가 가능하다.

음악 산업이 CD에서 MP3로 산업적 전환을 맞이했을 때처럼 TV 산업 또한 산업적 전환이 이루어지는 중이다. 이러한 변곡점에서 자사의 온라인 스트리밍 서비스가 자연스럽게 미래형 사업으로 대체되게 만드는 것이 디즈니의 전략이다.

11장
디즈니 기술 혁신의 현재와 미래

디즈니는 월트 디즈니 시절부터 기술 개발을 통해 콘텐츠에 새로운 경험을 부여하며 성공해 왔다. 기술 혁신은 새로운 시대를 열며 지속적인 성공의 원동력이 되었다. 영화와 애니메이션에 적용된 기술과 특허만 살펴봐도 디즈니가 미래의 산업에 어떤 비전을 갖고 있는지 짐작해볼 수 있다.

로봇이 오고 있다! 스턴트로닉스 기술 특허 출원

디즈니의 로봇 기술은 실제 영화에서 스턴트맨을 대신할 수 있는 로봇의 개발로부터 시작되었다. 이는 스턴트로닉스(Stuntronics)라는 거대한 전용 로봇 프로젝트로 현실화되었다. 이 프로젝트는 실제 공중을 날 수 있는 로봇을 구현하고 이를 실물화하는 것을 목표로 한다. 2019년 디즈니는 스턴트로닉스 기술에 대한 특허를 출원했다. 이 기술은 테마파크의 라이브 쇼에 등장할 수도 있다. 예를 들면 실제 스파이더맨과 같은 로봇이 디즈니랜드의 메인스트리트에서 멋진 쇼를 보여주는 것이다.

이외에도 디즈니는 애니매트로닉스(animatronics)라는 기술로 로봇이나 기계를 통해 우리가 흔히 볼 수 없는 생명체를 구현하고자 한다. 현재는 머신 러닝 기반 기술이 결합되어 아이언맨 로봇을 실제처럼 구현하는 라이브쇼로 재탄생했다. 기계공학, 물리학, 인공지능 기술의 총합으로 만들어지는 로봇 기술의 구현은 디즈니의 이매지니

스턴트로닉스가 스턴트하는 시연 장면. 출처: www.slashgear.com

어링 R&D 센터에서 창조된다.

디즈니 애니메이션 〈빅 히어로〉(2014)에는 부드럽고 친근한 로봇인 베이맥스가 등장한다. 디즈니는 2015년 "인간과의 물리적 상호작용을 위한 연체 로봇"에 대한 특허를 출원했다. 아직 그 결과물을 내놓고 있지는 않지만 실리콘 몸을 가진 친구 같은 로봇은 우리가 상상하는 것보다 가까운 시일 내에 만날 수 있을 것이다.

영화 〈가디언즈 오브 갤럭시〉 시리즈와 〈어벤져스: 엔드게임〉에 등장하는 귀여운 나무 캐릭터 '그루트'가 실제 걸어 다니는 로봇으로 팬들 앞에 등장할 계획이다. 2021년 4월 30일에 재개장한 미국 디즈니랜드에서 '그루트'를 만날 수 있다. '그루트'는 소위 반응형 로봇이자 이족 보행 로봇공학 기술로 개발되었다. 마치 실제 캐릭터처럼

〈가디언즈 오브 갤럭시〉에서 큰 인기를 끌었던 베이비 그루트. 출처: pixabay.com

걸으며 눈을 깜박이는 등의 표정도 보여준다. 영화 캐릭터를 재현하려는 디즈니의 상상력이 하나씩 현실화하고 있다.

테마파크 경험을 재창조하는 증강현실 매직밴드

디즈니는 2013년부터 테마파크에서 사용할 수 있는 '매직밴드'라는 웨어러블 장치를 도입했다. 테마파크 방문객의 손목에 채워진 이 밴드에는 사물 인터넷 및 빅데이터 기술이 결합되었다.

손님들은 줄서서 기다릴 필요없이 테마파크의 각종 어트랙션을 이용할 수 있으며, 자신이 방문한 어트랙션의 데이터를 통해 선호하는 캐릭터 물품을 호텔방까지 배송받을 수 있다. 호텔 방문을 열면 매직밴드가 이를 감지하고, 고객이 모바일을 열 때 미키 마우스가 증

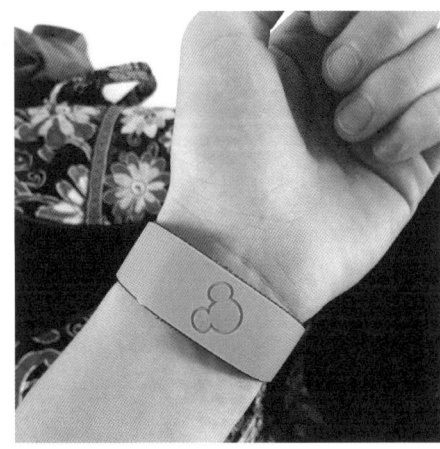

디즈니랜드의 매직밴드.
출처: commons.wikimedia.org

강현실로 등장해 환영 인사를 받을 수도 있다.

매직밴드는 무려 1조 원 이상이 투자된 마이매직플러스 프로젝트에 포함된 것이다.

이를 위해 디즈니는 모든 테마파크와 2만8,000개의 호텔 객실마다 신호 분석 장치를 설치했다. 방문객들의 매직밴드에서 확보한 데이터는 이후 디즈니의 온·오프라인과 미디어 채널 전체를 위한 사업 재료로 활용된다.

가상현실과 증강현실 기술로 혁신적인 고객경험 제공

디즈니는 어떤 기업보다 먼저 AR(증강현실) 또는 VR(가상현실)을 테마파크에 도입해 엔터테인먼트와 재미를 추구했다. 2019년에는 스타워

VR 단편 애니메이션 〈Myth: A Frozen Tale〉. 출처: 유튜브

즈 어트랙션에 별도의 AR 전용 공간을 만들었다. 이를 통해 고객이 영화 속 주인공이 되어 게임처럼 즐기는 서비스를 선보였다. 코로나 19로 인해 테마파크의 운영이 일시 정지되며 기술의 변화는 실험실에서 진행될 수 밖에 없다.

이 기술이 테마파크에서 혁신적인 고객 경험을 창출하는 데만 적용되는 것은 아니다. 디즈니는 가상현실 기술을 활용한 최초의 단편 애니메이션 〈사이클즈〉(2018)를 공개했다. 4개월 동안 50여 명의 크리에이터들이 협력한 이 작품은 디즈니의 감성적인 스토리텔링에 360도 영화 제작 기술이 결합된 최초의 작품이다.

〈사이클즈〉는 디즈니 애니메이션의 조명 아티스트 제프 깁슨이 감독으로 데뷔한 작품으로 집을 만드는 진정한 의미를 보여준다. 이 작품은 VR 페인팅 기술과 모션 캡처 기술을 혼합해 사용했다.

제프 깁슨 감독은 〈겨울왕국 2〉에 등장하는 정령의 신화를 2020년 VR 단편 애니메이션으로 재탄생시켰다. 〈신화: 겨울왕국 이야기〉는 2020 VR 어워드에서 '올해의 VR 영화상'을 수상했다.

이 작품은 정령들의 힘과 존재감을 몰입하여 감상할 수 있다는 호평을 얻었다. 작품의 효과를 극대화하기 위해 페이스북의 VR 기기인 오큘러스 시리즈에서만 이용되는 단점은 있으나 VR 스토리텔링의 미래로 좋은 평판을 얻고 있다. 이 작품은 2021년 2월 디즈니플러스에 2D로 공개됐다.

디즈니의 상상력을 뒷받침해 줄 기술에 대한 집착은 밥 아이거의 재임 시절 더욱 극대화되었다. 테마파크의 디지털 혁신은 방문객들에게 각종 시설에 대한 몰입감 넘치는 고객 경험을 만들어 냈다.

디즈니의 R&D 센터는 가상현실, 인공지능, 머신 러닝 등의 신기술을 선행적으로 연구한다. 2013년부터는 미디어 기술을 외부와 협업해 개발하기 위해 '디즈니 엑셀레이터' 프로그램을 만들어 스타트업 발굴에도 나서고 있다.

2017년에는 '스튜디오랩'을 만들었다. 디즈니의 모든 영화 스튜디오 창작자들이 가상현실, 인공지능, 혼합현실, 드론 등 혁신적 기술을 공유하고 실험할 수 있는 공간이다. 스튜디오랩은 시스코, 버라이즌, 마이크로소프트 등 기술 기업들과 협력하고 있다.

여기서 픽사의 애니메이션 〈코코〉(2017)의 VR 인터랙티브 콘텐츠가 탄생했다. 픽사 최초의 VR 콘텐츠로 2018년 에미상에서 인터렉티브 미디어 부문의 후보로 지명되기도 했다. 오큘러스의 VR 공간에서 다른 세 사람과 함께 〈코코〉에 나오는 망자의 땅을 여행하는 콘텐츠이다.

디즈니에게 기술은 혁신 촉매제이자 미래의 스토리텔링을 위한 플랫폼이다. 디즈니가 추구하는 기술 철학은 넷플릭스와는 다르다. 넷플릭스는 스트리밍 플랫폼 내 고객들의 체류를 극대화하는 데이터 기반의 기술에 초점을 둔다.

반면 디즈니는 자신들이 보유한 콘텐츠를 기반으로 온·오프라인의 개인화된 소비 경험을 각 매체에 맞게 극대화하려는 다차원적 접근을 시도한다. 이 두 회사의 다른 기술 개발 방향이 향후 미디어의 미래를 어떻게 변화시킬지 궁금하다.

IV

스트리밍 전쟁의
최후 승자는
누가 될까?

글로벌하게 전개되는 스트리밍 전쟁의 승자를 예측해 보는 것은 이 경쟁의 실체를 밝히는 일이기도 하다. 현재 경쟁의 선두에는 넷플릭스가 있다. 2020년 말 기준 2억 명의 가입자를 보유한 넷플릭스는 스트리밍에 대한 기술적 우위를 바탕으로 미디어에 월정액 구독 모델을 가장 먼저 도입한 선도적 기업이다.

넷플릭스의 성공 이유를 살펴보는 것은 스트리밍 사업이 가야 할 방향을 밝히는 것과 같다. 또한 Part 4에서는 넷플릭스의 한국 성공 요인을 살펴보려고 한다. 이는 국내 OTT들의 생존 전략과도 맞닿아 있을 것이다.

12장
넷플릭스 구독자 2억 명 달성의 숨겨진 비밀

2020년 4분기 말 넷플릭스의 구독자는 2억370만 명이다. 2017년에 가입자 1억 명을 달성한 지 3년 만에 두 배로 늘었다. 2020년 전체로 보면 2019년 대비 31% 증가한 3,700만 명이 신규 가입했다. 지역별로 보면 코로나19 봉쇄가 계속되는 유럽의 구독자가 446만 명으로 가장 많이 증가했고, 아시아 구독자는 199만 명, 중남미 구독자는 121만 명 늘었다. 반면 스트리밍 전쟁이 매우 치열해진 미국에서는 상대적으로 적은 78만 명 증가에 그쳤다.

2020년 4분기 매출 역시 전년 동기 대비 21% 증가한 66억4,000만 달러로 시장 예측치를 상회했다. 영업이익은 9억5,400만 달러, 영업이익률 14.4%로 전년대비 104% 증가했다.

1998년 넷플릭스는 30명의 직원과 925개의 콘텐츠로 비디오테이프 임대 서비스를 시작했다. 그런 작은 업체가 전세계 2억 명의 가입자를 보유한 기업으로 도약할 것이라고 예상했던 전문가는 아무도 없었다. 그들의 성공 비결은 무엇일까?

업계, 전문가, 학자, 기자 등 넷플릭스의 성공 비결에 대해 한마디씩 하는 이들의 의견을 종합해 보면 기술력, 오리지널 콘텐츠, 서비스 유연성, 자율적 조직문화와 리더십, 글로벌 확장 등 여러 요인을 꼽는다. 필자가 생각하는 핵심적인 성공 비결은 아래와 같다.

성공 비결 1. 적절한 시기에 스트리밍 사업 진출 결정

2006년 구글은 유튜브를 16억5,000만 달러에 인수했다. 2007년 훌루닷컴의 베타 서비스가 오픈되었다. 애플, 월마트, 아마존의 디지털 다운로드 서비스도 시작되었다. 가정마다 광대역 인터넷이 보급되면서 영화사들도 디지털 전송 사업을 고민하기 시작했다. 하지만 디즈니 등 대형 영화사들은 케이블 채널이나 지상파 네트워크를 소유하고 있었기 때문에 급진적인 방식의 디지털 사업을 선택하기는 어려웠다. 자연스럽게 주문형 비디오 방식을 선호했다. 당시는 인터넷을 할 수 있는 네트워크의 보급 수준도 50%를 넘지 않는 시절이었다.

그렇게 네트워크 사정이 열악했던 2007년에 넷플릭스의 CEO 리드 헤이스팅스는 다운로드가 아닌 스트리밍 서비스 기술을 선택했다. 넷플릭스의 콘텐츠 책임자 테드 서랜도스는 2018년 버라이어티

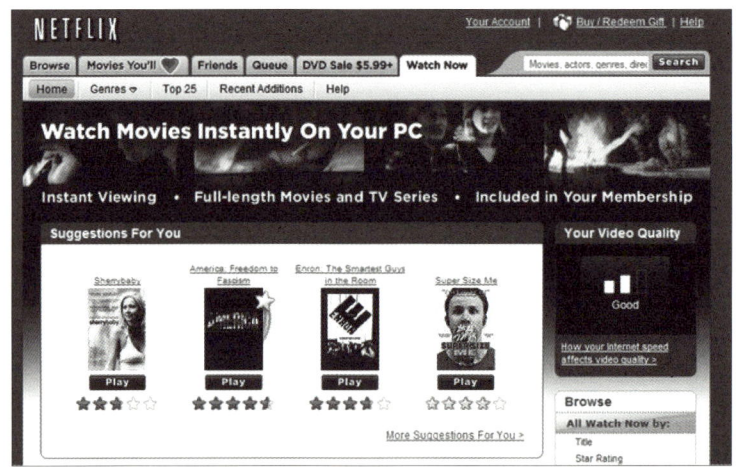

2007년 넷플릭스 온라인 스트리밍 서비스 'Watch Now'.

지와의 인터뷰에서 당시 스트리밍이 어떻게 결정되었는지 밝혔다.

"2000년 초에 헤이스팅스는 이렇게 예상했어요. 우편 요금은 계속 올라가지만 인터넷은 18개월마다 절반의 가격으로 두 배씩 빨라질 거라고요. 언젠가는 우편 요금과 인터넷 속도가 교차할 것이고, 비디오를 우편으로 보내는 것보다 영화를 스트리밍하는 것이 더 효율적이 될 거라고 했죠. 이때가 우리 사업을 전환해야 할 때라고 했어요."

2007년 1월 넷플릭스는 630만 명의 구독자에게 우편으로 7만 편의 DVD 타이틀을 서비스하는 온라인 사업체였다. 이 시점에 넷플릭스는 구독자들이 추가 비용 없이 몇 초만에 영화를 볼 수 있는 고품질 서비스를 컴퓨터를 통해 이용할 수 있다고 공식 발표했다.

리드 헤이스팅스는 무엇보다 스트리밍 서비스의 기술적 완성과 콘텐츠 확보 방안에 대해 고민을 집중했다.

2007년 1월 기자들과 해킹넷플릭스의 운영자들을 넷플릭스 본사로 초대해 스트리밍 서비스를 처음 시연했다. 로이터와 UPI의 전속작가인 지나 키팅은 그녀의 저서 『넷플릭스 스타트업의 전설』에서 당시를 이렇게 회고했다.

"헤이스팅스는 새 장난감을 손에 쥔 꼬마처럼 열정적으로 시연했다. 실시간 스트리밍은 마우스 클릭 한 번으로 감상을 시작할 수 있으며 20초 후 DVD 수준의 고화질 영상이 흘러나왔다. 화면 조작도 매끄럽게 이루어져 집에 있는 DVD 플레이어보다 낫다는 생각이 들 정도였다."

지금 기준으로 생각하면 플레이하는 데 걸리는 시간이 20초라니! 실제로 론칭이 되기까지 넷플릭스는 영상 호출 대기 시간을 10초 이하로 줄였다. 이들의 목표는 DVD 플레이어에서 영상이 호출될 때까지 걸리는 시간보다 앞서는 것이었다.

넷플릭스는 스트리밍 기술의 혁신에 매달렸다. 이때 넷플릭스는 적응형 스트리밍 기술을 선보였다. 고객이 이용하는 인터넷 대역폭을 감지해 최적의 해상도로 끊김없는 영상을 전송하는 기술이다.

작고 쉽게 다운로드할 수 있는 어플리케이션을 활용해 사용자의 대역폭을 감지하고 최적의 해상도로 스트리밍할 수 있는 소위 적응형 스트리밍 기술을 선도적으로 개척했다.

라이브러리는 1,000편에 불과했지만 넷플릭스는 과감히 스트리밍 서비스를 시작했다. 언론들은 리드 헤이스팅스에게 '왜 1,000편 밖에 안되는데 서비스를 출시하느냐'고 물었다. 넷플릭스 이전에 여러 다운로드 서비스들이 더 많은 편수의 영화를 갖고서도 실패한 사례가 많았기 때문이다.

스트리밍 서비스는 DVD 대여에 필요한 비용보다 100배 이상의 돈이 소요되는 구조였다. 2007년 스트리밍 서비스 출시 당시 많은 언론은 '넷플릭스가 1,000편 수준보다 열 배 이상의 콘텐츠를 확보하려면 10년은 족히 걸릴 수 있다'고 우려했다.

넷플릭스는 빠르게 시장에 진입하는 것이 중요하다고 판단했다. 스트리밍 서비스를 통해 고객의 반응을 완벽하게 파악하는 것이 더 중요했기 때문이다. 시청자가 어떤 장면에서 화면을 멈추고 되돌리는지, 재미가 없을 때 얼마나 참고 보는지, 어떤 장면을 그냥 넘기는지 데이터로 전부 기록했다. 이것이 미래 서비스 진보에 핵심이라고 보았다.

리드 헤이스팅스는 스트리밍 론칭 기자회견 당시 "나는 주로 시간 경쟁에 대해 걱정한다. 그것은 유튜브 영상이나 온라인 게임과의 경쟁이다"라고 밝혔다. '시간'에 관한 넷플릭스의 집착은 유래가 깊다. 시간에 대한 철학은 추천 알고리즘의 지속적인 투자로 이어졌다.

넷플릭스는 2000년에 고객이 보고 싶은 영화를 예측해 주는 씨네매치 추천 서비스를 공개했다. 고객 이탈을 방지하기 위한 목적이 강했던 추천 알고리즘은 스트리밍 서비스 출시에 맞춰 고도화 작업이 필요했다. 넷플릭스는 사용자가 웹사이트(현재는 앱)에 올라온 10~20개의 타이틀 중에서 보고싶은 콘텐츠를 결정하지 못하면 60~90초 후에 흥미를 잃고 사이트를 떠난다고 예측했다. 보유 콘텐츠의 총량이 아니라, 추천된 콘텐츠 10~20개의 적합도가 더 중요하다고 보았다. 이는 최소 수준으로 보유한 콘텐츠의 순환을 극대화하는 사업적 활용과도 직결되는 문제였다.

넷플릭스는 추천 알고리즘을 개선하기 위해 소프트웨어 개발자와 수학 전공자들을 과감하게 채용했다. 2006년에는 100만 달러의 상금을 걸고 시네매치의 알고리즘을 혁신하기 위한 넷플릭스 프라이즈를 개최하기도 했다.

그 다음은 넷플릭스의 콘텐츠 라이브러리를 강화해야 했다. 마침 디지털 전송 기술이 막 시작되던 시기라서 판권 권리 관계의 사각지대가 발생했다. 넷플릭스는 이 상황을 적절하게 활용했다.

2008년 10월 넷플릭스는 리버티 미디어의 자회사인 유료 케이블 TV 네트워크 스타즈와 4년 동안 2,500편의 영화 및 TV 프로그램을 스트리밍할 수 있는 권리를 확보했다. 그런데 이 영화 타이틀 중에는 디즈니가 스타즈와 계약한 작품들이 포함되어 있었다. 디즈니는 계약 위반이라고 항의했으나 스타즈는 넷플릭스가 단지 콘텐츠 매집자이기 때문에 재판매할 수 있다고 주장했다. 지상파 네트워크 NBC로부터 〈오피스〉(2005)시리즈의 재방영 판매권을 확보한 신디케이터가 저렴한 가격으로 넷플릭스에 재판매하는 사례도 있었다.

영화 판권 시장이 DVD 판매에 대한 기대와 케이블 시장의 구매력으로 쉽게 문을 열어주지 않자 넷플릭스는 TV 프로그램 확보에 주력했다. 디즈니, CBS와 협상해 TV 시리즈를 공급받았다. 이때 디즈니가 보유한 아동용 프로그램과 〈로스트〉(2004), 〈그레이 아나토미〉(2005), 〈위기의 주부들〉(2004) 등 초대형 히트작이 확보되었다. 그 후 많은 저작권자들이 넷플릭스로 계약서를 보내기 시작했다.

넷플릭스는 모바일과 TV 등이 스트리밍 영상 시청의 중요한 단말이라고 판단했다. 스트리밍 소프트웨어를 휴대폰, 게임기, DVD-블루레이 플레이어, TV에 제공하는 작업에 착수했다.

2008년 초 넷플릭스는 LG전자 셋톱박스에 스트리밍 프로그램을 탑재하는 계약을 발표했다. TV를 통한 스트리밍 진출이 시작되었다. 또한 넷플릭스에서 사내 벤처로 성장하다 독립한 회사 로쿠에서도 동명의 셋톱박스를 공개했다.

넷플릭스 전용 셋톱박스였던 로쿠는 소비자들과 비평가들에게 극찬을 받았고 출시 몇 주 만에 첫 생산량을 모두 판매했다. 이때부터 제휴 협력이 이어졌다. 블루레이 플레이어, 엑스박스 등 게임콘솔, 모바일 기기까지 넷플릭스의 소프트웨어를 탑재하기 시작했다. 2008년 이후 2년 만에 200개 이상의 전자 제품에서 넷플릭스를 이용할 수 있게 되었다.

2008년 미국의 경제 불황은 넷플릭스에 날개를 달아주었다. 마치 2020년 팬데믹 상황과 유사하게 미국 소비자들은 외출을 줄이고 넷플릭스 같은 저렴한 엔터테인먼트로 눈을 돌렸다. 이미 200여 종의 전자 제품에 배포된 넷플릭스는 누구나 설치하기 쉬운 소프트웨어였다. 2008년부터 2009년 초까지 하루 1만 명의 신규 고객이 서비스에 가입했다. 2009년 봄 넷플릭스 가입자가 1,000만 명이 되었다. 소비자들도 스트리밍 서비스에 빠르게 익숙해졌다.

2007년 출시 후 1년 반만에 넷플릭스 가입자의 50% 이상이 스트리밍 서비스로 영화나 드라마를 시청했다. TV를 통한 넷플릭스 이용이 증가하면서 넷플릭스가 보유한 TV 콘텐츠가 효자 역할을 했다. TV 콘텐츠의 확장은 넷플릭스의 묘수였지만 이를 제공한 미디어 빅 컴퍼니들에게는 가장 큰 실수였다.

헤이스팅스는 "스트리밍 서비스는 거대한 방송 시장에서 몇 방울의 '물'에 불과하지만, 미국 가정의 하루 평균 시청 시간인 다섯 시간을 놓고 유선 방송, 위성 방송, 통신사와 나란히 경쟁하게 될 것"이라고 말했다. 이 말은 결국 현실이 되었다. 넷플릭스의 전격적인 스트리밍 사업 진출은 당시 DVD 대여 유통 회사 정도로만 인식했던 이 회사를 미디어 산업의 파괴자로 변신시킨 계기가 되었다.

📸 성공 비결 2. 네 가지 상품 가치를 통한 비즈니스 모델의 혁신

2008년 헤이스팅스는 투자자들에게 디지털 전송 서비스는 각기 다른 특성의 시장이 존재한다고 설명했다. 넷플릭스의 회원제 스트리밍, 애플 아이튠즈의 파일 다운로드, 그리고 유튜브의 무료 스트리밍 등 세 가지 시장이었다.

넷플릭스는 회원제 스트리밍 시장을 정복할 계획이었다. 이는 810억 달러 규모의 유선방송 시장에 도전장을 내민 것이다. 헤이스팅스가 언급한 회원제 스트리밍 요금제는 일정 기간 사용료를 지불하고 그 기간 동안 사업자가 제공하는 제품 또는 서비스를 무제한으로 이용하는 사업 모델이다.

매월 일정액을 지불하고 인터넷을 이용하거나 방송 채널을 무제한 시청하는 방식도 같은 개념이다. 2008년 글로벌 경제 위기를 겪으며 소비자들은 구매할 때마다 매번 비용을 지불해야 하는 소유경제의 대안을 찾기 시작했다. 월정액 방식의 구독 서비스를 제공하는 넷플릭스는 문화 소비 창구로서 최적의 서비스였다.

DVD 대여 방식과 무제한 스트리밍 방식은 근본적인 차이가 있다. DVD 대여는 배달과 반납에 소요되는 시간이 가장 큰 약점이었다. 2007년 넷플릭스 경영진은 당시 정점에 있던 DVD 구매 또는 대여 시장의 전반적 축소가 가져올 수익 하락을 예견했다.

경영진은 미래의 매출 잠식에 대한 우려보다 DVD 대여에서 스트리밍으로 자연스럽게 교체하는 흐름에 더 방점을 두었다. 사람들이 DVD를 주문하고 반환하는 번거로움 없이, 편리한 서비스에 비용을 지불하는 방법을 찾았다. 넷플릭스는 고객들이 환호할 수 있는 네 가지 상품 가치를 만들고자 했다.

> **넷플릭스가 제공한 고객이 환호하는 네 가지 상품 가치**
>
> - **저렴한 가격**
>   가족들에게 각자의 계정을 제공한다.
> - **접근성**
>   원하는 시간과 장소에 있는 모든 장치에서 이용할 수 있다.
> - **다양한 장르의 고품질 콘텐츠**
> - **오리지널 콘텐츠**
>   자체 고객 데이터 분석에 기반한 콘텐츠 제작에 과감하게 투자한다.

오리지널 콘텐츠 제작은 2013년 이후에 본격화되었다. 넷플릭스가 영화에서 TV 프로그램으로 콘텐츠 영역을 확장할 때부터 방송 시장과의 경쟁은 불가피했다. 2016년 버라이어티지는 만일 넷플릭스를 닐슨 데이터에 포함시켜 지상파 네트워크와 비교한다면 1년 이내에 ABC, CBS, FOX, NBC를 능가하는 시청자 수를 확보한 것과 같다고 분석했다. 넷플릭스의 가입자 수 증가와 케이블 TV, 위성 방송, IPTV 등 방송 플랫폼의 가입자 수 하락은 2016년 이후 서서히 반비례 관계를 만들어 갔다. 넷플릭스와 방송 플랫폼은 비즈니스 모델의 충돌이자 상호 대체 관계가 분명했다.

넷플릭스나 방송 플랫폼이나 월 구독 모델을 적용하는 측면에서는 동일하다. 하지만 케이블 TV나 통신회사들이 제공하는 월 구독 모델은 방송과 통신 이용료를 통합 과금해 일정 기간 이용하는 대가로 할인을 제공하는 묶음 판매, 즉 번들 방식이다. 이용자는 가격을 할인받는 대신 해당 기간 동안 통신 서비스를 반드시 이용한다는 계약에 서명한다. 사업자는 이용을 약속받았기 때문에 가입 이후의 고객 관계 관리에 소홀해진다.

반면 넷플릭스의 구독자는 언제라도 해지할 수 있고 해지 방식도 쉽다. 넷플릭스는 고객을 얼마나 장기간 유지할 수 있느냐에 모든 기술을 집중한다. 고객이 어떤 콘텐츠를 선호하는지 더 많은 통찰력을 얻고, 구독자마다 기호를 충족시켜줄 수 있는 콘텐츠를 발굴한다. 또한 이 구독자들이 어떻게 외부에서 다시 새로운 구독자를 유인해 올지, 소위 '팬 커뮤니티'를 지원하는데 주력한다. 추천 알고리즘을 고도화하고 오리지널 콘텐츠를 제작하는 일은 모두 '월 구독자'의 시간 소비를 극대화하기 위해서다.

넷플릭스는 가입자 '유치'와 '유지'를 핵심에 두고 기술, 콘텐츠, 마케팅에 집중했다. 그야말로 '고객 중심 경영'을 펼치는 것이다.

넷플릭스의 구독 모델은 IPTV, 케이블 TV와 유사하지만 중개자와 광고가 없다는 점이 다르다. 그 결과 시청자는 원하는 프로그램을 바로 시청할 수 있는, 더 나은 시청 경험을 얻게 된다.

인터넷의 가장 중요한 특징은 사업과 고객을 연결하는 가치 사슬(value chain)에서 유통 수단을 제거한다는 점이다. 넷플릭스는 오리지널 콘텐츠의 생산량을 지속적으로 증가시켜, 생산부터 고객에 이르는 유통 과정 전체를 스스로 장악했다.

이렇게 잘 만들어진 비즈니스 모델은 먼저 경쟁 비디오 대여 기업 '블록버스터'를 무너뜨렸고 2021년 현재는 TV 산업의 붕괴까지 촉진시키고 있다. 코드커팅 추세만 봐도 바로 알 수 있다. 미국 조사기관 이마케터는 2019년 기준 미국의 2,190만 가구가 케이블 TV 서비스를 취소했으며, 2023년까지 3,490만 가구로 확대될 것으로 예측했다.

미국 시장의 전체 TV 가입자 중에서 비디오 온라인 스트리밍 서비스를 중복으로 이용하는 고객은 80%가 넘는다. 디즈니플러스, 유튜브 프리미엄, HBO 맥스, 피콕, 애플 TV플러스 등 신규 진입자들이 증가하면서 이제는 세 개 이상의 스트리밍 서비스 이용자가 얼마나 되느냐의 시장이 되어가고 있다.

성공 비결 3. 독보적으로 앞선 오리지널 콘텐츠 퀄리티

2019년 넷플릭스는 방영이 종료된지 18년이나 된 인기 시리즈 〈프렌즈〉(1994)의 판권 계약을 유지하기 위해 워너미디어에 1억 달러나 지불했다. 하지만 2020년 5월 워너미디어가 자사 콘텐츠를 중심으로 제공하는 HBO 맥스를 론칭하면서 〈프렌즈〉는 미국 넷플릭스에서 제거되었다. 매년 넷플릭스 시리즈 시청률 순위 1, 2위를 차지하는 〈오피스〉도 서비스 중지되었다. NBC가 자사의 OTT 피콕을 론칭했기 때문이다.

넷플릭스가 오리지널 시리즈를 추진하는 이유는 불안정한 콘텐츠 공급 구조를 혁신하기 위해서다. 넷플릭스는 스트리밍 서비스를

넷플릭스의 첫 번째 오리지널 시리즈
〈릴리해머〉 포스터. 출처: 다음 영화

전세계로 확장하면서, 콘텐츠 판권 계약을 지역별로 따로 확보해야만 했다. 그때마다 신규 콘텐츠 권리 확보를 위한 협상은 매우 지루하고 복잡했다. 해결 방법은 콘텐츠를 직접 제작하는 것뿐이었다. 넷플릭스는 2011년 1월 오리지널 시리즈 제작을 선포했다.

넷플릭스의 첫 번째 오리지널 시리즈 〈릴리해머〉(2012)는 기존 드라마와 다른 점이 있었다. 시즌 1에 속하는 여덟 편의 드라마를 주당 1회씩이 아니라 한꺼번에 공개한 것이다. 넷플릭스 오리지널을 많은 사람들에게 알린 <하우스 오브 카드>(2013)는 에미상 후보에 오른 최초의 온라인 드라마가 되었다. <기묘한 이야기>(2016)는 2년 연속 구글 트렌드에서 가장 많이 언급된 드라마로 화제를 모았다.

2013년 한 해에만 오리지널 시리즈에 24억 달러를 투자한 넷플릭스는 2018년 120억 달러, 2019년 150억 달러, 2020년에는 178억 달러의 투자를 계획했다. 다만 2020년은 팬데믹으로 인해 실제 투자가 조금 줄었다.

이런 넷플릭스의 오리지널 시리즈 제작 방식은 아마존, 훌루 등으로 확대되어 스트리밍 사업자 간의 경쟁이 되었다. 산업적 측면에서는 'OTT 진영 vs TV 진영'의 대결로 확대되었다. 10년 사이 넷플릭스의 오리지널 TV 시리즈 제작량은 네 배나 증가했다.

넷플릭스에서 '오리지널' 로고가 붙기 위해서는 몇 가지 조건이 충족되어야 한다. <하우스 오브 카드>(2013)는 제작사인 미디어 라이츠 캐피탈로부터 독점 라이선스를 확보한 작품이다.

<너의 모든 것>(2018)은 미국의 TV 채널 라이프타임에서 방영되었는데, 다른 글로벌 국가에서는 오리지널로 개봉되었다. 그 유명한 <오렌지 이즈 더 뉴 블랙>(2013)은 라이언스게이트가 제작한 시리즈로 이 또한 넷플릭스가 독점으로 확보했다.

<기묘한 이야기>(2016)는 넷플릭스가 직접 제작한 작품이다. BBC가 제작한 영국의 갱스터 영화 <피키 블라인더스>(2013)는 영국에서 방영한 후 2년 뒤 미국에서 넷플릭스가 독점 스트리밍을 했다. 미국이나 한국 등에서는 이 드라마가 넷플릭스 오리지널로 서비스되었다.

넷플릭스 오리지널은 자신들의 기획력에 의한 제작과 콘텐츠 공급 구조를 활용한 투자 작업 등 두 가지 방식으로 만들어진다.

조금 더 세분하면 넷플릭스의 자체 기획·투자로 제작된 작품, 남이 제작했더라도 독점 방영권을 확보한 경우, 그리고 특정 국가에서는 이미 방영되었으나 다른 국가에서 오리지널 권리를 확보한 경우 등으로 나눌 수 있다. 〈미스터 션샤인〉(2018)은 한국에서는 CJ ENM이 tvN에서 방영 후 그 즉시 넷플릭스에 서비스됐지만, 다른 국가에서는 넷플릭스 오리지널로 방영되었다.

넷플릭스는 미국 외의 글로벌 국가에서 오리지널을 발굴하는 것에 더 큰 관심을 두고 있다. 2017년 4분기에 공개된 멕시코 오리지널 〈클럽 디 쿠에르보스〉(2015)나 〈엘 차포를 만난 날〉(2017) 등은 멕시코를 제외한 국가에서도 인기가 많았다.

독일에서 제작된 첫 오리지널 〈다크〉(2017)는 더이상 북미에서 콘텐츠를 만들 이유가 없다는 판단까지 들 정도로 호평을 받았다. 이러한 글로벌 콘텐츠 전략은 고객분석 데이터에 기반한 것이다. 미국 내에서는 팬층이 제한적일 것이라고 생각했던 장르가 다른 국가에서 의외의 반응이 나오는 경우가 많았다.

예를 들면 미국에서 제작한 〈루머의 루머의 루머〉(2017)는 인도 시청자 수가 미국 시청자 수와 비슷했다. 스페인 범죄스릴러 〈종이의 집〉(2017)은 글로벌 오리지널 확장에 확실한 자신감을 주었다. 비 영어권 콘텐츠의 잠재력이 미국, 영국 등 영어권을 합친 것보다 크다고 판단한 것이다.

넷플릭스의 오리지널은 구독자의 취향 데이터를 적극 활용한다. 넷플릭스는 인구 통계적 구분보다 취향 집단이라는 개념을 선호한다. 실제 시청 기록을 중심으로 특정 소수만 즐길 수 있는 취향들을 가상으로 묶어 타깃의 기호를 구분한다. 이렇게 틈새 타깃들이 좋아할 만한 콘텐츠를 찾는 작업이 오리지널 기획의 시작이라고 판단한다. 오리지널 콘텐츠 공급은 결국 구독자를 넓히는 것이 목표이기 때문이다.

이들은 구독자의 시청 행태를 추적해 전체 구독자를 약 2,000개의 섬세한 취향 집단으로 구분한다. TV 네트워크들이 사용하는 인구 통계를 기반으로 한 시청률 자료의 넷플릭스 버전이라고 볼 수 있다. 넷플릭스는 각 취향 집단의 구독자들이 더 좋아할 만한 콘텐츠를 찾아 그들에게 제시한다.

아울러 넷플릭스는 유사 콘텐츠들의 묶음을 장르화한다. 영 어덜트 코미디, 로맨스 사극, SF 모험물 등 정교하게 정의된 영화와 TV 시리즈, 다큐멘터리 등 내부 장르가 수천 개에 이른다. 오리지널 콘텐츠를 기획하거나 구매할 때 넷플릭스는 '취향 집단 × 장르'의 조합을 참고한다.

최근에는 한 국가에서 제작된 오리지널 또는 원작 스토리를 다른 국가의 오리지널로 다시 제작하기도 한다. 봉준호 감독의 〈설국열차〉(2013)가 미국판 드라마 시리즈로 재탄생하는 식이다.

스페인의 오리지널 시리즈 〈종이의 집〉(2017)은 시즌 4 방영 첫 주에 6,500만 명이 시청한 인기 드라마다. 이 오리지널이 한국판으

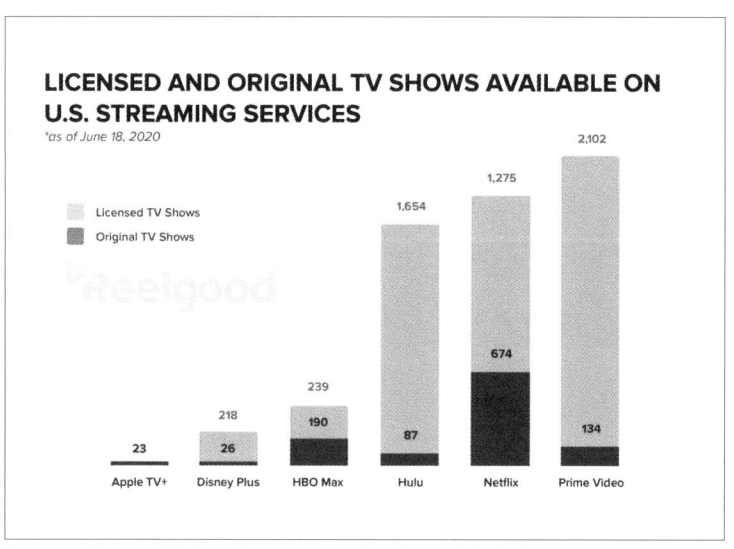

미국 스트리밍 서비스에서 제공되는 라이선스 및 오리지널 TV 콘텐츠. 출처: observer.com

로 리메이크된다. 한국판 〈종이의 집〉은 한국을 배경으로 천재적 전략가와 각기 다른 개성 및 능력을 지닌 강도들이 사상 초유의 인질 강도극을 벌이는 과정을 그릴 예정이다. 이미 성공한 작품을 다른 언어 및 문화 기반의 오리지널로 재탄생시키는 것은 검증된 취향 집단의 선택을 활용하는 방법이다.

위의 표를 보면 넷플릭스의 오리지널 제공 비중이 경쟁업체들을 큰 차이로 압도하고 있다. 오리지널의 질적 차이는 결국 플랫폼의 가치로 연동된다.

넷플릭스는 오리지널 영화 제작에도 막대한 금액을 투자했다. 마틴 스코세이지 감독이 연출하고 로버트 드 니로, 알 파치노가 주연한

〈아이리시맨〉(2019)은 제작비만 1억5,900만 달러가 투입된 대작 영화다. 넷플릭스는 〈아이리시맨〉을 극장에서 3주간 개봉한 후 공개했다. 극장 관객 수는 미미한 수준이었지만 넷플릭스에서는 한 달 동안 4,000만 명 이상이 시청할 정도로 성공했다.

넷플릭스 오리지널 영화의 극장 상영에는 사연이 있다. 2018년 깐느 영화제는 넷플릭스의 영화 출품을 거절했다. 영화는 극장 상영을 전제로 하기 때문이다. 이에 넷플릭스는 폐관한 뉴욕의 마지막 단관 극장 패리스 시어터를 2019년 초에 인수해 다시 문을 열었다. 이후 1922년 로스앤젤레스에 개관해 할리우드의 상징이 되었던 이집트 극장도 인수했다. 이 극장들은 넷플릭스 오리지널의 극장 상영에 활용되고 있다.

이런 배경에는 영화제 출품을 통해 넷플릭스의 플랫폼 가치를 끌어올리려는 의도가 숨어 있다. 세계적 거장 알폰소 쿠아론 감독이 제작한 넷플릭스 오리지널 영화 〈로마〉(2018)는 2019년 아카데미 감독상, 외국어 영화상, 촬영상을 수상했다. 이어서 〈결혼 이야기〉(2019)의 로라 던은 2020년 아카데미상에서 여우 조연상을 받았다.

2021년 아카데미 시상식에서 넷플릭스는 〈마 레이니, 그녀가 블루스〉, 〈맹크〉, 〈나의 문어 선생님〉 등의 작품으로 7개 부문을 수상했다.

넷플릭스 오리지널 영화의 작품성이 높아진 시점은 봉준호 감독의 〈옥자〉(2017)부터다. 그는 여러 인터뷰에서 넷플릭스가 제작 과정에서 자신에게 전권을 부여했으며 〈옥자〉는 기존 영화 제작 시스템에서는 만들어지기 어려운 작품이라는 점을 강조하며 전 세계 감독들을 자극했다.

2020년 팬데믹 위기는 넷플릭스가 꾸준하게 추진해 오던 오리지널 영화 제작에 날개를 달아 주었다. 특히 극장이 폐쇄되면서 이미 제작되어 있던 영화들이 넷플릭스 오리지널로 재탄생하는 경우가 늘었다.

한국에서는 〈사냥의 시간〉(2020), 〈콜〉(2020), 〈#살아있다〉(2020) 등이 넷플릭스로 공개되었다. 제작비 240억 원이 투입된 SF블록버스터 〈승리호〉(2021)도 극장을 거치지 않고 넷플릭스로 직행했다. 영화 〈승리호〉는 190개국에서 오리지널로 공개되었고 28개국에서 1위를 기록했다. 〈신세계〉(2013), 〈마녀〉(2018)의 박훈정 감독이 제작한 〈낙원의 밤〉도 2021년 4월 넷플릭스 오리지널로 선보였다.

2021년 넷플릭스는 총 70편 이상의 오리지널 영화를 전세계에 오픈하겠다고 밝혔다. 1주일에 1편 이상의 신작 영화가 공개된다는 의미다. 이는 디즈니와 워너 브라더스가 스트리밍으로 공개하겠다고 밝힌 영화의 총량보다도 많다.

넷플릭스 영화로 공개한 〈버드 박스〉(2018)는 개봉 직후 1개월 동안 8,000만 명의 글로벌 구독자가 시청했다. 이는 전세계 역대 박스오피스 10위 안에 들어가는 수치이다. 물론 넷플릭스는 오리지널 영화라고 별도 티켓값을 받지는 않는다. 하지만 상영 시간이 두 시간이나 되는 영화를 전체 가입자의 58%가 보았다면 그만큼 넷플릭스 해지율이 낮아졌을 것이라는 추측이 가능하다.

🔆 성공 비결 4. 글로벌 진출 위한 통신사 제휴 활용

2020년 넷플릭스 가입자 2억 명 돌파의 가장 큰 특징은 글로벌 가입자의 성장폭이 미국을 앞질렀다는 점이다. 2020년 1년 동안 전세계적으로 3,650만 명의 유료 가입자가 증가했는데 이 중 3,300만 명은 미국과 캐나다 이외의 지역에서 증가했다.

유럽, 중동, 아프리카 지역의 성장세가 가장 높았고 아시아 지역도 지속적으로 성장 여력이 높은 지역으로 여겨지고 있다. 구독자당 월 평균 수익은 북미가 13.51달러로 가장 높았고 유럽, 중동, 아프리카(11.05달러), 아시아 태평양(9.32달러) 및 라틴 아메리카(7.12달러)가 그 뒤를 이었다. 글로벌 가입자 확장의 숨은 공신은 통신회사와의 제휴 전략이었다.

2010년 캐나다를 시작으로 글로벌 진출을 시작한 넷플릭스는 2012년부터 각국의 통신사와 제휴를 본격화했다. 넷플릭스는 해당 국가의 2위 또는 3위 통신 사업자와 먼저 제휴를 맺는다. 경쟁이라는 이해관계 속에서는 하위 사업자들과의 협상이 쉽기 때문이다.

영국의 케이블 TV 플랫폼인 버진 미디어는 2012년 당시 2위 사업자였다. 넷플릭스는 버진 미디어와 파격적인 6개월 무료 프로모션으로 초기 영국 시장을 공략했다. 이후 3위 사업자인 BT(British Telecom)와 4위 톡톡(Talk Talk)과도 공동 프로모션을 진행했다.

이런 방식으로 넷플릭스는 영국 온라인 스트리밍 시장의 60%를 점유하게 되었다. 방송통신 플랫폼 사업자와 제휴하면 넷플릭스에게 어떤 장점이 있을까?

통신회사 제휴 일부 사례

국가	제휴자/국가	플랫폼	Carrier billing	UI 통합	Zero-rating	비고
미국	컴캐스트	모바일	O	X	X	TPS 상품과 넷플릭스 번들
	버라이즌	모바일	O	X	X	
독일	보다폰	모바일/TV	O	O	X	
	도이치 텔레콤	모바일/TV	O	X	O	
일본	소프트뱅크	모바일	O	X	X	리테일 샵 할인 판매
말레이시아	U모바일	모바일	O	X	O	
영국	보다폰	모바일	O	X	X	6개월 무료
	Talk Talk	모바일/TV	O	O	O	
스페인	보다폰	모바일/TV	O	O	X	IPTV 통합
멕시코	AT&T	모바일	O	X	X	
노르웨이	텔레노어	TV	O	O	X	
한국	LG U+	모바일/TV	O	O	O	
호주	오퍼스	모바일	O	X	O	무제한 요금제 할인

출처: 송민정, A Case A Case Study on Partnership Types between Network Operators & Netflix: Based on Corporate Investment Model, 2020.1.3

우선 특정 국가 진입시 플랫폼 사업자가 보유한 가입자를 활용해 마케팅 기반을 확보할 수 있다. 또한 모바일과 유료 방송이 결합한 특정 요금제에 넷플릭스를 번들 상품으로 묶어 브랜드 인지도 확산에 활용한다. 넷플릭스 가입자에게 모바일 데이터 사용시 제로화(무과금) 혜택을 제공해 이용 장벽을 완화할 수도 있다. 이외에도 넷플릭스의 이용 요금을 통신사가 대신 과금하도록 해서 구독자의 지불 거부감을 낮출 수도 있다.

　넷플릭스는 통신회사가 보유한 IPTV 셋톱박스에 TV 앱으로 제공된다. 이 경우 넷플릭스는 IPTV, 케이블 TV의 홈 화면에서 좋은 위치에 앱을 노출시킬 수 있다. 또한 리모컨에는 넷플릭스 버튼이 설치된다.

　반면 넷플릭스는 플랫폼 사업자에게 고객 데이터를 제공하지 않는다. 현재 IPTV 사업자들은 자사의 홈 화면에 넷플릭스 앱이 설치되어 있어도 이용자들의 이용 행태를 알 수 없는 다소 불평등한 계약을 수용하고 있다.

　넷플릭스는 플랫폼 사업자와 제휴를 통해 안정적인 네트워크 품질도 확보할 수 있다. 인터넷 제공 사업자이기도 한 통신 회사들과 제휴를 하며 넷플릭스는 세계 전역에 분포된 자체 CDN(contents delivery network)인 넷플릭스 오픈 커넥트의 설치를 요구한다.

　오픈 커넥트의 원리는 간단하다. 구독자들이 자주 찾는 콘텐츠 데이터를 구독자의 가장 가까운 위치에 저장하는 역할을 한다. 오픈 커넥트 제휴가 되어 있는 인터넷 사용자가 넷플릭스에서 보고 싶은 콘텐츠를 선택하면 가장 가까운 저장 위치에서 영상을 스트리밍하기 때문에 안정적이고 빠른 속도로 고품질 영상을 제공받을 수 있다.

　반대로 오픈 커넥트 제휴가 안된 통신 회사는 고객들에게 자신들의 비용으로 해외망 연결을 통해 넷플릭스 영상을 전달할 수밖에 없다.

한국에서 넷플릭스와 제휴가 안된 SK브로드밴드는 '오픈 커넥트'를 사용하지 않는다. 이로 인해 해외망을 지속 증설하면서 고객의 스트리밍 품질을 유지하고 있다. 한편으로는 네트워크 이용료와 관련한 SK브로드밴드와 넷플릭스의 소송전이 펼쳐지고 있다.

성공 비결 5. 콘텐츠 개인화에 집중한 넷플릭스 마케팅

넷플릭스의 마케팅은 철저하게 콘텐츠에 집중한다. 콘텐츠에 대한 흥미 유발과 넷플릭스에서 볼 수 있음을 강조하는 마케팅이 핵심이다.

국내 진출 초기에 넷플릭스는 옥외 광고나 버스 정류장 등의 광고 패널을 활용한 저비용 매체를 집중 공략하며 콘텐츠의 내용을 홍보했다. 그러다 〈킹덤〉(2018)을 론칭하던 시점에는 극장 광고를 집행했다. 2019년부터는 간헐적으로 TV 광고를 집행했는데, 국내 유료 가입자 300만 명 돌파 시점부터 20대~30대 외에 장년층을 겨냥한 마케팅으로 TV 광고를 확대했다.

2021년 4월 넷플릭스 서비시스 코리아가 공시한 재무제표에 의하면 2020년에 355억 원의 마케팅 비용을 지출했다. 그중 200억 원 정도가 TV 광고로 사용된 것으로 추정된다. TV 광고를 확대하는 이유는 TV 시청자를 넷플릭스로 끌어들이려는 마케팅 의도가 숨어있다. 특히 TV 광고는 고연령층 시청자를 넷플릭스화 시키는데 가장 효과 좋은 방법이다.

유튜브를 활용한 디지털 마케팅도 집중하고 있다. 320여만 명의 구독자를 보유한 유튜버 쯔양과의 협업은 대표적 사례이다. 〈킹덤〉의 출연자 복장을 하고 먹방을 하거나 넷플릭스에 나온 음식점을 방문 촬영해 소개하는 방식이다.

미국의 사례 중 하나는 넷플릭스 오리지널 〈나르코스〉(2015) 캠페인이 있다. 〈나르코스〉를 통해 무료로 스페인어를 배울 수 있다는 트윗 후에 〈나르코스〉 스페인어 강좌를 개설했다. 실제로 드라마의 등장 인물들이 강사가 되어 온라인 강의를 했는데, 이 캠페인은 5,200만 명 이상에게 노출이 되었고 조회수는 1,300만 건 이상을 기록했다. 실제 등장인물이 마케팅 캠페인 과정에 깜짝 출연하면서 호기심 유발과 가입 유도를 모두 달성했다.

넷플릭스 앱을 설치하고 가입한 고객은 영상 시청 시간과 콘텐츠를 통해 체감하는 가치에 따라 이용을 지속하거나 해지를 단행한다. 오리지널 콘텐츠로 가입을 확대하는 마케팅을 펼쳤다면, 얼마나 오랫동안 구독을 유지하는가도 중요한 마케팅 과업이다.

가입과 동시에 넷플릭스의 캠페인 시스템은 구독자가 동영상을 소비하도록 다양한 방식으로 자극한다. 오리지널의 공개 전부터 공개 직전, 직후, 시청했을 경우와 시청하지 않은 경우, 그리고 시청을 완료하고 다른 영상을 추천받은 상황의 전 과정에서 고객의 행동을 유발시키고자 한다.

넷플릭스는 메시징 전담 조직과 내재화된 캠페인 시스템을 보유하고 있다. 고객 접점 채널인 이메일, 문자 메시지와 앱 채널인 앱 알람 등을 활용해 가입자 확보, 이용 확대, 재이용을 유도한다. 메시징

출처: netflixtechblog.com

조직은 엔지니어와 데이터 기획자로 구성되어 상황에 맞는 메시지를 자동 발송하는 시스템을 활용해 효과 분석과 개선 작업을 지속한다.

넷플릭스의 맞춤형 추천 시스템의 주요 목표는 적시에 각 구독자가 클릭할 만한 타이틀을 제공하는 것이다.

시청할 가치가 있는 타이틀을 어떻게 제시할 수 있을까? 넷플릭스 개발팀은 타이틀의 제목과 함께 제공되는 시각적 요소에 주목했다. 영화나 드라마의 포스터 썸네일을 개인화하면 같은 콘텐츠라고 해도 클릭률을 높일 수 있다고 판단했다.

위의 이미지는 실제 사례이다. 영화 〈펄프픽션〉(1994)을 예로 들어 보자. 평소 우마 서먼의 영화를 많이 본 구독자라면 〈펄프 픽션〉에 우마 서먼이 부각된 이미지를 노출해 추천한다. 반대로 존 트래볼타 팬에게는 그가 중심에 있는 〈펄프 픽션〉 섬네일 이미지를 추천하는 방식이다.

썸네일 이미지를 개인화해 추천하는 방식에 대한 간단한 예다. 출연자 정보 뿐만 아니라 장르를 세분화하고 장르 취향에 따른 분류 등 다양한 개인화 방안이 있다.

효과적인 개인화를 달성하려면 개인의 취향을 분석하는 작업과 함께 다양한 아트웍 이미지도 준비하는 것이 필요하다. 어떤 아트웍을 준비해야 할 것인지도 잠재 고객의 취향에 기반해야 하므로 이 작업에도 AI 기반의 알고리즘이 동원된다. 이 모든 작업은 결국 구독자의 시청 시간 증가와 넷플릭스의 구독 유지율 향상에 기여한다.

넷플릭스의 마케팅은 오리지널 콘텐츠가 핵심 소재이다. 다른 곳에서는 볼 수 없는 넷플릭스만의 콘텐츠로 마케팅 차별화를 두는 것이다. 또한 신규 구독자를 늘리고 기존 회원들의 이용 시간을 장악하기 위한 모든 기술은 콘텐츠를 각 사용자의 성향에 맞춰 개인화해 제공하는 데 활용된다. 이런 점에서 넷플릭스의 경영진 승계 작업도 콘텐츠를 잘 다룰 수 있는지를 중심으로 의사결정이 이루어졌다.

2020년 7월 넷플릭스 이사회는 공동 CEO로 테드 사란도스를 임명했다. 미국 애리조나의 작은 비디오 가게 매니저였던 그는 넷플릭스와 블록버스터가 각축을 벌이던 2000년에 합류했다.

테드 사란도스는 넷플릭스의 오리지널 콘텐츠 확장에 핵심적 역할을 수행했다. 〈하우스 오브 카드〉 이후 드라마, 아동용 프로그램, 다큐멘터리, 리얼리티 TV, 오스카 수상 영화에 이르기까지 많은 오리지널 콘텐츠가 그의 손을 거쳤다.

현재 테드 사란도스는 공동 CEO이자 콘텐츠 총 책임자 역할을 수행 중이다. 그는 창업자이자 현재 넷플릭스 회장인 리드 헤이스팅스와 같은 수준의 인센티브를 받을 정도로 내부의 신임이 두텁다. (2019년에만 3,000만 달러의 인센티브를 받았다.) 리드 헤이스팅스는 테드 사란도스의 공동 CEO 임명을 승계작업의 절차라고 밝혔다.

디즈니의 새로운 회장인 밥 차펙이 맡은 주요 임무는 디즈니 전체 사업의 시너지를 창출하는 것이다. 넷플릭스의 새로운 공동 CEO인 테드 사란도스는 오리지널 콘텐츠의 광폭 확장이라는 미션을 부여받았다. 앞으로 신임 수장들의 경영 전략이 어떻게 펼쳐질지 살펴보는 것도 흥미로운 지점이다.

13장
넷플릭스의 한국 성공 이유는 따로 있다

넷플릭스는 2015년 7월 넷플릭스 서비시스 코리아라는 이름으로 한국 법인을 설립하고 2016년 1월 한국에서 이용이 가능한 넷플릭스 앱을 오픈했다. 2015년 한국 시장 진출 계획을 발표하면서 리드 헤이스팅스는 한국 시장에 대해 다음과 같이 의미를 부여했다.

"한국은 아시아 및 세계 시장을 확대하고 있는 넷플릭스의 성장을 견인할 전략적 거점이다."

2015년~2016년 당시엔 이 말의 진의를 정확히 파악하지 못했다.

넷플릭스의 콘텐츠 전략 거점이 된 한국

2016년 서비스 오픈 당시 국내 넷플릭스 콘텐츠는 500여 편 내외로 매우 빈약했고 한국용 콘텐츠는 2~3년 지난 작품 20여 편에 불과했다. 영어권과 남미권 국가의 오리지널 콘텐츠도 소수에 불과했다.

심지어 <하우스 오브 카드>도 이 시점에는 제공되지 못했다. 이미 넷플릭스의 존재를 알고 있는 해외 생활 경험자나 얼리어답터들의 넷플릭스 가입이 증가했으나 볼 만한 콘텐츠 부족으로 불만이 높았다. 그러나 불과 2년 만에 넷플릭스는 '포식자'라는 말을 들을 정도로 콘텐츠 영향력을 행사하며 가입자를 늘리기 시작했다.

2021년 2월 현재 넷플릭스의 국내 가입자는 400만 명이 넘었고 월 방문자는 1,000만 명을 넘었다. 2016년에 아시아 진출의 지역 거점을 일본으로 선정했던 넷플릭스는 일본 콘텐츠의 해외 파급력보다 한국 콘텐츠의 파급력이 높다는 내부 검증 아래 2017년 이후 한

국내 서비스 중인 OTT 업체 시장 점유율

구분	2020년(예상)	2019년
전체 매출	8,146억	6,645억
넷플릭스	50.9%	27.9%
웨이브	22.1%	24.6%
티빙	6.1%	4.5%
왓챠	4.6%	3.3%

출처: 전자공시시스템과 티빙 자료 재구성.

국을 콘텐츠 생산 거점으로 삼게 되었다.

웨이브, 티빙 등 국내 토종 OTT와의 격차는 이미 두 배 이상 벌어졌다. 지상파와 SK텔레콤 연합체인 웨이브, CJ ENM-JTBC 연합체인 티빙 정도가 넷플릭스를 따라가는 형국이다. KT, LG의 스트리밍 서비스들은 존재감이 점차 감소하고 있다. 2020년 투자를 통해 몸집을 키운 왓챠는 넷플릭스와 가장 유사한 콘텐츠 구조와 사업 모델을 가지고 있지만 아직까지는 역부족인 상태다.

TV 이용 시청 확대가 넷플릭스 성공에 기여

국내 IPTV와 스마트 TV의 넷플릭스 앱 확대로 넷플릭스가 얻은 이득은 TV 디바이스를 이용한 점유율이 향상되었다는 점이다. 2018년 5월 국내에서는 처음으로 LG유플러스가 넷플릭스와 제휴를 선언했다. LG유플러스는 '속도, 용량 걱정 없는 데이터 요금제(월 8.8만 원) 가입 고객은 넷플릭스 3개월 무료'라는 마케팅을 펼쳤다.

그 후 몇 개월 뒤 자사의 IPTV에도 넷플릭스 앱을 탑재했다. 2020년 1위 IPTV 사업자인 KT도 넷플릭스를 품었다. 이런 상황들은 TV가 넷플릭스의 주력 매체가 되는데 일조했다.

삼성과 LG는 2016년부터 생산되는 모든 스마트 TV에 넷플릭스를 포함시켰다. 2018년 말부터는 LG IPTV의 셋톱박스를 통한 넷플릭스 이용도 가능해졌다. 2016년 이후 국내 스마트 TV의 판매량은 한 해 100만~110만 대로 지속 성장 중이다. 2018년 넷플릭스와 통신

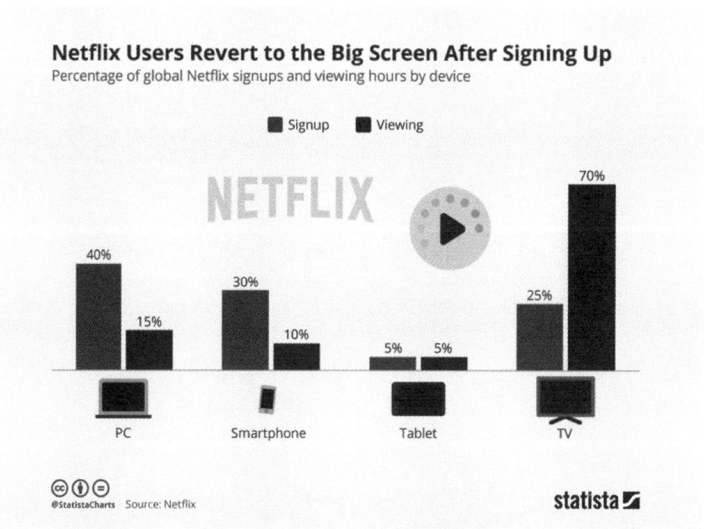

넷플릭스 사용자가 가입하는 기기와 시청하는 기기의 비율. 출처: statista

사의 제휴 이후부터 스마트 TV는 물론 LG와 KT의 셋톱박스까지 포함하면 800만~1,000만 대 이상의 TV에서 넷플릭스를 손쉽게 이용할 수 있는 환경이 되었다. 여기에 2018년부터 본격화된 넷플릭스 오리지널 콘텐츠는 대화면 TV의 시청 욕구를 견인했다.

위의 표를 보면 넷플릭스에 가입하는 기기는 주로 모바일이나 PC를 이용하지만 시간이 경과할수록 TV의 이용량이 높아지는 것을 알 수 있다. 한국도 예외는 아니다. LG유플러스는 이러한 트렌드에 일조했다. 넷플릭스를 TV로 시청하려면 IPTV와 스마트 TV가 가장 편리하기 때문이다.

물론 크롬캐스트, 게임 콘솔, OTT용 셋톱박스 등 다양한 방식이 있지만 스포츠나 뉴스가 강점인 실시간 방송 채널도 함께 보려면 결국 유료 방송 셋톱박스를 또 연결해야 한다. 이런 방식으로 TV와 넷플릭스를 번갈아 보기 위해서는 리모컨의 외부 입력 키를 눌러 전환시키거나 두 개의 리모컨을 사용해야 하는 번거로움이 생긴다. 이런 상황에서 LG유플러스와 KT의 IPTV는 홈 화면에 넷플릭스 앱을 배치해 빠르고 쉽게 서비스 진입이 가능하게 만들었다.

장르물 성향이 강한 넷플릭스의 오리지널 콘텐츠는 대체로 제작비를 많이 쏟아부은 고품질 콘텐츠가 많다. 그러다 보니 큰 화면의 TV를 통해 시청할 때 고화질과 몰입감을 제대로 맛볼 수 있다.

"모바일로 〈스위트홈〉을 보면 괴물들의 디테일이 잘 안 살기 때문에 반드시 TV로 보아야 한다"는 유튜버들의 리뷰는 이런 현상을 잘 드러낸다. 팬데믹과 함께 집콕 상황이 늘면서 거실에 모인 가족들이 넷플릭스의 오리지널을 몰아보는 경향도 꽤 늘었다.

이런 상황들이 한국에서도 TV를 통한 넷플릭스 이용을 지속적으로 증가시켰다.

넷플릭스는 가입자 총 숫자보다 월 방문자가 두 배 가깝게 높다. 이는 넷플릭스가 제공하는 멀티 프로필 기능 때문이다. 프로필은 키즈를 포함해 다섯 개까지 생성이 가능하다. 넷플릭스의 멀티프로필 제공은 생면부지의 타인과 ID를 공유하는 서비스까지 나올 정도다. 이런 편의성도 넷플릭스의 성장에 큰 영향을 미쳤다. 특히 10대~30대 이용자가 폭발적으로 유입되었다.

2021년 4월부터 넷플릭스는 1개월 무료 프로모션을 중지했다. 아울러 미국에서는 가족 인증 없는 멀티 프로필 제공을 차단하는 소프트웨어를 개발해 테스트하고 있다. 구독자당 매출액을 높여 오리지널 투자에 필요한 자금 확보가 목적이다.

반면 넷플릭스의 구독자 확대와 TV 단말기를 통한 이용량 증가는 기존의 유료 방송 플랫폼과 토종 OTT에게는 성장 억제 요인으로 작용했다. 부메랑이 되어 몸통을 겨냥해 오는 형국이다.

그렇다면 넷플릭스와 가장 먼저 제휴한 LG유플러스는 사업 이익을 얼마나 얻었을까?

2020년 12월 발표된 IPTV 만족도 조사에서 LG유플러스 1위, KT 2위, SK브로드밴드 3위를 기록했다. 이를 통해 넷플릭스와의 제휴가 고객 만족도에 영향을 미쳤음을 알 수 있다.

다만 유의미한 사업 효과로 연동된 비율은 미미했다. 2018년 6월 말부터 2020년 6월 말까지 IPTV 점유율을 비교해 보면 넷플릭스와 제휴한 LG유플러스가 0.5% 상승한 것에 비해 제휴하지 않은 SK브로드밴드는 1.6% 증가했다. 결국 마케팅 효과는 누렸으나 가입자 기반의 확대에는 결정적인 역할을 수행하지 못했다는 것을 알 수 있다.

한국 구독자의 성장 발판이 된 국내 콘텐츠 제공

넷플릭스 한국 구독자의 폭발적 증가는 오리지널 콘텐츠의 경쟁력

향상과 비례했다. 특히 미국의 오리지널보다 한국 오리지널의 영향이 컸다.

2017년 6월 〈옥자〉, 2018년 7월 〈미스터 션샤인〉, 2019년 1월 〈킹덤〉, 2020년 12월 〈스위트홈〉 등 오리지널 제작 때마다 이용자의 상승 곡선이 두드러졌다. 오리지널 콘텐츠가 신규 구독자를 불러들인 것이다. 〈킹덤〉은 회당 제작비가 20억 원 수준으로 추정됐다. 당시 미국 밖에서 제작된 오리지널 중 가장 많은 제작비를 기록한 작품이다.

2019년 CJ ENM의 스튜디오 드래곤 지분 인수, 그리고 JTBC와 3년간 2,500억 원의 제휴 체결 시점이, 지상파 드라마 〈동백꽃 필 무렵〉(2019), 〈배가본드〉(2019)의 넷플릭스 동시 제공 시점과 맞물리며 2019년 말부터 구독자가 가파르게 성장했다. 〈킹덤〉 시즌 2(2020)부터는 상승세가 더 두드러졌다.

2021년 공개된 〈스위트홈〉의 회당 제작비는 30억 원, 총 제작비 300억 원이 들었다. 1년 만에 제작비 규모가 더 커진 것이다. 스튜디오 드래곤이 제작한 이 작품은 〈도깨비〉, 〈미스터 션샤인〉의 이응복 감독이 연출을 맡았고 넷플릭스 글로벌에 동시 공개되어 한국을 포함한 8개국에서 랭킹 1위를 기록했다. 미국에서도 10위 안에 랭크된 최초의 한국 오리지널이다.

현재 CJ ENM의 연간 드라마 제작은 28편(2020년 기준 tvN 20편, OCN 8편) 수준이다. 제작비를 드라마당 평균 100억 원 정도로 추산할 경우 약 3,000억 원 정도의 규모다. 이중 33% 정도를 넷플릭스에 제공하고 수익화한다. 〈미스터 션샤인〉(2018)은 430억 원의 제작비

중 넷플릭스에서 280억 원을 받았다. 회당 15억 원~20억 원 수준까지 제작비가 상승했기 때문이다.

한국에서 TV 광고와 콘텐츠 판매 수익으로는 회당 5억 원 정도가 현실적인 수준임을 감안하면 넷플릭스의 통 큰 투자가 한국 드라마 제작의 양적 질적 규모를 엄청나게 키운 셈이다. 판이 커진 이유는 글로벌 독점의 댓가도 포함되어 있기 때문이다.

아울러 넷플릭스는 CJ ENM과 JTBC로부터 방송국에서 방영한 뒤 당일 또는 다음날에 넷플릭스 개봉이 가능한 열네 편 이상의 작품과 오리지널 드라마 9~10편을 확보 중이다. 지상파에서는 각 방송국당 여섯 편 수준을 확보하고 있다.

〈미스터 션샤인〉은 tvN 방영이 끝난 즉시 넷플릭스 한국 및 전 세계에 동시 공개되었다. 그때까지 방송 채널에서 방영된 드라마가 VOD 방식으로 가장 빠르게 제공된 사례는 IPTV였는데 방송 직후 한 시간 이내 서비스되는 수준이었다.

방영 후 즉시 서비스가 가능하려면 영상의 원본을 미리 받거나 실시간 VOD 변환 작업을 통해 서비스가 되어야 한다. 넷플릭스는 미리 원본 영상을 받는 방식으로 계약을 했다. '돈'의 대가이다.

방송국과 넷플릭스의 계약에는 구작들도 포함되었다. CJ ENM이 방송한 〈응답하라 1997〉(2012), 〈나의 아저씨〉(2018) 등 인기 작품들이 넷플릭스에 공급되었다.

이렇게 확보된 콘텐츠는 일차로 한국의 구독자 확산 및 유지에 활용하고, 다른 국가에는 오리지널로 공개해 해외 구독자 확보에 주력했다. 2020년 넷플릭스는 〈블랙핑크: 세상을 밝혀라〉라는 K팝을 소재로 한 첫 다큐멘터리와 〈보건교사 안은영〉 등을 공개했다.

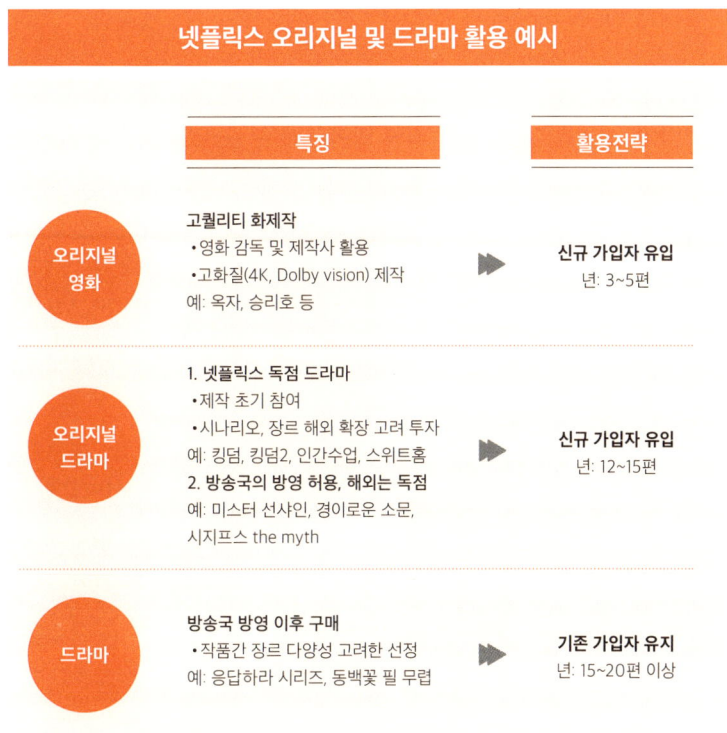

〈승리호〉, 〈인간수업〉, 〈스위트홈〉과 같이 오리지널 영화와 드라마들은 신규 가입자 유입에 활용하고, TV 채널 방영 뒤 익일 제공되는 드라마도 동일한 목적으로 사용한다. 그리고 당해년도 또는 이전에 방영된 구작 드라마들은 기존 가입자를 유지하는 역할을 한다. 이

때문에 넷플릭스는 1년 이내 방송 콘텐츠의 구매를 선호한다.

최근 유료 방송 TV의 이용을 주저하는 1인 가구가 증가하면서 넷플릭스만으로 한국 드라마를 시청하는 20~30대가 증가하고 있다. 이들에게 OCN 채널에서 방송된 〈경이로운 소문〉은 넷플릭스 드라마로 여겨진다. 이렇게 넷플릭스가 한국 시장에서 가파르게 성장할 수 있었던 요인은 '국내 콘텐츠'의 힘이라고 볼 수 있다.

정보통신정책연구원이 2020년 2월 발행한 〈넷플릭스 국내 TV 콘텐츠 제공 현황〉 보고서를 보면 넷플릭스가 미국에 제공하는 오리지널의 비중이 72%인 반면 한국의 오리지널 비중은 10% 이하로 낮다. 그럼에도 불구하고 한국 콘텐츠의 영향력이 큰 것은 국내 방영 직후 제공되는 드라마들의 인기가 매우 높기 때문이다.

넷플릭스는 국내 콘텐츠 중 인기있는 것만 잘 골라서 서비스하는 '콘텐츠 종합 백화점'이 되었다. 이것은 결국 토종 OTT의 성장을 억제하는 요인으로 작동하고 있다.

14장
스트리밍 전쟁의 최종 승자는 누가 될까?

디즈니플러스가 무서운 속도로 따라온다고 하더라도 현재 스트리밍 1위 플랫폼은 넷플릭스이다. 미국의 데이터를 보면 넷플릭스 구독자의 트래픽 발생량이 월등히 높다.

2021년 4월 1분기 실적 발표 후 디즈니플러스와의 경쟁에 대해 기자가 물었다. 넷플릭스 창업자이자 공동 CEO인 리드 헤이스팅스는 "TV 시청 시간을 두고 대결하는 가장 큰 경쟁사는 기존 TV이고 두 번째가 유튜브이다. 시청 시간 면에서 디즈니는 아직 따라오기 어렵다"고 평가하며 자신감을 보였다.

이는 구독자의 충성도가 높다는 의미로 안정적인 스트리밍 서비스를 가능하게 한다. 넷플릭스 구독자의 70%는 넷플릭스를 해지하고 다른 스트리밍으로 이동할 의지가 없다는 조사 결과가 있을 정도로 높은 고착도를 보인다.

　게다가 앞으로는 2~3개 이상 복수의 스트리밍 서비스를 이용하는 고객들이 많아질 것으로 예측된다. 여기서 넷플릭스의 강세는 지속될 것으로 보인다. 상징적으로 디즈니플러스 출시 이후에도 넷플릭스의 주가는 올랐다. 매 분기 가입자가 증가할 때마다 시장의 기대는 다른 스트리밍 사업과의 충돌보다는 넷플릭스의 성장 여력에 더 무게를 두고 있다.

넷플릭스의 강세가 꺾일 수 있는 변수는?

넷플릭스의 아킬레스건은 '콘텐츠'다. 콘텐츠의 양과 질을 비교해 보면, 양적으로는 넷플릭스가 디즈니플러스에 월등히 앞선다. 넷플릭스가 보유한 TV 에피소드가 47,000개라면 디즈니는 겨우 16% 수준이다. 다만 미국의 암페어 어낼리시스에서 조사한 결과에 따르면 SVOD 라이브러리 콘텐츠 100편의 품질 평가는 인기 구작을 보유한 디즈니플러스가 넷플릭스보다 우위로 나타났다.

　할리우드 제작사들이 자사 콘텐츠를 넷플릭스에서 회수해 간다면 앞으로 넷플릭스의 우위는 지켜지기 어려울 수도 있다.

　현재의 OTT 스트리밍 전쟁은 미디어 산업의 대전환과 맞물려 있다. 기존 미디어 시장은 몇몇 대형 제작사들이 극장과 TV 채널의 시간과 번호를 협력적으로 공유해 온 판이었다. 하지만 스트리밍 시

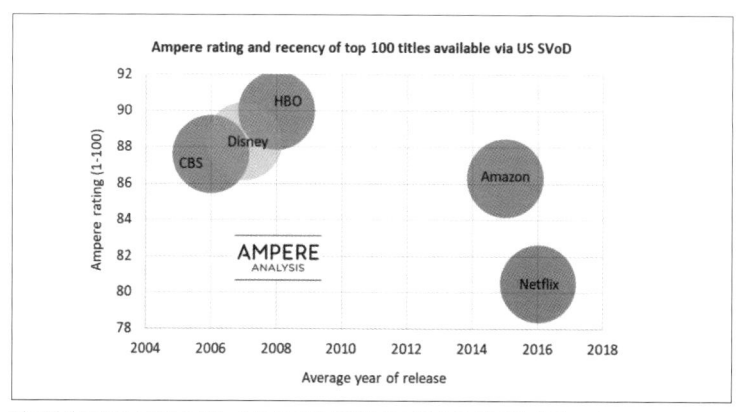

미국에서 SVOD로 서비스 되는 최신 탑 100 타이틀의 콘텐츠 품질 평가. 출처: variety.com

장은 자사가 보유한 콘텐츠만으로 한정된 구독자를 빼앗아야 하는 생존 경쟁판이다. 구독자를 남아있게 만든 기존의 인기 TV 시리즈나 영화가 사라진다면 넷플릭스는 어떻게 될까?

결국 더 공세적인 오리지널 시리즈 투자와 글로벌 구독자 확보에 마케팅 비용을 지출할 수밖에 없다. 하지만 넷플릭스의 오리지널 투자는 한계가 있다. 디즈니나 워너미디어처럼 소위 '프랜차이즈 IP'가 부족하기 때문이다. 이는 콘텐츠 확장에 한계로 작용할 수 있다.

게다가 경쟁사들도 오리지널 제작 투자를 늘릴 경우 투자의 악순환에 빠질 위험이 있다. 이미 국내 OTT 기업들은 오리지널 콘텐츠 제작 경쟁에 본격적으로 뛰어 들었다. 이런 상황에서 넷플릭스의 가입자 속도가 늦춰지기라도 한다면 오리지널 투자 대비 가입자 획득 비용의 상승으로 재무 차원의 위험이 생길 가능성도 크다.

결국 스트리밍 전쟁의 최후 승자는 디즈니일까?

여러 분석 기관들은 2025년까지 전세계 TV 시청 가구의 3분의 1이 스트리밍 구독자로 전환될 것으로 예측하고 있다. 그중 넷플릭스, 디즈니플러스, 아마존 프라임 비디오의 구독자가 전체의 50%를 차지할 것으로 보았다.

2018년~2024년의 OTT 비디오 구독자에 대한 이마케터의 예측을 살펴보자. 2018년에는 넷플릭스가 전체 스트리밍 가입자의 65%를 차지했다. 하지만 2024년에는 디즈니플러스가 자사의 훌루와

US Subscription OTT Video Viewers, by Service, 2018-2024
millions

	2018	2019	2020	2021	2022	2023	2024
Netflix	147.4	154.4	168.9	171.7	175.5	179.0	182.2
Amazon Video	93.3	106.6	130.1	136.9	143.2	148.8	154.2
Hulu*	57.0	76.3	94.5	99.7	106.1	111.5	115.6
Disney+	-	-	72.4	84.9	98.5	110.5	123.4
Apple TV+	-	-	18.8	26.4	31.6	36.4	40.9
ESPN+	3.4	12.6	15.9	19.8	22.5	24.4	25.8
Total	170.5	183.4	207.5	209.9	214.3	218.3	222.0

Note: individuals of any age who watch each service via app or website at least once per month; OTT video services are not mutually exclusive; there is overlap between groups; *excludes content viewed on non-Hulu properties (e.g., Yahoo View); includes access via streaming services such as Amazon Channels and DirecTV Now
Source: eMarketer, Aug 2020

258327　　　　　　　　　　　　　www.eMarketer.com

2018년부터 2024년까지 미국 OTT 서비스 구독자의 예상 수치. 출처: eMarketer

ESPN플러스 구독자를 합칠 경우 넷플릭스를 넘어설 것으로 예측하고 있다. 디즈니가 글로벌 구독자를 어떻게 장악하느냐에 따라 넷플릭스의 턱밑까지 따라가거나 추월이 가능하다.

디즈니플러스 외에도 애플, 아마존 등 테크 기업들도 OTT를 제공 중이다. 애플은 자사의 스트리밍 서비스인 애플 TV플러스에 콘텐츠를 제공하기 위해 새로운 영화와 쇼에 투자하고 있다. 하지만 아직까지는 시장에 큰 위협을 주지 못하고 있다. 부진의 이유는 라이브러리 콘텐츠가 현저히 부족하기 때문이다. TV 쇼와 시리즈를 합쳐도 오리지널이 55개 수준에 불과하다. 다음 표를 보면 애플 TV는 전체 미국 온라인 스트리밍 구독자의 3% 수준에 그치고 있다.

게다가 애플 디바이스를 중심으로 유통되는 서비스라는 점도 발목을 잡고 있다. 아이폰 등 애플 제품을 구매하면 애플 TV플러스를 6개월~1년 동안 무료로 제공하는데 이런 무료 가입자가 전체의 30%가 넘는다. 이처럼 구독자의 충성도가 매우 낮은 것은 애플의 치욕이 아닐 수 없다.

상대적으로 아마존 프라임 비디오 구독자는 견고한 성장을 보이고 있다. 이는 코로나19 상황과 맞물려 아마존을 통한 쇼핑의 증가와 비례한다. 글로벌 가입자도 1억5,000만 명이 넘었다.

아마존 프라임 비디오는 비디오 상품만 8.99달러이고, 프라임 멤버십(무료 배송, 무료 음악 스트리밍, 홀푸드 세일 혜택 등 제공)을 포함할 경우 12.99달러에 판매된다. 다른 스트리밍 서비스와 달리 NHL(내셔널 하키 리그) 등 스포츠 중계도 제공하고 있고 극장 개봉작 영화는

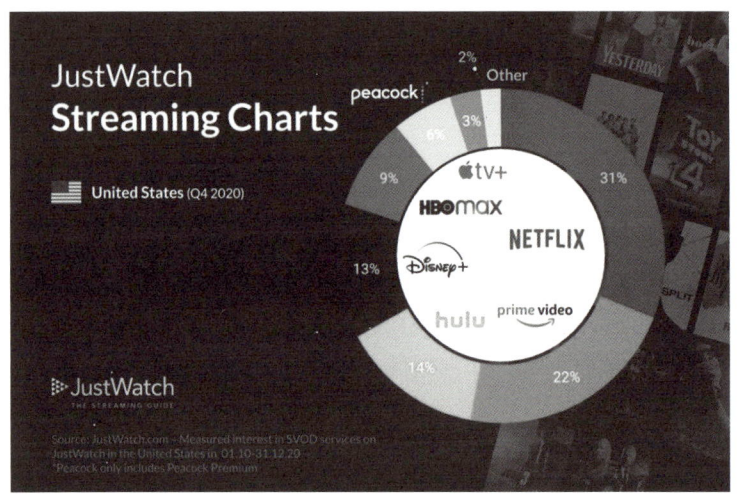

미국 내 스트리밍 서비스 점유율 차트. 출처: variety.com

19.99달러에 단편으로 판매도 한다. 대신 서비스가 복잡하다는 점은 고객 불만 요인이다.

아마존 프라임 비디오의 수익 모델은 넷플릭스와 어떻게 다를까?

아마존은 아마존 프라임 비디오를 별도 회사로 분사시켰다. 아마존 프라임 비디오는 오리지널을 제작하는 아마존 스튜디오와 HBO, Starz 등 유료 채널의 판매를 매개하는 아마존 채널, 그리고 실시간 중계 중심의 아마존 스포츠 등으로 영역이 나누어져 있다.

특히 넷플릭스와 달리 유료 채널과 프리미엄 VOD의 개별 판매 등을 비즈니스 모델로 삼았는데 그 이유는 아마존이 아마존 프라임 구독료 중 일부만을 OTT에 투자하기 때문이다. 분사한 아마존 프라임 비디오는 수익을 내기 위해 구독자 대상의 동영상 판매 사업을 활발하게 추진할 수밖에 없다.

이런 측면에서 보면 국내 OTT인 웨이브나 티빙의 서비스 모델은 넷플릭스보다는 아마존 프라임 비디오와 더 닮은 모양새다.

사실 아마존 프라임 비디오가 유료 채널이나 VOD를 공격적으로 판매할 수 있는 이유는 고객들이 이전부터 아마존 사이트를 통해 영화 DVD 목록을 검색하고 구매할 수 있었기 때문이다.

게다가 아마존은 2018년 영화 평점 사이트 IMDb(인터넷 영화 데이터베이스)를 인수해 고객들의 영화 검색 욕구를 만족시키며 비디오 판매 사업과 연계시켜 놓았다.

미국 가구의 스트리밍 서비스 보급률은 2020년 말 기준 77% 수준으로 2019년 대비 5% 증가했다. 평균적으로 유료 TV 가입자의 스트리밍 서비스 구독은 3.3개 수준이고 비 유료 TV 이용자는 평균 두 개 정도 구독한다. 스트리밍 서비스에 대한 총 지불 의향 가격이 45달러 수준이라고 평가하는데, 고객들의 선택을 받기 위한 양과 질의 콘텐츠 경쟁이 핵심이 될 전망이다.

스트리밍 전쟁에 임하는 기업들의 전략은 모두 다르다. 넷플릭스는 스트리밍 구독자가 사업의 전부인 테크 기반의 플랫폼 사업자이다. 반면 디즈니, 아마존, 애플은 자사의 스트리밍 서비스가 전체 비즈니스와 시너지를 창출할 때 더 큰 기업 가치를 만들어 낸다.

미디어 기업 간의 경쟁은 해당 기업의 전체 가치를 어떻게 통제하느냐의 관점으로 살펴볼 필요가 있다.

아마존 프라임 비디오는 아마존 프라임 멤버십 고객의 충성도를 유지하는데 활용된다. 애플 TV플러스 역시 애플 단말기에 콘텐츠 생명을 제공하는 역할을 수행한다.

디즈니플러스는 오리지널 콘텐츠로 구독자 충성도를 획득한 후

애플의 '애플원' 통합 구독 상품. 월 14.95달러로 미국에서 판매 중이다.

그 힘을 오프라인의 테마파크, 캐릭터 스토어, VR, 게임 등으로 전이시킨다. 현재 디즈니는 스트리밍 구독자를 보다 공격적으로 유치하고 오리지널 IP들을 지속적으로 생산해내면서 코로나가 끝나고 테마파크가 개장하기를 기다리고 있다.

스트리밍 구독자의 총합이 해당 기업의 시너지를 창출할 수 있는 사업 규모라고 추산해 본다면 스트리밍 전쟁의 최종 승자는 디즈니가 될 가능성이 크다. 만일 디즈니플러스의 구독자 당 매출을 지금보다 더 높일 수만 있다면 스트리밍 사업 자체만으로도 넷플릭스에 견줄 만한 힘을 가질 것이다.

뉴욕대학의 스콧 갤러웨이 교수는 자신의 홈페이지에 쓴 글 '쥐

디즈니가 사용할 수 있는 다섯 가지 런들 전략

- 디즈니2 런들 회원에게 디즈니랜드 등 테마파크 특별 이벤트 행사 참여 혜택 부여

- 디즈니2 런들 회원에게 (코로나 이후) 디즈니 크루즈 여행 서비스

- 디즈니가 출시할 블록버스터 영화의 극장 개봉 1주일 전 디즈니플러스를 통한 사전 개봉

- 디즈니2 런들 회원 대상 캐릭터 장난감 선별 배송 (구독자 대상 데이터 분석 기반)

- 아동용 디즈니 교육 프로그램 신규 런칭 및 런들 회원 혜택 부여

출처: Scott Galloway, Unleash the Mouse, www.profgalloway.com, 2020.10.2

를 풀어 놓다'(Unleash the Mouse)에서 디즈니가 '디즈니2' 전략을 택하면 더 큰 기업 가치를 올릴 수 있다고 조언했다. '디즈니2'를 위해 디즈니도 애플처럼 런들(Rundle: Recurring Revenue Bundle) 비즈니스 모델을 도입하라는 주장이다.

런들의 대표적 사례는 애플의 애플원이라는 통합 구독 모델이다. 애플은 아이폰 판매 후에 애플 뮤직, 애플 아케이드, 애플 TV플러스, 애플 뉴스 플러스, 아이클라우드 등의 통합 구독을 유도해 수익을 창출하고 있다.

2020년 1분기에 애플 총 매출 대비 10%를 차지했던 반복적 매출 비중인 '런들' 비중이 높아지며 2020년 2분기에는 22% 급증했다.

이로 인해 애플의 주식 가치도 상승했다.

스콧 갤러웨이 교수는 디즈니플러스가 디즈니의 '런들' 전략을 위한 첫걸음이라고 평가하며 앞 페이지 표와 같은 서비스를 제시했다. 디즈니2 구독형 상품의 추가적 아이디어이다.

스콧 갤러웨이 교수의 조언은 디즈니플러스의 전략적 활용에 대한 의미있는 경영 전략이다. 구독자를 빠르게 확장한 이후의 디즈니 전체에 기여할 새로운 접근 방법이자 넷플릭스와 차별화될 디즈니의 전략적 옵션이 될 수 있을 것으로 보인다.

애플이 넷플릭스를 인수한다고? 핫하게 돌고 있는 루머들

미국 시장의 점유율에서 보듯 디즈니가 빠르게 치고 나가자 애플을 포함한 후발 사업자들은 고전을 면치 못하고 있다. 결국 규모와 역량이 없으면 질 수밖에 없는 전쟁이다. 이런 측면에서 테크 기업들과 미디어 기반 기업들 간의 또 다른 합종연횡에 대한 많은 루머가 있다.

🚩 루머 ❶ NBC유니버설과 워너미디어의 합병

미국의 모펫네이던슨 리서치의 크레이그 모펫 등 분석가들이 두 기업의 합병 가능성을 언급하고 있다. 이들이 가진 스트리밍 서비스 피콕과 HBO 맥스의 점유율을 합치면 15% 수준이다. 그는 컴캐스트와 AT&T 각각의 TV 영화 콘텐츠 회사인 NBC유니버설과 워너미디어가 분사되고 합병될 수 있다는 분석이다.

모회사인 컴캐스트와 AT&T는 각각 케이블 및 통신, 모바일, 인터넷 네트워크의 핵심 비즈니스에 집중한다는 분석이다.

📢 루머 ❷ 애플이 넷플릭스를 인수한다

디즈니가 넷플릭스를 인수한다는 설은 2016년에 돌았던 이야기이다. 그러나 디즈니의 독자 스트리밍 전략이 결정되면서 루머로 끝이 났다. 디즈니 말고 넷플릭스를 인수할 1순위 기업 후보는 애플이다. 2016년부터 매년 한 번 정도는 증권가 루머로 돌고 있다. 애플이 2,800억 달러 수준의 현금을 보유하고 있는데 1,900억 달러 정도의 프리미엄 가치로 넷플릭스를 인수할 수도 있다는 설이다. 스트리밍 전쟁에서 애플이 고전하는 모습을 보면 콘텐츠 엔진에 대한 준비는 시급하다. 최근 MGM, 소니 픽처스 등의 인수설도 끊이지 않는 상황이다.

📢 루머 ❸ 로쿠(Roku)는 매력적인 매물, 누가 살까?

이는 필자의 뇌피셜이다. 로쿠는 3,000만 명 이상의 사용자를 확보했고 5,000여 개의 TV 앱을 유통하는 TV 유통 플랫폼이다. 지난 2020년 초 HBO 맥스와 로쿠와의 제휴가 수수료 때문에 불발되고 가입자 확보에 빨간불이 들어왔다. 이로 인해 로쿠가 스트리밍의 숨은 권력자임이 밝혀졌다. 로쿠를 인수한다면 TV 이용자의 유통 흐름을 장악할 수 있다는 점에서 매력적인 사업자이다.

V

국내 OTT는
이 위기를 어떻게
돌파해야 할까?

글로벌 OTT는 한국의 미디어 산업을 선진화시키는 계기를 제공하고 있다. 하지만 이면에는 글로벌 플랫폼의 '문화 동질화'라는 무서운 이데올로기가 숨어 있다는 점도 무시할 수 없다.

해외에서는 디즈니를 포함한 글로벌 콘텐츠 기업과 케이블, 통신회사 등 플랫폼 진영이 두세 번의 큰 통합과 분화를 거치며 규모와 경쟁력을 키웠다. 반면 한국의 미디어 산업은 자기 영역 안에서 수직적 확장에 머무르는 상황이다. 국내 OTT의 돌파 전략은 무엇이며 고객의 가치를 중시하는 플랫폼 전략을 통해 글로벌 OTT에 맞설 방법을 함께 고민해 보고자 한다.

15장
글로벌 OTT가 한국 미디어 시장에 미친 영향

'메기 효과'란 용어가 있다. 정체된 생태계에 메기 같은 강력한 포식자가 나타나면 개체들이 생존하려고 활력을 띄는 현상을 말한다. 메기 효과의 결말은 생태계가 새로운 활력을 찾을 때 성공한다. 글로벌 OTT들은 우리 시장에 긍정적인 메기 효과를 주고 있을까?

고객에게 넷플릭스는 어떤 서비스일까?

넷플릭스로 인해 고객들은 신이 난다. 이용 방법도 쉽고 시청할 콘텐츠도 무궁무진하다. 접근성이 편리하고 이용하기 위해 새로 단말기를

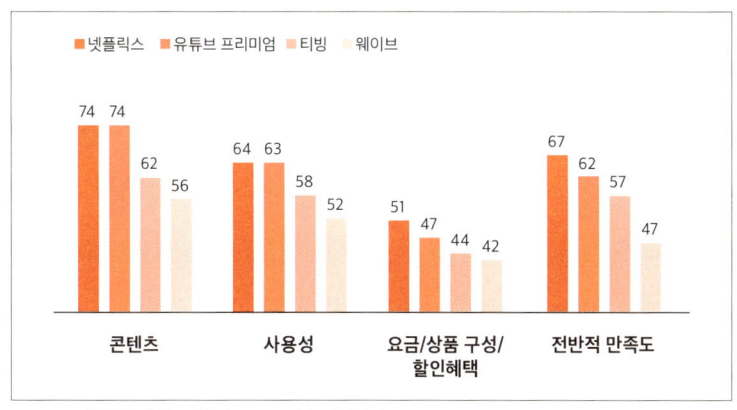

주요 OTT 항목별 만족도. 출처: 2020 컨슈머인사이트

사야할 필요도 없다. 내가 가입한 IPTV나 가족이 함께 이용하는 게임 콘솔이나 새로 구입한 8K 스마트 TV에서 앱을 선택하면 된다. 스마트폰이나 태블릿, 데스크탑 PC에서도 바로 이어서 시청하면 된다.

정보통신 조사 전문기관 컨슈머인사이트의 2020년 조사에 의하면 콘텐츠, 사용성, 요금 체계, 전반적 만족도 항목에서 넷플릭스가 토종 OTT들과 큰 격차를 보이며 1위를 기록했다. 특히 콘텐츠에 대한 만족 수준이 다른 항목에 비해 높게 나타났다.

넷플릭스의 한국 오리지널 콘텐츠에 대한 국내 반응은 매우 뜨겁다. 2020년에 발표된 〈킹덤〉 시즌 2와 〈스위트홈〉에는 조금 색다른 공통점이 있다. 이들 드라마 제목을 유튜브 검색창에 입력하면 '킹덤 시즌2 리액션 해외 반응'과 '스위트홈 해외 반응'이 검색어 상단에 링크되어 있다.

〈스위트홈〉은 공개 10일 만에 해외 13개국에서 1위, 79개국에서 10위 등 미국, 인도, 아랍에미레이트, 프랑스, 스페인, 독일, 영국, 호주 등 다양한 지역에서 고른 성적을 보였다. 한국의 시청자들은 넷플릭스를 통해 특이한 시청 경험을 했다.

　지상파나 유료 방송 TV에서는 볼 수 없었던 한국형 좀비 장르, 크리처(괴물류의 출연) 장르를 접한 것이다. 한국 감독이 만든 영상미와 한국형 좀비와 괴물의 완성도, 그리고 한국적 스토리의 서사 구조에 몰입했다. 전편 감상 후에는 자연스럽게 "다른 나라 사람들도 이 콘텐츠를 좋아할까?"라는 궁금증이 생겼다.

　조선 시대 좀비를 좋아하는 미국인들의 반응이 신기하고, 다른 나라의 넷플릭스 시청 순위에서도 1위를 했다는 이야기가 믿기지 않는다. 그것도 전세계 동시 개봉이라니! 이런 시청자들의 반응 이면에는 한국인이 만든 한국인의 스토리가 세계적으로 통할 수 있다는 문화적 우월감이 담겨 있다. K팝에 이어 K드라마 열풍에 대한 기대이다.

　외국 사람들이 한국 드라마에 열광하는 현상을 실시간으로 보면서 한편으로는 넷플릭스에 대한 충성도가 높아진다. 넷플릭스는 한국 드라마를 전세계로 퍼뜨려주는 착한 전파자가 된다. 한때 '포식자'라고 불렸던 평가는 어느 틈에 사라졌다.

　하지만 바로 그 이면에 넷플릭스의 어두운 지점이 있다. 넷플릭스는 77,000개의 장르 구분과 2,000개의 취향 집단을 구분해 콘텐츠의 다양성을 만들고 있다. 실제 넷플릭스의 미디어 라이브러리를 살펴보면 듣보잡 류의 영상들도 많다. 소위 롱테일의 취향들을 존중한

넷플릭스 오리지널 〈인간수업〉 포스터. 출처: 넷플릭스

결과이다.

다양성이 분명히 존재하지만 넷플릭스의 오리지널 드라마들은 몇 가지 장르적 공통점이 있다. 시대를 배경으로 한 역사 기반의 서사, 좀비, 크리처 장르에 기반한 드라마, 고등학생들이 출연하는 학원 폭력이나 로맨스, 마약 사건과 관련된 픽션과 논픽션 드라마, 각종 범죄를 기반으로 한 추리, 스릴러 등의 집합들이 존재한다. 국내 오리지널 〈인간수업〉(2020)은 미국의 오리지널 〈루머의 루머의 루머〉(2017)나 스페인 오리지널 〈엘리트들〉(2018)과 유사한 장르다.

넷플릭스가 시청자 입장에서 콘텐츠의 다양성을 확대시킨 것은 사실이다. 그럼에도 불구하고 넷플릭스식 콘텐츠가 갖는 문제점도 존재한다. 〈루머의 루머의 루머〉는 미국 고등학생들의 자살과 그 배경을 따라가는 드라마로 스토리의 구성이 매우 폭력적이고 자극적이다. 특히 자살이라는 행동을 미화했다고 강하게 비판하는 문화 비평가들이 많았다. 이에 넷플릭스는 매회 드라마 끝에 '자살 방지 캠페인 영상'을 삽입하는 꼼수를 부렸다.

한국 오리지널 〈인간수업〉은 고등학생의 조건 만남을 소재로 했다. 게다가 고등학생 포주라니! 매회마다 욕설이 섞인 대화가 전체의 80%가 넘는다. 그런데 드라마 종반 쯤 가면 주인공인 고등학생 포주가 잡히지 않기를 바라는 소위 길티 플레저 현상(guilty pleasure: 영상에서 표현하는 범죄 행위를 합리화하고 우상화하는 현상)에 빠진다.

문제는 이 모든 방송을 TV로 볼 수 있다는 점이다. 이용자들은 같은 TV를 통해 넷플릭스도 시청하고 방송 채널도 시청한다. 그런데 넷플릭스와 방송 채널의 VOD는 각기 다른 심의 규정을 따르고 있다. 넷플릭스의 〈인간수업〉을 TV 채널에서 방영한다면 단 10분도 방송이 불가능하다. 연령 등급의 기준만 유사할 뿐 표현의 수위는 하늘과 땅 차이다. 심의 규정이 다르기 때문이다.

이 문제는 한국에만 국한되지 않는다. 2019년 사우디아라비아에서는 모하메드 빈 살만 왕세자를 비판한 코미디쇼 〈하산 미나즈 쇼〉의 일부 에피소드를 차단했다. 2020년 11월 인도에서는 힌두교와 무슬림 캐릭터 사이의 키스 장면을 담은 시리즈 〈수터블 보이〉에 반대해 정치인이 힌두교 사원에서 불매운동을 벌이기도 했다. 트위터에서 #BoycottNetflix 해시태그가 유행했고 주 정부의 내무부 장관은 콘텐츠를 조사해 달라고 경찰에 요청하기도 했다. 이런 일이 발생할 때마다 넷플릭스는 창작자의 다양성과 함께 해당 국가의 제작자들과 협력 관계의 중요성을 강조하며 넘어가고 있다.

    넷플릭스의 알고리즘은 구독자들이 재미있어 할 만한 콘텐츠를 골라내는 역할만 할 뿐 이 콘텐츠가 미치는 영향이 좋을지 나쁠지는 고려하지 않는다. 넷플릭스가 구독자에게 미치는 영향에 대한 심도 깊은 고민이 필요하다.

대규모 제작비 유입이 콘텐츠 제작 산업에 미친 '명'과 '암'

넷플릭스는 2021년 한 해에만 5,500억 원을 한국에 투자한다고 발표했다. 이는 넷플릭스가 국내 구독자로부터 벌어들이는 수익의 크기와 맞먹는다. 이 수치만 보면 넷플릭스는 한국을 글로벌 콘텐츠 생산기지로 활용하는 것이 분명하다. 그렇다면 이것이 한국의 콘텐츠 산업에는 어떤 영향을 미칠까?

    다음 표는 2020년에 개최된 '영상 미디어 포럼'에 발표된 자료의 일부다. 국내 105개 영상 제작 및 유통회사 종사자를 대상으로 한 인식 조사 결과다. 넷플릭스 등 글로벌 OTT가 콘텐츠 제작 산업에 미칠 영향에 대해 기대보다는 우려하는 시각이 높게 나타나고 있다.

    넷플릭스로 인한 국내 콘텐츠 제작 환경은 획기적으로 개선됐다. 충분한 자금을 투자해 제작 시장의 외형을 넓혔다.

    넷플릭스는 콘텐츠 성과와 무관하게 제작비의 10~15%에 해당하

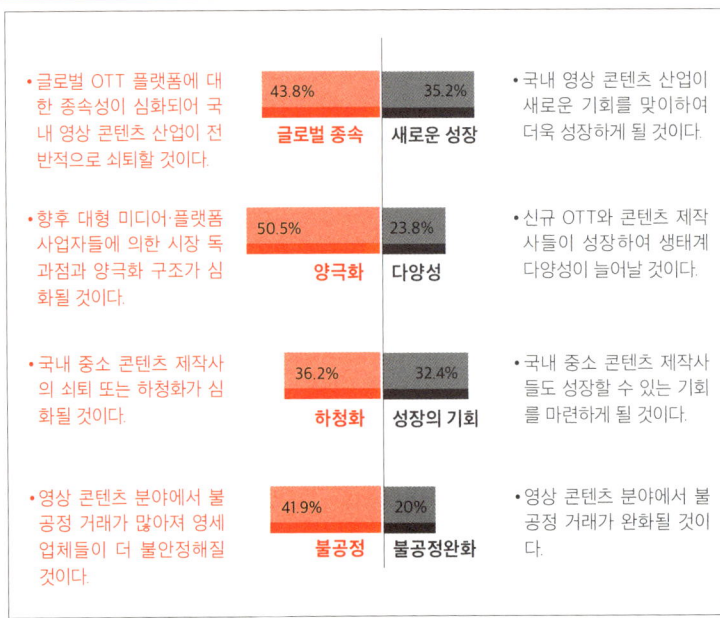

출처: 이성민, '영상 미디어 콘텐츠 산업재편과 정책방향 모색', 제 5회 방송영상 리더스 포럼, 2020.10

는 금액을 추가로 지급하는 것으로 알려졌다. 이는 콘텐츠 권리 전체를 사들이는 방식의 계약이다.

제작자들은 넷플릭스에 콘텐츠 권리를 넘기는 대신 광고주의 개입 등 추가적 고민 없이 제작에만 몰입할 수 있다. 기존 제작사는 제작비의 70% 정도에 해당하는 방영권료만 보장받다 보니 나머지 수익은 PPL 등 추가 광고주 영입으로 해결해야만 했다.

한국방송통신전파진흥원이 2020년 12월에 발행한 전문가 리포트에서 넷플릭스와 현장에서 업무를 한 제작자들의 인터뷰 내용을 옮겨본다.

"넷플릭스 드라마는 소위 클리프행어(궁금증을 유발하는 엔딩)가 필수적이지 않고 중간 광고 등을 고려해 끊어지는 구성을 염두에 둘 필요가 없다. 회차별 시간 제한도 특별히 없다. 넷플릭스가 요구하는 화질은 4K보다 선명한 6K, 8K 수준이다. 편집 시간이 얼마가 걸리더라도 인력을 더 투입해 완성도를 높일 것을 주문한다. 50년 뒤에도 업 컨버팅(더 높은 해상도로 업그레이드하는 기술 작업)이 가능하도록 최적의 품질을 요구한다."

출처: 유건식, '넷플릭스가 국내 드라마 시장에 미친 영향 - 제작자 심층 인터뷰를 중심으로', 한국방송통신전파진흥원, 2020.12

다음 표를 보면 넷플릭스의 제작 여건과 국내 드라마 제작 환경과의 큰 차이를 확인할 수 있다.

넷플릭스로 인해 제작 프로세스의 선진화도 진행되고 있다. 넷플릭스는 콘텐츠 제작 전 과정을 처음부터 끝까지 관리한다. 2018년에는 전세계 프로덕션들과 수만 명이 동시에 참여하는 제작 현장을 챙길 수 있는 있는 프로디클 무브(Prodicle Move)라는 통합 제작 프로세스 플랫폼을 구축했다.

이 플랫폼을 통해 모든 제작 정보를 실시간 시스템으로 일원화해 제작 현장과 스튜디오 간의 효율성을 향상시켰다.

국내 드라마와 넷플릭스 드라마 제작 방식 차이 비교

구분		국내 드라마	넷플릭스 드라마
프리 프로덕션	• 타깃 시청층 • 제출 대본 • 작가 명성 • 배우 • 권리 • 제작비	연령대 위주 4개 중시 중시 방송사/제작사(수익 배분) 방송에 따라 지급 (사전 지급도 有)	장르 위주 1~2개 스토리를 더 중시 톱배우 선호하지 않음 100%(일부 권리 제작사) 단계별로 신청에 따라 사전 지급(회계 감사 후 잔액 반납)
프로덕션	• 사전 제작 • 영상 공유 • PPL	방송 전 4회 감독, 편집자 위주 많음	전체 제작(구매는 방송 2주 전) 촬영일 OK컷 관련자 공유 없음
포스트 프로덕션	• 화질 • 중간 광고 • 더빙, 자막 • 협찬비 • 다음회 예고	HD 기본(4K도 병행) 있음(PCM) 없음 많음 강조	4K이상 없음 킹덤2 더빙 13개국, 자막 29개국 없음 건너뛰기 있음

출처: 유건식, '넷플릭스가 국내 드라마 시장에 미친 영향 - 제작자 심층 인터뷰를 중심으로', 한국방송통신전파진흥원, 2020.12

프로디클 무브는 7개의 앱(Prodicle, Move, Calendar, Distribution, Scripts, Contacts, Scheduling)으로 구성되어 있다. 한 작품마다 수백 명이 한꺼번에 참여하는 과정에서 발생하는 복잡한 행정, 기획, 관리 업무를 7개의 앱을 통해 수행하고 이를 통합함으로써 작업의 유연성을 높였다. 제작 프로세스가 시스템화되고 디테일한 계약서와 계약대로 이행하는 꼼꼼한 관리로 이전보다 계약 관계의 투명성이 현저히 높아졌다는 것이 업계의 평이다.

넷플릭스는 한국의 스토리텔링 역량을 높이 평가하며 작가진의 창의성을 철저히 존중한다. 투자자에 의해 중도에 내용이 변경되는 등의 과거 관례가 없어졌다. OTT 특성상 표현의 자유도 모두 지켜지고 있는 점은 창의력을 보장받는 결과로 이어졌다.

반면 부정적인 영향도 있다. 우선 제작비 기준이 급상승했다. 국내 방송사가 지급하는 제작비보다 높은 이윤을 보장하는 넷플릭스로 좋은 제안서가 쏠리고 있다. 제작사 또한 대형 회사로 쏠림 현상이 벌어진다. 국내 드라마 제작 편수가 2019년 128편에서 2020년 110편으로 점차 감소하고 있다. 넷플릭스로 향하는 드라마만 증가하고 있는 상황이다.

높은 제작비가 예상되는 드라마는, 현실적으로 넷플릭스의 투자를 받지 못할 경우 제작되지 못할 가능성이 커졌다. 중국, 일본의 콘텐츠 직접 수출이 감소한 이후 넷플릭스의 투자가 블록버스터급 드라마의 선결 조건이 되고 있다는 의미다.

결국 넷플릭스 드라마와 비 넷플릭스 드라마로 양극화되고 있다. 이런 현상과 함께 지상파와 종편 등의 드라마 품질이 매우 낮아지고 있다. TV 광고 시장이 줄어들면서 지상파와 종편의 드라마들은 낮은 제작비 중심의 드라마로 편성 시간을 채우고 있다.

넷플릭스가 많은 투자를 한다고 하지만 전반적인 '낙수효과'로 연계되지 못한다. 뿐만 아니라 넷플릭스가 저작권을 전부 소유하는 계약 방식은, 제작사 입장에서는 추가 수익원이 막히는 문제를 낳았다. 이 사안은 제작사들이 가장 중대한 문제로 지적하는 이슈다. 시즌제 드라마 제작에 대한 자유도 없고 추가 수익 창출을 위한 모색도 불가능하다. 안정적인 제작비라는 댓가와 바꾼 결과다.

한국에 상륙하는 디즈니플러스도 국내 콘텐츠 제작 회사들과 접촉 중이다. 글로벌 OTT로 인해 국내 제작 생태계에 새로운 기회 요인이 만들어졌지만 동일한 크기의 위협과 위기에 대한 우려도 많다.

하청 기지화도 해묵은 논쟁 중 하나다. 한국 제작사가 넷플릭스나 앞으로 들어올 글로벌 OTT의 오리지널 생산 기지로 종속된다는 의견이다. 한국 오리지널 드라마의 회당 제작비가 25억~30억 원까지 상승한다고 해도 HBO가 제작한 〈왕좌의 게임〉 회당 제작비 170억 원에 비하면 매우 낮다. 그렇게 싼 가격으로 저작권을 가져가는 셈이다.

하지만 부정적 영향만 있는 것은 아니다. 과거 하청 기지라는 의미는 브랜드가 없는 생산 활동을 뜻했다.

내가 만들었지만 '나'는 내세울 수 없는 환경을 말한다. 그러나 콘텐츠는 다르다. 한국이라는 공간, 제작사, 출연 배우, 원천 스토리들이 총체적으로 이미지를 구성한다. 〈스위트홈〉이 외국에서 의미 있는 성과를 올릴 때, 원천 웹툰의 해외 진출도 가능해지는 식이다. 더불어 이런 스토리를 보유한 한국의 문화적 위상도 높아진다.

종속화된다는 의미는 넷플릭스에 대한 의존성이 높이져 넷플릭스 없이는 살아남을 수 없다는 것을 의미한다. 이런 측면에서 콘텐츠 제작 산업의 선진화, 대형화, 고품질화와 함께 플랫폼 전략이 동시에 구축되어야 한다. 토종 OTT 플랫폼이 글로벌 서비스를 개척하지 못한다면 종속성을 논할 수 밖에 없지만, 아직 길은 있다.

콘텐츠 엔터테인먼트 기업의 대형화

넷플릭스가 제작사들의 창의력을 키우는 사이, 콘텐츠 빅 컴퍼니들의 대형화가 가속화되고 있다. 드라마 제작사들은 제작의 핵심이 되는 역량 있는 작가와 연출가를 계열화하는 작업을 진행했다.

이미 CJ ENM의 스튜디오 드래곤은 문화창고, 화앤담픽쳐스, KPJ, 지티스트 등의 드라마 제작사들을 계열사로 두었다. 제이콘텐트리의 자회사 JTBC스튜디오는 연출자 확보에 주력하면서 영화 제작사 앤솔로지스튜디오를 200억 원에 인수했다.

넷플릭스는 스튜디오 드래곤의 지분 4.99%를 확보했고 네이버는 전략적 제휴를 통해 스튜디오 드래곤의 2대 주주가 되었다. 2020년 10월 CJ ENM과 스튜디오 드래곤 등은 네이버와 각각 1,500억 원 상당의 주식을 맞교환하는 방식의 대형 딜을 성사시켰다.

네이버가 보유한 웹툰, 웹소설 등 IP 기반의 스토리를 활용한 콘텐츠 제작 및 유통 그리고 CJ의 온라인 스트리밍 서비스 티빙의 전 방위적 활용을 약속했다.

네이버는 엔터테인먼트 업계와 협력을 지속적으로 강화해 왔다. 2021년 1월 방탄소년단(BTS)의 소속사인 하이브(구 빅히트엔터테인먼트)에 대규모 투자를 단행했다. 하이브의 K팝 플랫폼인 '위버스'의 운영사 위버스 컴퍼니(구 비엔엑스)와 약 4,000억 원 규모의 지분을 맞교환했다.

네이버는 자사 K팝 커뮤니티 앱인 '브이 라이브(V LIVE)'를 위버스 컴퍼니에 양도하고 서비스를 통합한다는 계획이다. 2021년 1월에는 네이버가 세계 최대 웹소설 플랫폼인 왓패드의 지분 100%를 6억 달러에 인수하며 웹 콘텐츠 원천 IP 확보에서 선두에 섰다.

2021년 3월에는 카카오의 웹툰, 웹소설 플랫폼인 카카오 페이지와 엔터테인먼트 자회사 카카오M이 합병해 카카오엔터테인먼트를 설립했다. 카카오엔터테인먼트는 IP 비즈니스 역량과 플랫폼 네트워크의 결합을 통해 엔터테인먼트 전 분야에 걸쳐 콘텐츠 IP의 확장과 사업 다각화를 추진할 계획이다.

2023년까지 웹툰 65편을 드라마·영화로 만들 계획이다. 또한 2021년 4월 4,000억 원을 들여 글로벌 웹소설 플랫폼인 래디쉬 인수를 추진 중이다.

숨가쁘게 진행되는 엔터테인먼트 제작 산업의 대형화는 넷플릭스가 만들어놓은 긍정적 메기 효과이다.

카카오엔터테인먼트와 같은 거대 콘텐츠 스튜디오의 탄생은 영상의 가장 중요한 뿌리가 되는 IP를 드라마, 영화, 디지털 콘텐츠로 확장할 수 있는 산업적 토대를 구축한 것이다.

스튜디오 드래곤과 JTBC스튜디오는 자사가 보유한 캡티브 채널로부터 안정적 수익 창출을 올릴 수 있고 온라인 스트리밍 플랫폼인 티빙을 통해 넷플릭스 이외에도 새로운 창구 역할이 가능하다. 플랫폼 활용의 옵션이 늘어난 것이다.

2021년 초부터 넷플릭스로 인한 한국의 엔터테인먼트 산업 구조는 대형화, 수직 계열화되어 한국의 스토리들을 글로벌로 확장할 준비를 마쳤다. 넷플릭스를 적극 활용하는 방안과 함께 한국의 토종 OTT들을 글로벌로 밀어내는 구심력과 원심력이 동시에 작동될 것으로 보인다.

또한 최근 글로벌 OTT에 대응하기 위한 토종 OTT들의 콘텐츠 제작 및 투자 확대도 공세적으로 이루어지고 있다.

웨이브는 2025년까지 1조 원 규모의 콘텐츠 투자를 발표했으며, 티빙과 KT 스튜디오 지니는 2023년까지 각각 4,000억~5,000억 원 규모의 투자를 발표했다.

카카오TV는 3,000억 원, 쿠팡플레이는 1,000억 원 등의 투자 계획을 속속 발표했다. 액면 그대로 믿기는 어렵지만 위의 금액을 연 단위로 쪼개 보면 토종 OTT들의 제작 투자 총 비용이 6,000억 원 규모로 넷플릭스보다 높다. '쩐의 전쟁'으로 불리기에 충분한 큰 투자임에 틀림없다.

네이버와 카카오는
넥스트 '마블'을 꿈꾸나?

심심할 때 읽을 수 있는 글은 무엇일까? 가볍고 자극적인 것, 클리셰 덩어리, 대리만족할 수 있는 인물, 신데렐라 스토리, 현실에서 불가능한 판타지… 웹소설을 떠올렸다면 여러분은 콘텐츠를 즐길 줄 아는 사람이다.

웹툰에 이어 웹소설이 엔터테인먼트와 미디어 산업에서 주목받고 있다. 네이버와 카카오가 전세계 이용자를 사로잡을 매력적인 스토리 확보를 위해 웹소설 플랫폼 인수 경쟁을 펼치고 있다. 네이버가 북미 1위 웹소설 플랫폼 '왓패드'를 인수한데 이어 카카오는 미국 웹소설 서비스 회사인 '래디쉬' 인수를 추진 중이다. 네이버와 카카오는 국내에서도 웹소설 플랫폼 '문피아'의 경영권을 확보하기 위해 서로 경쟁 중이다. 문피아는 월평균 페이지뷰 1억 회 이상, 방문자 수는 40만 명에 달하는 웹소설 전문 플랫폼이다. '문피아'에 등록된 작가의 수만 4만7,000명 수준이다. 인수 시 3천억 원 이상의 금액이 들어갈 것으로 예상된다.

웹툰 IP로 확인된 파생 가치, 웹소설로 확장

두 회사가 펼치는 IP 확보 경쟁은 공통점이 많다. 두 회사는 각자 보유하고 있는 웹툰 플랫폼을 이미 글로벌로 확장한 바 있다. 네이버는 아시아와 북미, 유럽, 남미 등에 웹툰 플랫폼을 론칭해 총 이용자 수가 7,200만 명에 도달했다.

일본에 진출한 카카오의 웹툰 플랫폼 '픽코마'는 매출 및 이용자 수 1위를 기록할 정도로 순항하고 있다. 카카오재팬은 한국에 자회사로 웹툰 제작사 '스튜디오 원픽'을 설립해 한국과 일본의 웹툰 협업 창작자들을 발굴하기 시작했다. 이들은 한국에서 검증된 웹툰 IP를 다양한 언어로 변환해 서비스 중이다.

2020년 12월 네이버 웹툰 IP인 '스위트홈'을 원작으로 한 동명의 넷플릭스 오리지널 시리즈가 전세계적인 흥행에 성공했다. 넷플릭스 오리지널 콘텐츠로서 〈스위트홈〉은 여러 나라에서 인기 차트 1위를 기록했다. IP의 힘이 확인된 순간이었다. 이 힘을 바탕으로 미국 현지 플랫폼 'WEBTOON'에서도 '스위트홈' 웹툰이 상위권에 올랐다. 소위 '서브컬쳐'로 인식되어 온 웹툰이 동영상 드라마나 영화로 제작되면서 강력한 대중문화로 변신했다. 그리고 그 동영상은 해외에서 다시 원작 웹툰의 재소환을 불러왔다.

네이버나 카카오는 이런 경험을 통해 웹툰 IP가 글로벌 확장이 가능하며 동영상으로 파생해 성장시킬 수 있는 산업적 가치를 간파했다. 더불어 웹툰에 이어 글로벌 시장에서 또 다른 IP의 가치를 드러내고 있는 웹소설 플랫폼에 주목했다.

9,000만 방문자를 가진 최대 웹소설 플랫폼 왓패드

네이버가 6,000억 원에 인수한 왓패드는 9,000만 명의 방문자와 500만 명의 작

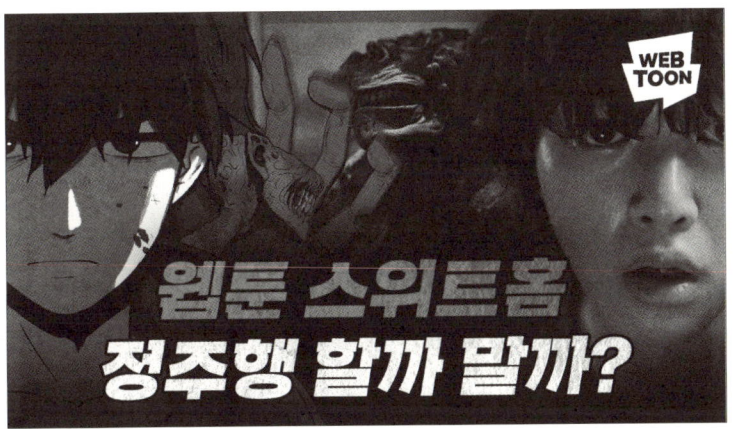

미국의 네이버 WEBTOON의 스위트홈.

가를 보유한 대형 소설 커뮤니티 플랫폼이다. 광고기반 무료 구독과 유료 구독 모델을 모두 보유한 왓패드는 10대~20대 이용자가 많다. 이들의 문화적 감성이 담긴 로맨스, 드라마, 코미디, 호러 등의 장르가 인기를 끌고 있다.

특히 북미 지역에서는 왓패드를 활용해 자신의 글과 소설을 실험하기 위해 수많은 젊은 작가들이 몰려들고 있다. 미국의 연예 전문 매체 버라이어티는 이 현상을 두고 마치 '할리우드로 몰려든 영화 혁명의 시기'와 유사한 흐름이라고 평가했다.

왓패드는 작가들이 생산해 낸 웹소설들을 출판하고 이를 동영상으로 제작하기 위해 '왓패드 북스'와 '왓패드 스튜디오'를 별도 회사로 두고 있다. 왓패드 스튜디오는 원작 소설을 활용해 넷플릭스 오리지널 영화 〈키싱 부스〉를 제작했다.

10대 로맨스 영화인 〈키싱 부스〉는 제작 후 4주 만에 넷플릭스에서 6,600만 명의 시청자를 모을 정도를 인기를 끌었다. 〈키싱 부스〉는 2021년 4월 두 번째 영화가 공개되었고 〈키싱 부스 3〉도 2021년 내에 발표 예정이다.

그 이외에도 훌루의 초자연적인 스릴러 〈라이트 애즈 페더스〉와 인디영화 〈애프터〉도 왓패드 원작소설을 바탕으로 했다. 왓패드 스튜디오는 NBC유니버설 및 소니 픽처스와 협력해 약 100개의 TV 및 영화 프로젝트를 활발하게 추진하고 있다.

사실 〈키싱 부스〉 공개 당시 비평가들의 평가는 매우 낮았다. 하지만 넷플릭스에서는 그 해 여름에 가장 많이 본 영화 중 하나가 되었다. 평단의 평가와 인기 순위가 괴리된 이유는 무엇일까?

〈키싱 부스〉의 원작 소설을 왓패드에 연재한 작가 베스 리클스는 소설 집필 당시 15세였다. 대사나 상황 하나하나에 십대의 감성을 고스란히 담아냈다. 필자도 1, 2편 모두 시청했다.

이 영화 댓글에는 '유치한데 웰케 재밌어…', '키싱 부스는 뇌를 빼놓고 봐야 한다'고 적혀 있다. 이 말이 정확하다. 내친김에 〈키싱 부스〉를 보며 십대 시절로 돌아간 듯한 환상을 누려보자. (그리고 혹시 15세 이하의 자녀가 있다면 당장 키보드를 맡겨보기 바란다.)

왓패드는 스트리밍 서비스 '아이플릭스 인도'의 작가 발굴을 위해 '왓패드 인디아 어워드'를 개최하는 등 해외로 사업을 확대하고 있다.

〈키싱 부스〉 출간 10주년을 맞아 자신의 유튜브에 영상을 올린 베스 리클스. 집필 당시에는 15세의 소녀였다. 출처: 베스 리클스 공식 유튜브.

왓패드 스스로 글로벌로 확장하는 중이다. 이런 상황에서 네이버의 인수 시너지는 당장 발휘될 것이다.

왓패드의 머신 러닝 기술 '스토리 DNA'는 네이버에게 큰 이득

네이버의 왓패드 인수 시너지로 꼽을 수 있는 분야는 왓패드가 보유한 '기술력'에 있다. 왓패드는 스토리 DNA라는 머신 러닝 기술을 보유하고 있다. 이용자들의 시청 이력과 커뮤니티 참여 트렌드를 분석하고 인기도에 기반한 장르 식별과 인기 이유 등을 계산할 수 있다.

팬 커뮤니티에 참여하는 이용자들의 댓글 빈도와 그 댓글 자체를 분석해 스토리에 반응하는 감정과 장르를 결합해 해석한다. 수천 편의 소설들이 인기도를 두고 경쟁할 때 어떤 스토리를 영화나 TV 시리즈로 확장할 수 있을지에 대한 선택을 객관화할 수 있다. 할리우드나 스트리밍으로 직행하는 티켓을 '로봇'이 결정하는 셈이다.

아울러 스토리를 고민하는 모든 시나리오 작가와 제작자, 할리우드 파트너들은 스토리 DNA의 데이터에 접근할 수 있다.

넷플릭스, 디즈니플러스 등 스트리밍이 제작의 대세로 자리 잡으면서 특히 영 어덜트 픽션(10~20대 작가들이 만든 작품. 시청층은 30대까지 확대)이 지갑을 열게 하는 핵심 콘텐츠가 되고 있다.

왓패드가 보유한 플랫폼과 작가 시스템, 이를 뒷받침하는 기술 인프라는 영 어덜트 고객 확보를 고민하는 스트리밍 사업자들에게 매력적 요소가 아닐 수 없다. 네이버는 이번 인수를 통해 IP와 영상 제작의 시스템을 뒷받침할 기술 인프라를 확보했다.

웹소설 콘텐츠의 넷플릭스가 되고 싶은 래디쉬

카카오가 인수를 추진하는 웹툰 플랫폼 '타파스'와 웹소설 플랫폼 '래디쉬' 모두 현지 미국인 작가들이 제작한 작품들을 보유하고 있다. 두 회사 모두 한국인 경영자가 리더십을 보이고 있다는 공통점을 갖고 있다. 2006년에 출범해 15년이 넘는 동안 광범위한 웹소설 팬 커뮤니티를 보유한 왓패드와 비교하면 래디쉬는 후발 주자로 모바일 중심 서비스로 탄생했다. 왓패드가 웹소설의 페이스북을 지향했다면 래디쉬는 소설 콘텐츠의 넷플릭스가 되고자 했다.

래디쉬는 플랫폼의 프리미엄 이미지를 강화하기 위해 2019년 '래디쉬 오리지널스'를 출시했다. 미국 TV 업계에서 에미상을 수상한 드라마 작가들을 모아 래디쉬에 필요한 독창적 스토리를 발굴하는 것이 목표다.

로맨스, 판타지, 초자연적 미스터리 등 장르를 가리지 않는 '래디쉬 오리지널스'는 다양한 콘텐츠 발굴을 중시하고 있다.

아울러 래디쉬가 후발 사업자로 취한 전략 중 하나는 빠르게 스토리를 업데이트하는 것이다. 래디쉬에서 가장 인기 있는 타이틀이었던 〈톤 비트윈 알파(Torn Between Alphas)〉(늑대 인간과의 로맨스 이야기)는 1년 이내에 열 개의 시즌을 출시했고, 각 시즌들은 50개 이상의 챕터로 구성되어 있다.

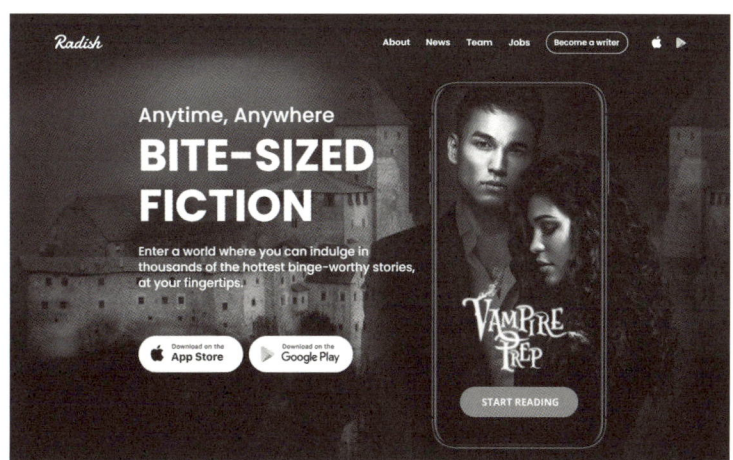

래디쉬 웹소설 홈페이지 화면.

스토리를 기다리는 고객들을 붙잡아 두는 전략이다. 그리고 방대한 스토리 라인을 할리우드로 보내 영상 콘텐츠 확장을 위한 의사결정 속도도 높일 수 있다. 래디쉬는 작가들의 소설을 같은 장의 여러 버전으로 만들어 A/B 테스트를 통해 독자의 취향에 따라 스토리 방향을 결정하고 있다. 왓패드와 유사한 기술 전략이다.

래디쉬 CEO인 이승윤씨는 언론 인터뷰에서 "넷플릭스에서는 한 번에 세 시즌을 몰아 볼 수 있다. 하지만 래디쉬에서는 1,000개의 에피소드를 몰아볼 수 있다"고 말한다. 카카오가 래디쉬 인수를 마무리 짓는다면 속도와 품질 모두를 추구하는 양질의 웹소설 플랫폼을 보유하게 될 것이다.

IP 플랫폼을 꿈꾸는 스타트업들에게 새로운 기회

네이버, 카카오의 이런 움직임에 스타트업들도 큰 기회를 얻었다. 왓패드나 래디

채티 웹소설 홈페이지.

쉬도 각각 16년, 5년 된 테크 기반의 작은 기업들이었다. 한국에도 웹툰, 웹소설 그리고 새로운 포맷의 콘텐츠를 기술과 결합해 IP를 만들어내는 많은 스타트업들이 있다.

'채티'는 한국 최초의 채팅 방식 소설 플랫폼이다. 말 그대로 채팅 형식으로 스토리가 진행된다. '채티'는 팬데믹 이후 월 방문자 수가 급증하고 있는데, 현재까지 누적 투자 100억 원 이상을 유치했다.

이용자와 작가가 대부분 십대들로 구성되어 있다는 점이 특징이다. 채팅 방식의 웹소설이라는 독특함이 십대들에게 큰 인기를 끌고 있는 셈이다.

'채티'는 시장의 크기를 키우며 수익 모델을 탄탄하게 키워가고 있다. 최근에는 '채티'를 통해 발굴된 작가의 웹소설을 네이버 웹툰으로 콜라보하는 등 스타 작가진을 만들기 위해 고군분투하고 있다. 이런 스타트업들에게 양대 포털의 글로벌한 IP 플랫폼 확보 경쟁은 반가운 소식이다.

IP-플랫폼-스튜디오-글로벌의 생태계 확장

네이버, 카카오 모두 한국에 자사의 제작 스튜디오(N스튜디오, 카카오엔터테인먼트)를 두고 있다. 또한 네이버는 티빙과 제휴를 맺었고 카카오는 자사의 동영상 플랫폼을 보유하고 있다. 네이버는 왓패드 인수를 통해 '왓패드 스튜디오'도 확보했다. 왓패드가 이미 넷플릭스, 파라마운트, HBO 등으로부터 러브콜을 받고 있기 때문에 네이버는 글로벌 엔터테인먼트 회사로 입지를 강화시켜 나갈 수 있게 되었다.

웹툰과 웹소설 플랫폼 자체 만으로도 수익력이 담보되는 사업이므로 '플랫폼과 IP 확보'라는 두 마리 토끼를 모두 잡게 된 점 역시 큰 성과다. 아울러 한국과 글로벌 전체를 대상으로 창작자들을 발굴할 수 있다는 점에서 IP의 뿌리까지 관리할 수 있게 되었다는 점은 미래를 위한 투자가 분명하다. 이제 한국과 미국 등지의 작가들이 쏟아내는 상상력을 '로컬'이라는 범주에서 해방시켜 글로벌로 통할 콘텐츠로 재탄생시킬 수 있게 되었다.

마블은 소위 '히어로 캐릭터' 만으로 스튜디오 모델로 확장했다. 그 힘이 폭발력을 발휘할 수 있었던 것은 '히어로'라는 커다란 범주 안에서 7,000여 개의 캐릭터가 단일한 스토리 '유니버스'를 이루고 있기 때문이다. 결국 네이버, 카카오가 확보한 각양각색의 스토리를 어떻게 조합하고 엮어 내느냐에 따라 그 가치는 상상 이상으로 커질 것이다.

한국과 글로벌을 이어가는 웹툰, 웹소설 콘텐츠는 동양과 서양의 다양한 스토리를 수도 없이 뿜어낼 것이다. 이 다양성을 산업화하는 힘이 이들에게 주어졌다. '넥스트 마블'을 꿈꾸지 않을 이유가 없다.

16장
토종 OTT 플랫폼의 과거와 현재

지금까지 디즈니플러스와 넷플릭스 등 글로벌 OTT의 탄생 이유와 발전 방향 등을 살펴보았다. 여기서는 10여년 간 변화해 온 한국 OTT의 변천사를 간략하게 알아보고자 한다.

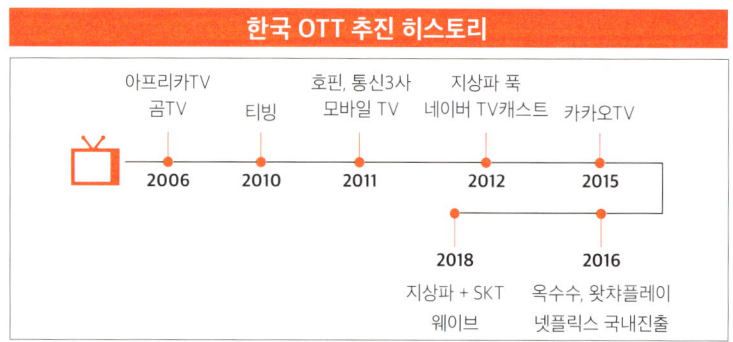

📺 티빙: 케이블이 품은 토종 OTT의 시초

넷플릭스가 2007년에 온라인 스트리밍을 처음 론칭했다면 티빙은 3년 후인 2010년에 문을 열었다. CJ그룹은 2006년 출범한 곰TV에 300억 원을 투자해 지분 24%를 확보했다. 당시 곰TV의 관계자는 'TV가 2m의 미디어라면 곰TV는 30cm 미디어'라는 점을 강조했다. 컴퓨터 기반의 스트리밍 서비스에 대한 설명이었다.

온라인 스트리밍에 대한 CJ의 관심은 미디어 플랫폼 사업체인 CJ헬로비전을 통해 구체화됐다. 2008년 케이블 브랜드였던 헬로TV를 웹 스트리밍 서비스로 구현한 헬로티비아이닷컴이 티빙의 전신이다. 벤치마킹 모델은 미국의 훌루닷컴, 지금은 없어진 주스트닷컴 등이었다.

헬로티비아이닷컴은 기술적 검증과 고객 반응 데이터 확보를 위해 탄생한 베타 버전에 가까웠다. 이용자도 케이블 가입자로 국한했다. 이후 2010년 전국적인 서비스 티빙으로 전환한다.

최초의 티빙은 실시간 채널, 월정액 구독 서비스, 영화 단건 VOD 등을 제공했다. 이는 마치 모바일 버전의 케이블 TV에 가까웠다. CJ그룹은 티빙을 미래형 미디어로 키우고 싶었다.

티빙은 2009년 엠넷의 최초 실시간 국민참여 오디션 프로그램 〈슈퍼스타K〉를 적극 활용했다. 방송 직후 〈슈퍼스타K〉 출연자들의 오디션 광경을 짧은 영상(short-clip)으로 쪼개서 제공했다. 대국민 투표가 시작되는 본선부터는 티빙을 통한 투표를 전화 투표와 합산해 발표했다. 론칭 후 3년이 지나면서 무료 중심의 트래픽은 월 방문자

600만 명이 넘었지만 유료 가입자는 50만 명에 그쳤다.

비하인드 스토리 하나를 소개한다. 2011년 티빙은 SK텔레콤의 요금제 번들 제휴를 추진했다. 그때 SK텔레콤의 핵심 요청은 반드시 지상파가 제공되어야 한다는 것이었다. SK텔레콤과의 제휴는 현재 웨이브와의 협력과 유사했다.

조인식을 갖기로 한 전날 지상파로부터 강한 항의가 들어왔다. 이를 이기지 못한 CJ헬로비전은 결국 SK텔레콤과의 빅딜을 깰 수밖에 없었다. 빅딜이 깨진 시간은 새벽 2시. 티빙의 날개가 접히는 순간이었다.

2015년 SK텔레콤의 CJ헬로비전 인수 추진 과정에서 티빙 사업은 CJ ENM으로 이관됐다. 이로 인해 티빙은 콘텐츠를 안정적으로 확보할 수 있는 동력을 얻었다.

SK텔레콤에 의해 추진된 CJ헬로비전 인수는 정부의 인허가 과정에서 무산됐지만 양사의 인수합병 협상에서 마지막 걸림돌은 티빙이었다. SK텔레콤은 인수 목록에 티빙을 반드시 포함시키고 싶었지만 협상이 깨질 위험까지 보이자 전격 포기함으로써 티빙은 CJ ENM에 남게된 것이다.

티빙은 케이블 TV 플랫폼 안에 있을 때 여러 실험적 프로젝트를 추진했다. 티빙톡(실시간 채팅), 티빙콜(이용자 간 인터넷 전화), 티빙 라이브(지금의 유튜브 라이브 방송), 티빙 쇼핑(지금의 라이브 쇼핑) 등인데 그중 티빙톡만 현재까지 유지되고 있다.

CJ ENM으로 건너간 티빙은 점차 CJ ENM 위주의 콘텐츠 상점

CJ헬로비전 당시의 티빙.　　CJ ENM 의 티빙.

으로 변모했다. CJ ENM의 콘텐츠 대부분을 제공할 수 있다는 장점과 월정액 구독 모델을 확실하게 추진할 수 있었다. 하지만 여전히 방송과 영화 상품을 분리하는 등 상품의 복잡도가 존재했다. 2020년에야 티빙은 방송과 영화 상품을 통합해 넷플릭스와 유사한 방식의 상품 구조로 변모했다.

2019년 웨이브가 출범하고 몇 개월 뒤 JTBC가 웨이브에서 자사 콘텐츠를 제거하고 티빙에 올인했다. CJ ENM과 JTBC 연합 콘텐츠의 품질이 지상파에 비해 다소 우위로 평가받았고 이런 영향으로 티빙 가입자도 100만 명에 육박할 수 있었다.

CJ ENM은 2020년 중반 티빙을 분사시킨 후 네이버와 빅딜을 통해 네이버 웹툰 등 IP를 활용한 티빙 오리지널 제작 기회를 확보했다. 아울러 네이버와 제휴를 통해 네이버 멤버십에 결합시켜 유통 파워를 강화했다.

티빙은 독립 법인 출범 이후 오리지널 투자를 강화하고 있다. 2021년 1월 첫 오리지널 시리즈로 〈여고추리반〉을 공개했다. 배우 공유와 박보검 주연 영화 〈서복〉은 티빙 오리지널로 2021년 4월 17

일 극장과 동시에 개봉했다. 이는 디즈니플러스의 프리미어 액서스 전략과 유사하다. 2023년에는 500만 구독자를 달성해 넷플릭스보다 우위에 서겠다는 포부를 밝히기도 했다. 이를 위해 향후 3년간 4,000억 원 이상의 제작비를 투자하겠다는 발표를 했다. 티빙은 2021년 4월 경 CJ ENM의 콘텐츠 전문 인력들을 대거 별도 회사 티빙으로 이적시켰다. 티빙의 오리지널 강화 전략에 확실한 힘을 실으려는 일환이다.

옥수수, 시즌: 통신회사의 OTT에서 탈피하다

케이블 플랫폼이 주도해서 만든 티빙은 바로 통신회사에 반응을 일으켰다. 2011년은 한창 통신사의 LTE 경쟁이 벌어지던 시점이었다. 통신 3사는 각자의 IPTV를 활용해 모바일 스트리밍 서비스를 준비했다. 이를 모바일 요금제와 번들로 묶어 통신용 부가 서비스로 론칭했다. 모바일 B tv, 올레 tv 모바일, LG U+모바일tv 등 'IPTV + 모바일' 상품을 출시했다.

SK텔레콤의 자회사였던 SK플래닛은 개인화된 미디어를 지향하며 호핀 서비스를 추진했다. 호핀은 통신사의 스트리밍 서비스와 달리 실시간 채널이 빠진 VOD(주문형 비디오) 중심 OTT였다. 통신 3사보다 VOD 다운로드 서비스를 가장 먼저 추진했다.

SK텔레콤은 2016년 호핀과 모바일 B tv의 인적, 물적 통합을 결정했다. 당시 SK텔레콤에는 호핀, 모바일 B tv 외에도 스포츠 동영상 앱, 홈쇼핑 앱, 게임 동영상 앱 등 고객들이 혼동할 만큼 동영상 앱이 많았다. 일명 돛단배 프로젝트(큰 배만 남기고 작은 배들을 정리하는 개념)의 일환으로 모든 동영상을 통합해 슈퍼 플랫폼을 만들고자 했다. 이렇게 옥수수가 탄생했다.

'옥수수'는 콘텐츠 다양성을 상징했다. 예비 브랜드 후보 세 번째 정도였던 옥수수라는 네이밍은 고객 친화력을 높일 수 있다는 판단 하에 결정되었다. 론칭 2년 만에 900만 명의 가입자와 월 600만 명의 방문자를 모았다. 특히 스포츠와 영화, 아이돌 오리지널 콘텐츠 등에서 충성도가 매우 높았다.

옥수수는 2017년부터 오리지널 콘텐츠 제작을 시도했다. SM엔터테인먼트, JTBC 등과 제휴하여 웹드라마, 아이돌 예능을 시도했다. 2017년 80억 원에서 2018년 200억 원까지 투자를 늘렸고 모바일 전용 드라마로 시작해 TV 드라마까지 제작을 확대했다. 스포츠, 아이

2018년 출시한 옥수수 패밀리.

돌 오리지널, 무료 영화 등 콘텐츠를 활용해 팬 커뮤니티를 확보하는 데 주력했다.

또한 채팅 서비스와 오리지널 팬덤 프로모션을 결합해 고객과 직접 소통하며 플랫폼의 충성도를 높이려고 했다. 2018년에는 이런 충성도에 기반하여 '옥수수 패밀리'라는 캐릭터 라인을 출시하고 부가적 수익 사업을 펼치기도 했다.

아울러 SK텔레콤은 5G 미디어 기술의 중심에 옥수수를 세웠다. 소셜 VR, 초저지연 스포츠 중계 기술, 파노라마 VR 생중계 등을 옥수수를 통해 선보였다.

LG유플러스와 KT도 OTT를 선언하고 동영상 플랫폼을 강화했다.

SK텔레콤이 통합 플랫폼으로 힘을 모은 반면, LG유플러스는 오히려 스포츠, 아이돌 음악 등 별도의 동영상 앱을 분리하는 전략을 택했다. 멀티뷰, 360도 VR 등 각종 신기술을 콘텐츠 특성에 맞게 구현해 고객을 포섭하려는 의도였다. 이미 넷플릭스와 제휴한 3위 통신회사로서 고객의 미디어 접점을 다양하게 넓히려는 전략이었다.

KT는 올레 tv 모바일을 중심으로 SBS, JTBC 등과 손잡고 웹드라마, 오락 등 다양한 오리지널 콘텐츠를 제작하며 OTT 서비스를 시작했다. 2019년에는 올레 tv 모바일을 시즌(Seezn)이라는 브랜드로 변경해 본격적인 OTT 경쟁에 뛰어들었다.

당시 업계에서는 KT가 CJ ENM의 티빙과 통합함으로써, 푹과 옥수수가 결합한 웨이브의 탄생과 유사한 길을 걷지 않겠느냐는 예측이 많았다. 그러나 KT는 독자 플랫폼을 강화하는 전략을 선택했다.

특히 KT의 지니뮤직을 동영상과 결합하는 등 차별화를 내세웠다. 하지만 플랫폼 영향력은 크게 증가하지 못했다.

푹, 웨이브: 한국의 훌루가 되고 싶은 지상파

2006년부터 2012년까지는 국내 OTT들이 다양하게 선보인 시기였다. 이 시기 OTT들은 주문형 VOD로 건당 구매 중심의 호핀, 광고가 포함된 AVOD 모델의 곰TV, 실시간 방송 채널 상품과 주문형 VOD 상품이 결합된 티빙, 통신사 모바일 앱, 그리고 당시에는 넷플릭스와 가장 유사한 방식의 구독형 모델인 푹(POOQ) 등 각기 다른 사업 모델로 경쟁했다.

미국의 훌루는 전세계 콘텐츠 소유 그룹들에게 큰 영향을 미쳤다. 훌루는 당시 NBC, CBS 콘텐츠 진영의 연합체로 출범했다. 영국의 BBC도 BBC iPlayer를 론칭했다. 한국의 지상파 3사도 2012년 푹을 통해 자체 플랫폼을 소유하는 꿈을 실현했다.

훌루가 미디어 기업들의 연합으로 시작했으나 소유 구조의 다양한 변화를 겪어온 것과 달리, 푹을 출시한 국내 지상파 3사의 지분 구조는 소수점 자리까지 동등하게 배분되었다. 당시는 '한 번 결제로 무제한 시청'이 가능한 구독형 모델은 콘텐츠를 소유하지 않으면 제공할 수 없는 서비스였다. 지상파는 푹을 출시하며 TV의 지상파 통합 월정액 상품의 60% 가격으로 선보였다. 지상파만으로 시작한 푹은 그 뒤 JTBC 등 종편도 편입해 콘텐츠 파워를 늘렸다.

2016년 넷플릭스가 한국에 진출하자 플랫폼과 콘텐츠 진영 모두 넷플릭스를 극복하고 승리할 전략을 찾기 위해 고심했다. 하지만 이 시점에도 푹이나 티빙은 여전히 가입자 100만 명에 도달하지 못한 상황이었다.

SK텔레콤에서도 넷플릭스와 경쟁할 여러 전략들이 쏟아졌다. 논의 끝에 두 가지 쟁점으로 모아졌다. 옥수수 자강론과 외부 연합론이 팽팽하게 토론을 이어갔다.

옥수수 자강론은 옥수수 플랫폼을 외부로 분리한 뒤 투자 유치를 통해 국내 영향력 확장 및 아시아로 진출하는 전략이었다. 외부 연합론은 콘텐츠가 부족한 옥수수의 독자 노력으로는 어려우니 다른 OTT와 제휴하는 것이 필연이라는 주장이었다.

외부 연합론으로 논의가 기울고 함께할 국내외 사업자를 찾았다. 국내는 지상파, CJ ENM, JTBC를 모색했고 해외는 훅, 아이플릭스 등과 논의에 들어갔다. 가장 좋은 전략은 국내의 모든 OTT를 하나의 우산 아래 모아내는 슈퍼 플랫폼 구축이었다. 그러나 이는 복잡한 이해관계로 불가능에 가까운 일이었다.

2016년~2017년에도 푹과 티빙의 통합을 위해 지상파와 CJ ENM이 수차례 상암동에서 협상을 벌였으나 지분 구조와 경영권 관계 등에서 이견을 좁히지 못했다. 미국의 훌루 지분이 디즈니와 컴캐스트, AT&T로 나뉘었다가 디즈니로 단일화된 것은, 그 이전에 제작자와 플랫폼사들의 인수합병이 몇 차례 발생했기 때문이다. 반면 국내 콘텐츠 기업들이 각자의 경영 구조를 그대로 유지한 채 지분을 섞거나 서비스를 통합하는 것은 요원한 일이었다.

SK텔레콤은 지상파와의 동맹을 결정했다. 통신회사가 국내 최고의 콘텐츠 회사들과 손을 잡고 글로벌 OTT에 대응하기 위해 통 큰 결단을 했다는 점은 인정할 만하다. 신설 법인의 지분은 SK텔레콤이 가장 높았지만 경영권은 지상파가 먼저 맡기로 했다.

옥수수의 플랫폼 가치를 지분화해 통합이 이루어진 다음 '통합 플랫폼을 어떻게 만들 것인가'라는 논의가 이어졌다. 푹 플랫폼을 중심에 두고 옥수수를 통합하는 모델을 선택했다. 옥수수 플랫폼을 없애고 가입자를 푹에 이동시키는 수준의 결합이었다. 두 플랫폼의 강점을 살릴 여러 논의가 있었지만 모두 폐기되었다.

SK텔레콤이 지상파와 연합하면서 글로벌 OTT에 대응하기 위한 경쟁 전선이 선명해졌다. 한국의 스트리밍 전쟁은 월정액 구독자 확보 경쟁으로 변모했다. 그리고 주도권은 콘텐츠 진영으로 넘어갔다.

'새로운 OTT의 물결'이라는 의미로 통합 플랫폼의 브랜드 웨이브(wavve)가 탄생했다. 웨이브는 세 가지 전략을 펼쳤다.

해외 드라마, 영화, 스포츠 상품 강화와 오리지널 제작 투자 확대, 그리고 동남아시아를 시작으로 한 글로벌 진출 전략이다. 2019년 오리지널 콘텐츠에 3,000억 원을 투자한다는 계획을 발표했다. 다만 문제는 오리지널에 대한 기준이 모호하다는 점이다.

첫 번째 투자 작품인 〈조선로코-녹두전〉(2019)은 100억 원 규모의 투자를 했는데 KBS 2TV에 정규 편성될 때 동시에 웨이브에 공개하는 방식이었다. 넷플릭스 기준으로는 창구의 소유자가 동일하기 때문에 오리지널로 부르기 어렵다. 한국에서 TV 채널로 동시 방영되는

웨이브 오리지널 〈모범택시〉.
출처: 웨이브 공식 페이스북

드라마를 웨이브 구독자들이 과연 오리지널이라고 인정할까? 지상파 3사를 주주로 가진 웨이브는 이와 같은 방식으로 지상파 1개사당 한 편씩의 드라마와 종편 2개사까지 총 다섯 편의 드라마에 투자 금액 30% 이상을 써야 했다.

팬데믹 이전 SK텔레콤의 유통 지원 체계를 모두 갖춘 웨이브는 가입자 확보에 날개를 달았고 실제 매월 가입자가 10만 명 넘게 증가했다. 그러나 팬데믹 기간 동안 지상파의 콘텐츠가 차별화된 힘을 만들어내지 못하면서 넷플릭스와의 차이가 더 벌어졌다.

2021년 1월 드디어 웨이브도 독자 오리지널을 론칭했다. 비록 MBC와 협업을 통해 만든 작품이지만 〈러브 씬 넘버〉(2021)는 웨이브에서 전편을 공개하고 MBC에서는 일부 에피소드만 방송했다. 웨이브의 독자적 행보가 가입자 확보 경쟁에 긍정적 역할을 할 것은 분명하다. 2021년 4월 웨이브의 기획력에 의해 제작된 오리지널 〈모범택시〉는 자체 순위 1위에 올라올 정도로 우수한 작품으로 평가되고 있다. 웨이브는 독자 오리지널 제작을 위해 2021년에만 800억 원을 투입할 계획이다. 그리고 2025년까지 SKT의 유상증자, 콘텐츠 수익 재투자 등을 포함해 1조 원 규모의 재원을 확보하겠다고 발표했다.

What If...!(디즈니의 오리지널 시리즈 제목이기도 하다)

'만일 과거에 이렇게 되었더라면…' 이라는 가정을 해본다.
디즈니플러스는 인도에 진출하면서 폭스가 보유한 '핫스타'를 활용했다. 만일 옥수수가 푹과 통합할 때 자체 플랫폼을 아예 없애기 보다 옥수수의 사용성을 푹과 연합하는 방식의 통합이었다면, 기존 옥수수가 보유했던 가입자 기반을 적극적으로 활용할 수 있지 않았을까? '디즈니플러스 핫스타'인 것처럼, '웨이브 옥수수'였다면 하는 What If…

쿠팡: 쿠팡플레이로 한국의 아마존이 될까?

티빙과 네이버의 쇼핑 멤버십 제휴 논의가 한창이던 2020년 중반, 한국의 대표 온라인 쇼핑 서비스인 쿠팡이 아마존 프라임 비디오와 동일한 컨셉의 쿠팡플레이를 추진했다.

싱가포르 OTT 서비스 혹(HOOQ)을 인수해 이 플랫폼을 기반으로 쿠팡플레이를 론칭한 것이다. 동남아시아의 넷플릭스를 표방했던 혹은 싱가포르 최대 이동통신 사업자 싱텔과 소니 픽처스, 워너 브라더스가 합작해 2015년에 설립한 넷플릭스형 스트리밍 회사이다. 싱가포르, 인도네시아, 태국, 필리핀, 인도 등에서 OTT 사업을 펼치던 혹은 저가 경쟁에 시달리는 동남아시아의 미디어 환경을 버티지 못하고 2020년 3월 파산 신청을 한 후 서비스를 중단한 상황이었다.

2021년 3월 미국 증시에 상장한 쿠팡의 경영 정보에는 쿠팡 사용자 수가 1,480만 명으로 전년 대비 25.9% 증가한 것으로 나온다. 이 중 36%인 470만 명이 쇼핑 멤버십 로켓와우의 고객이다.

멤버십 고객들은 일반 사용자보다 네 배 이상의 구매력을 보이는 충성도 높은 집단이다. 매월 2,900원의 멤버십 비용을 지불하는데, 쿠팡플레이가 무료로 제공된다. 현재 보유 중인 멤버십 회원의 25%만 쿠팡플레이를 이용한다고 쳐도 이용자가 100만 명이 넘는다는 계산이 나온다.

쿠팡플레이는 종편 채널의 방송 콘텐츠와 구작 영화 중심으로 2,000편 내외의 다소 빈약한 콘텐츠 라이브러리를 갖추고 있다. 하지만 월 2,900원 멤버십 가입자가 무료로 사용하는 것으론 가성비가 훌륭하다. 2021년 3월부터는 EPL 축구 리그의 손흥민 소속팀(토트넘 핫스퍼) 경기를 생중계하고 있다. 6월부터는 월드컵 아시아 예선 생중계도 방영한다. 이는 넷플릭스와 달리 미식축구, 테니스, EPL 등 스포츠 생중계를 제공하는 아마존의 전략과 유사하다. 최근 쿠팡플레이는 2021년에만 1,000억 원 규모의 콘텐츠 투자를 언급하며 차별화 된 콘텐츠를 확보하겠다고 발표했다.

이를 위해서는 멤버십 가입비의 조정도 필요할 것으로 보인다. 한국의 쇼핑 멤버십 가격은 미국의 아마존 프라임 비디오 구독 가격인 월 12.99달러의 50%도 안된다. 하지만 티빙과 손잡은 네이버 멤버십 회원들의 반응에 따라 쿠팡의 OTT 투자는 언제든지 늘어날 가능성이 있다. 쿠팡플레이 또한 경쟁의 강도에 따라 오리지널 투자가 점점 더 증가하는 상황이다.

2021년 4월부터 쿠팡플레이는 교육 전용 섹션을 추가하고 차별화된 키즈 콘텐츠 강화에 나섰다. 스콜라스틱, 대교, YBM, BBC 등 주요 교육 브랜드들을 영입했다. 키즈부터 성인 영어까지 다양한 교육 콘텐츠를 제공하기 시작했다. 이는 자녀를 가진 와우멤버십 회원들의 충성도를 높이려는 시도이다. 오리지널 투자에 앞선 실리적 콘텐츠 전략으로 보인다. 효과는 즉각 나타나는 중이다. 서울경제신문에서는 모바일 시장 분석업체 모바일인덱스의 분석을 인용해, 교육 콘텐츠를 추가한 4월 9일 이후 한 주간 쿠팡플레이의 일평균 활성 사용자 수가 전주 대비 14% 이상 늘었다고 밝혔다.

2020년 12월 서비스를 시작한 쿠팡플레이의 월 활성 이용자 수는 2021년 3월 78만 명 수준으로, 1월(52만 명)·2월(65만 명)에 이어 매달 20% 가량 증가하는 것으로 나타났다.

아울러 쿠팡플레이는 초록뱀 미디어가 제작하는 드라마 〈그날 밤〉을 오리지널로 수급하는 계약을 추진한 것으로 알려졌다. 이 작품은 영국 BBC에서 방송된 드라마 〈크리미널 저스티스〉(2008)의 국내 리메이크작으로 국내에선 김수현, 차승원이 주연을 맡고 이명우 감독이 연출을 맡았다. 드라마의 총 제작비만 200억~300억 원이 투입된 것으로 알려졌다. 쿠팡플레이도 오리지널 콘텐츠 확보 전쟁에 본격적으로 뛰어들었다는 신호탄이다.

이커머스로 확장된 OTT 경쟁 전선

네이버는 네이버플러스 멤버십의 유료 회원들에게 티빙 '방송 무제한 이용권' 상품을 무료로 제공한다. 쿠팡와 네이버의 멤버십 구독자 확보 경쟁에 '미디어'가 소환되었다.

네이버플러스 멤버십은 4,900원을 결제하면 네이버 페이 적립 1.5%와 디지털 콘텐츠 이용 선택을 제공하는데 티빙이 이 옵션에 포함되었다. 티빙은 네이버와 제휴하기 위해 영화 시청을 제외한 방송 전용 상품을 만들었다. 이후 오리지널 시리즈와 영화 시청을 원하는 회원들을 위해 추가 3,000원에 티빙 베이직 상품을 네이버 멤버십 회원들에게 유료 제공할 계획이다.

쿠팡플레이와 네이버플러스 멤버십에 결합되는 티빙 상품을 비교해 보자. 콘텐츠 측면에서는 네이버플러스 멤버십과 결합한 티빙이 다소 앞서지만, 동시 접속 기기 네 대 등 사용성 측면에서는 쿠팡플레이가 다소 우위에 있다. 쿠팡플레이는 스마트 TV 앱도 출시해 사용성과 편의성도 강화했다.

네이버플러스 멤버십에서는 티빙의 실시간 채널과 방송 VOD만 무료로 제공받기 때문에 오리지널이나 영화 콘텐츠를 보기 위해서는 추가 비용 지불이 필요하다. 이것이 고객 불만으로 작용하면 오히려 역효과가 날 수도 있다. 다행히 네이버플러스 멤버십과 티빙의 제휴 이후 티빙의 구독자가 유의미하게 증가하고 있다는 평가다.

쿠팡플레이의 출시와 네이버-티빙 제휴로 한국의 OTT 경쟁 구도는 크게 둘로 나뉘었다.

통신회사의 유통 파워를 등에 업은 지상파 진영의 웨이브와 쇼핑 멤버십 회원의 충성도에 기반한 티빙, 쿠팡플레이 등이 경쟁하게 되었다. 소비자들이 온라인에서 가장 많이 오고가는 길목에 미디어 장터를 만들어 구독자를 빼앗아 가는 경쟁판으로 변화한 것이다. 구독형 가입자 획득에 필요한 연료는 통신회사의 가입자와 커머스 멤버십 회원들이 제공하게 되었다.

디즈니플러스가 통신회사 한 곳과 제휴하게 된다면 통신회사와 쇼핑 기업 간에 펼쳐지고 있는 미디어 대리전 양상은 더욱 치열하게 전개될 전망이다. 이미 디즈니플러스는 국내 통신사와 접촉 중이다.

따라가기 어려운 지경까지 벌어진 토종 OTT

모바일 빅데이터 플랫폼 기업 아이지에이웍스가 발표한 2021년 2월 주요 OTT의 월 평균 순 이용자 수는 넷플릭스가 1,001만 명으로 1위를 차지했다. 2020년 1월(470만) 대비 113% 증가한 수치다. 웨이브는 395만 명, 티빙이 295만 명으로 뒤를 잇고 있다.

2020년 팬데믹 기간 동안 넷플릭스와 국내 OTT 서비스 간의 격차는 더욱 크게 벌어졌다. 지상파, CJ ENM, JTBC, 종편 등 국내 방송국 콘텐츠에 주로 의존하고 있던 국내 OTT들은 갑작스럽게 닥친 팬데믹 상황에서 자사 콘텐츠가 감소했다.

특히 지상파의 영향력이 큰 웨이브의 타격이 심했다. 국내 OTT의 구독 가격이 넷플릭스보다 비싸지 않음에도 불구하고 볼만한 콘

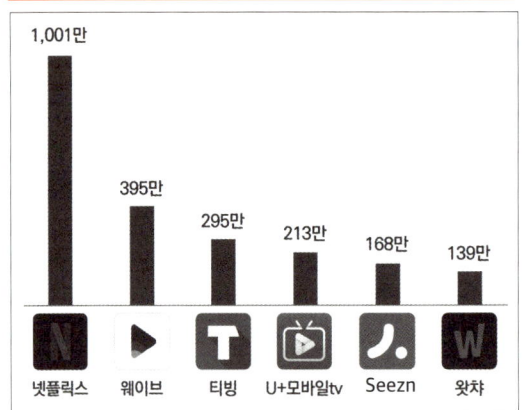

안드로이드OS+iOS 2021년 2월 이용자 기준. 출처: 아이지에이웍스 2021.3.15

텐츠가 적어지다 보니 이용자들은 국내 OTT를 넷플릭스 대비 더 '비싼 서비스'로 인식했다.

팬데믹 기간 동안 집에 거주하는 시간이 증가하면서 TV로 쉽게 이용이 가능해진 넷플릭스가 사용성 면에서도 고객들에게 호평을 받았다. 다음의 '2020년 넷플릭스 월 사용자 증가 추이' 표를 보면 코로나19 확진자 증가로 인한 집안 체류 시간 추이와 비례함을 알 수 있다.

국내 OTT 앱 사용자의 넷플릭스 중복 사용 비율은 40% 이상이다. 이는 넷플릭스를 1순위 스트리밍 서비스로 선택하고 그다음 국내 OTT를 선택하는 소비 경향을 보여준다.

앱와이즈에서 분석한 결제자를 예측해 가입자로 환산한 데이터에서도 넷플릭스는 2020년 12월 기준 587만 명의 유료 구독자가 있고 월 방문자는 785만 명이다. 어떤 기준으로 비교해도 넷플릭스는

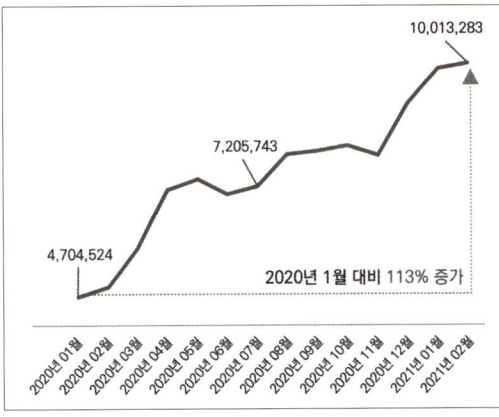

안드로이드OS+iOS 이용자 기준. 출처: 아이지에이 웍스 2021.3.15

이제 국내 OTT들이 따라갈 수 없는 수치를 기록하고 있다.

앱 서비스에 대한 평가를 비교해봐도 넷플릭스가 3점대, 웨이브, 티빙이 모두 2점대를 기록하고 있다. 국내 OTT에 대한 평가 내용을 보면 앱의 안정성, 잦은 서비스 변경에 따른 불만 등이 넷플릭스에 비해 높게 나타나고 있었다.

2021년 4월 넷플릭스 서비시스 코리아가 공시한 재무제표에 따르면 넷플릭스의 2020년 매출은 4,154억5,000만 원 영업이익은 88억 2000만 원을 기록하고 있다. 이는 전년 대비 매출은 123.5%, 영업이익은 295% 증가한 수치다.

그리고 곧 넷플릭스와 콘텐츠만 다를 뿐 같은 물에 살고 있는 디즈니플러스가 한국에 진출한다. 대한민국에 펼쳐진 스트리밍 전쟁은 어떤 양상으로 전개될까?

포스트 코로나 시대, '슬기로운 스트리밍 생활' 시작되나? 멀티 구독 시대의 해법은?

구독형 영상 소비는 이용자가 누릴 수 있는 시간 위에서 가능하다. 팬데믹은 이전 시기와는 달리 혼자 또는 가족과의 시간 모두를 증가시켰다. 시간과의 경쟁의 수혜자는 OTT 사업자들이다. 발 빠르게 대응한 스트리밍 사업자들이 이득을 챙겼다. 2억 명의 구독자를 확보한 넷플릭스가 대표적이다. 그런데 구름 위를 빠르게 뚫고 우주권을 고공 비행하던 넷플릭스가 갑자기 지구로 돌아왔다.

필자가 본 책을 탈고하고 수정을 거듭하던 4월 중순 넷플릭스의 2021년 1분기 실적 발표가 있었다. 넷플릭스는 2021년 1분기에 398만 명의 순증(가입-해지) 구독자를 확보했다고 발표했다. 600만 명이 될 거라는 예측치를 훨씬 밑도는 수치다. 1년 전에는 한 분기에 1,577만 명의 구독자가 증가했는데 이와 비교하면 매우 저조한 수치임에 틀림없다. 시장은 우려를 반영해 넷플릭스의 주가가 10% 이상 하락했다.

분기 구독자 하락이 넷플릭스의 몰락을 의미하는 것은 아니다. 다만 팬데믹으로 인한 특별한 수요의 구름이 걷히는 것은 분명하다. 앞으로 업계는 더욱 치열한 경쟁에 빠질 것이고 이로 인해 고객들이 겪을 변화의 과정을 분석해 볼 필요가 있다.

2020년 10월 디지털 미디어 트렌드 펄스 미국 소비자 설문 조사에 의하면 유료 스트리밍 비디오를 이용하는 고객들의 구독 서비스 수가 팬데믹 이전 세 개에서 팬데믹 이후 다섯 개로 증가한 것으로 나타났다.

전체 소비자의 82%가 스트리밍에 기꺼이 지갑을 열었다. 그런데 이후 시간이 경과함에 따라 스트리밍 서비스의 구독 수가 감소하고 있다는 분석이다. 고객들은 구독 수를 줄이면서, 서비스 비용과 품질, 콘텐츠를 꼼꼼히 고르기 시작했다. 팬데믹 기간 동안 20%에 불과했던 구독 중단 시도가 37%로 증가했다.

OTT 서비스 경쟁이 만든 멀티 구독 시대

고객들이 OTT 구독을 취소하는 것은 경쟁이 만들어낸 결과이기도 하다. 비용에 민감한 고객들은 문화 소비 시간을 효율적으로 사용하기 위해 다양한 스트리밍을 비교해 선택한다. 팬데믹 1년 동안 미국 스트리밍 시장에는 디즈니플러스, HBO 맥스, 애플 TV플러스, 파라마운트플러스 등이 경쟁에 뛰어들었다. 극장에 갈 수 없는 고객들의 시청 욕구를 경쟁에 활용하기 위해 디즈니플러스와 HBO 맥스는 스트리밍에 극장용 영화를 동시에 개봉했다. 이외에도 저렴한 가격으로 이용할 수 있는 OTT 서비스도 늘어나고 있다. 훌루의 상품은 광고가 포함되어 있어 다른 OTT 서비스에 비해 이용 가격이 저렴하다. 아마존 멤버십 회원이라면 NFL(내셔널 풋볼 리그) 목요일 생중계를 무료로 시청할 수 있다. 아이폰을 새로 구매하면 6개월 무료로 애플 TV플러스를 이용할 수도 있다.

글로벌 컨설팅 회사인 딜로이트가 2021년 4월에 발행한 보고서는 이런 고객들의 변화를 분석하고 있다. 이 보고서는 팬데믹 기간 중인 2020년 5월과 10월에 미국 고객들의 스트리밍 이용 변화를 추적하고 있다. "왜 고객들이 특정 스트리밍 서비스를 이용 했는지"에 대한 조사 결과는 흥미롭다. 구독자들은 콘텐츠의 품질, 자녀와 동시 시청할 수 있는 콘텐츠 보유 여부, 광고 없는 서비스, 비용 효율적인 번들 상품을 비교해 서비스를 선택했다. 무료 시청 기간이나 할인율 등은 팬데믹 기간이 오래될수록 이용 기준에서 감소했다. 그야말로 '슬기로운 스트리밍 생활'이 아닐 수 없다. 팬데믹으로 극장에 갈 수 없던 2020년 5월에 새로 개봉하는 영화를 집에서 스트리밍하기 위해 비용을 지불한 미국 소비자는 22%였는데, 10월에는 그 수요가 35%로 증가했다. 이렇게 추가적인 '스트리밍 머니'를 지불한 소비자의 90%가 다시 지불할 의향이 있다고 답했다. 팬데믹으로 인한 스트리밍 소비는 일정한 트렌드가 되고 있다. 경쟁에 의한 서비스와 콘텐츠의 다양성이 '멀티 구독 시대'를 불러왔

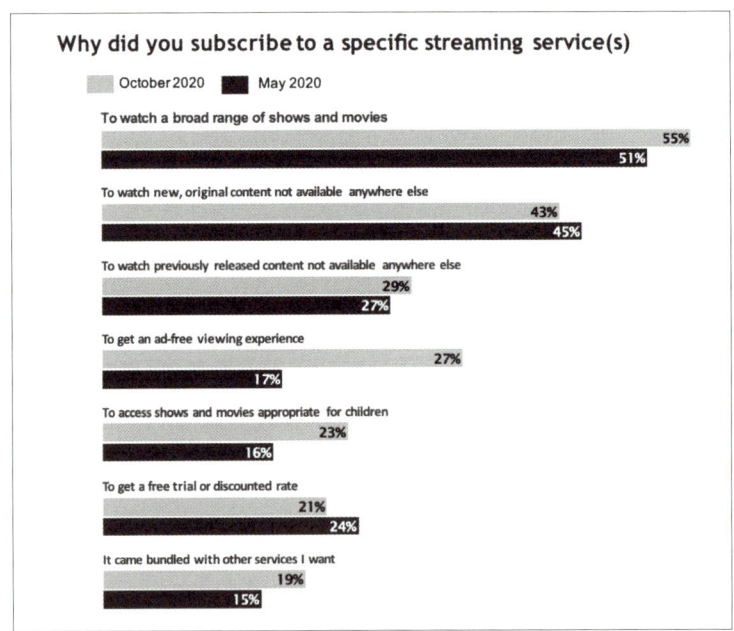

고객들이 특정 스트리밍 서비스를 이용하는 이유. 출처: Deloitte 보고서. 2021.4 (Digital Media Trend)

다. 딜로이트의 분석에 의하면 구독자 한 명을 획득하는 비용이 약 200달러 수준이라고 한다. 이를 회수하기 위해서는 구독자를 1년 이상 잔류시켜야 한다. 하지만 구독자는 언제든지 해지 버튼을 누를 수 있다. 팬데믹 시대의 스트리밍 경쟁은 구독자를 모으는 것도 중요하지만, 그보다는 '고객 유지'가 더욱 시급한 전략이 되어야 한다.

넷플릭스의 1분기 구독자가 감소했다고 하지만, '멀티 구독 시대'에 1등과 2등 스트리밍 서비스에 대한 고착도는 여전히 지속될 가능성이 크다. 이들이 갖고 있는 고객 유지에 필요한 데이터와 콘텐츠 계획, 그리고 실행력이 그만큼 탄탄하기 때문이다. 한국 시장도 예외가 아니다. 멀티 구독 시대에 토종 OTT가 고객을 확보하려면 자신들만의 매력적인 콘텐츠와 플랫폼의 구속 요소를 명확히 만들어야 한다. 번들의 힘에만 의존해서는 구독자의 선택을 받을 수 없다.

한국의 넷플릭스는 '왓챠'?

왓챠는 2012년 영화 평가 및 추천 서비스 왓챠피디아(당시는 '왓챠')를 운영하며 고객들의 콘텐츠 선호 및 취향 데이터를 매집하는 서비스로 출발했다. '나'의 취향을 지인들과 소통할 용도로 서비스에 남겨둔 고객들의 힘을 바탕으로 왓챠는 넷플릭스와 같은 구독형 SVOD를 2016년 론칭했다.

지금까지 누적 투자 590억 원을 확보한 왓챠는 20대 이용자들에게 인기가 높은 영화와 시리즈 중심의 SVOD로 월 방문자 100만 명 이상의 고객을 확보했다.

특히 3년 전 HBO를 독점으로 계약하고 이를 마케팅에 적극적으로 활용하며 구독자 확보에 총력을 기울이고 있다. 최근에는 추가 확보한 투자 자금으로 오리지널 제작에 도전하고 있다. 〈가짜사나이 2〉, 〈좋좋소〉와 같은 유튜브 콘텐츠와 웹드라마를 독점으로 공급하는 등 적은 비용으로 구독자의 높은 만족을 끌어내는 데 성공했다.

최근 왓챠는 고객들이 영화, 시리즈들을 온라인으로 함께 즐길 수 있는 다중 동시 감상 기능인 '왓챠파티'를 모바일에 론칭했다. 최대 2,000명까지 동시 접속해 영상을 시청하며 채팅을 즐길 수 있다. 베타 서비스 공개 뒤 첫 30일 동안 12만 명이 넘는 이용자가 '왓챠파티'를 이용했다. 넷플릭스, 디즈니플러스, 아마존 프라임 비디오 등이 제공 중인 소셜 TV 기능을 국내 OTT 중에서 최초로 도입해 팬데믹 상황을 사업적으로 활용하려는 발 빠른 면모를 보여주고 있다.

물론 고객들만이 지원군으로 존재하는 독립 OTT로서 한계도 명확하다. 콘텐츠 확보 경쟁에서 밀리면 구독자 증가에 적신호가 올 수 밖에 없기 때문이다. 여러 미디어 기업들이 왓챠의 인수를 시도했지만 왓챠의 창의적 사업 의지는 확고하다. 일본 진출 등 글로벌 확장도 함께 시도하고 있는 '왓챠'의 꿈은 여전히 진행형이다.

17장
글로벌 OTT와의 경쟁, 어떻게 돌파해야 할까?

넷플릭스와 달리 디즈니플러스는 브랜드 콘텐츠의 연합이다. 디즈니플러스에는 디즈니, 픽사, 마블, 스타워즈, 내셔널 지오그래픽 등 스튜디오 자체가 브랜드이고, 그 브랜드들이 보유한 프랜차이즈 영화, 애니메이션, 다큐멘터리 등이 즐비하다. 각각의 영화, 시리즈들은 모두 분명한 자기 색깔이 존재한다.

한국인의 디즈니에 대한 충성도는?
한국에서 디즈니의 위상을 이야기할 때 잊지 말아야 할 점은 한국에는 디즈니랜드가 없다는 것이다. 즉 디즈니가 완성시켜 놓은 디즈니

생태계의 일부 고리가 빠져 있다. 한국인 중에는 마블 영화가 디즈니 소유라는 것을 모르는 사람들도 제법 많다. 반면 디즈니랜드가 있는 국가에서는 디즈니 패밀리에 대해 명확히 이해하고 있다. 디즈니랜드에 가면 모든 캐릭터가 모여 있기 때문이다. 이점에서 디즈니 자체에 대한 충성도는 다른 나라보다 낮을 수 있다. 그렇지만 디즈니의 개별 콘텐츠에 대한 충성도는 어느 국가보다도 높다.

디즈니의 〈겨울왕국〉과 〈겨울왕국 2〉는 국내 IPTV에서 시청량으로 1년 내내 1등을 차지하고 있다. 극장 기준으로는 한국에서 가장 많이 본 애니메이션 열 편 중 여덟 편이 디즈니, 픽사가 공급한 것들이다. 〈어벤져스: 엔드게임〉은 한국 박스오피스 1,400만 명을 기록했는데 이는 전세계 흥행 순위 5위를 차지했다.

물론 한국에 제공하는 디즈니 콘텐츠 자산이 모두 잘 되는 것은 아니다. 현재 IPTV와 케이블에 제공 중인 디즈니 채널과 디즈니 주니어 채널은 다른 키즈, 교육 채널들에 비해 시청률이 높지 않다.

디즈니플러스는 가족 친화적 서비스라는 점을 강조한다. 아이들에 대한 교육 욕구와 콘텐츠가 제공하는 감동적 요소, 그리고 가족모두 시청할 수 있다는 기대감으로 이어진다. 물론 디즈니플러스가 한국에서 성공하려면 가족을 기본 타깃으로 한다고 해도 MZ세대의 선택이 중요한 변수가 될 것이다. 디즈니플러스는 이 시장을 위해 마블 오리지널로 마케팅을 강화할 것으로 보인다.

컨슈머인사이트 조사에 의하면 디즈니플러스가 월 1만 원 내외로 출시될 경우 20대에서 이용할 의향이 가장 높았다. 특히 넷플릭

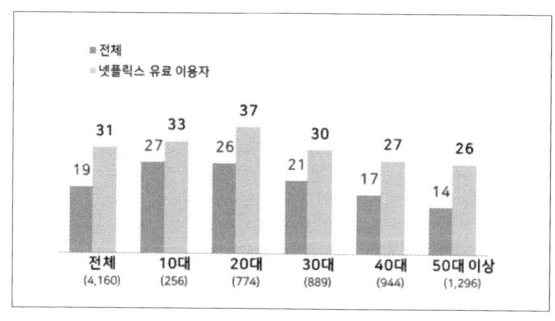

디즈니플러스 유료(약 1만 원) 이용의향 (%). 출처: 2020 컨슈머인사이트

스 경험자일수록 더욱 높게 나타났다. 마블은 20~30대 남자, 디즈니 애니메이션은 10~30대의 여성 선호가 높았다.

마블 시네마틱 유니버스를 배경으로 2021년부터 쏟아낼 오리지널 시리즈들과 극장 개봉작들, 그리고 2021년 하반기부터 시작될 영어벤져스의 출현 등은 MZ세대의 기대감을 높이고 있다. 이미 〈더 만달로리안〉(2019), 〈완다비전〉(2021), 〈팔콘 앤 윈터솔져〉(2021) 등 디즈니플러스 오리지널을 시청한 사람들의 유튜브 리뷰 영상들이 넘쳐난다. 마블의 팬보이들은 한국의 디즈니플러스 상륙 초기에 열렬한 지지자로 나설 것이다.

디즈니플러스의 약한 고리는 젊은 성인층을 공략할 콘텐츠의 부족이었다. 디즈니는 2021년 3월부터 스타 브랜드 메뉴를 디즈니플러스 안에 신설해 ABC, FOX의 성인 대상 콘텐츠를 제공하기 시작했다. 젊은 성인층 공략도 시간문제다.

디즈니플러스의 마케팅은 이미 보유하고 있는 자신들의 오리지널로 충분히 가능하다. 하지만 장기적으로는 넷플릭스와의 경쟁에서 현지화 전략이 중요한 축이 될 것이다. 디즈니플러스가 경쟁력을 갖춘 한국의 제작사들과 제휴를 확대해 제작 현지화를 시도하는 것이 필연적이다. 이미 디즈니플러스는 국내 제작사들과 접촉을 시작했고, 제휴 관련 기사가 속속 나오고 있는 중이다.

이런 상황에서 글로벌 OTT와 경쟁하기 위해 토종 OTT들은 무엇을 해야 할까?

한국의 토종 OTT들은 월정액 구독 모델을 갖춰 글로벌 OTT들과 경쟁할 수 있는 기본적인 토대를 마련했다. 그러나 여전히 서비스 및 기술 경쟁력, 콘텐츠 차별화 면에서 부족한 점이 많다.

무엇보다 고객의 눈높이로 서비스와 기술을 바라봐야 한다. 왜 디즈니플러스가 넷플릭스와 거의 유사한 사용성을 카피했을까? 현재 디즈니플러스는 가격과 콘텐츠만 다를 뿐 이용 방법은 넷플릭스와 동일하다.

콘텐츠 문제는 OTT들이 경쟁하고 있는 산업 지형에 대한 종합적 시각에서 고민해야 한다. 디즈니나 워너미디어가 왜 넷플릭스에서 자사 콘텐츠를 제거하는지, 경쟁구도 관점에서 분석해 봐야 답을 찾을 수 있다.

두 배 이상 벌어진 글로벌 OTT와의 격차를 따라 잡기 위해 토종 OTT들이 어떻게 경쟁 상황을 돌파해야 할지 다음과 같이 정리해 보았다.

돌파 전략 ①
글로벌 OTT와 똑같은 수준으로 사용성을 개선하라!

넷플릭스에 구독자가 가장 많다는 의미는 넷플릭스의 사용 방법이 넓게 통용되고 있다는 뜻이다. 미국의 스트리밍 서비스들은 거의 동일한 방식의 사용성을 가진다. 미국 이용자들은 온라인 스트리밍을 선택할 때 두 가지만 고려하면 된다.

첫째는 가격, 둘째는 콘텐츠! 그 외의 사용성은 거의 모두 유사하다. 계정당 다섯 개의 프로필을 제공하고 모바일, 태블릿, 각종 TV, 가전과 제휴된 IPTV 셋톱박스에서 앱이 제공된다. 구독자가 아이콘을 선택해 프로필을 만들면 그 구독자가 시청하는 콘텐츠의 이력에 따라 각기 다른 콘텐츠를 추천받을 수 있다. 이 점은 기본적이면서도 편의성이 높은 기능이다.

베이직 요금제에도 4K 영상이 제공된다는 점에서 디즈니플러스가 가격 대비 가성비가 조금 더 좋다는 정도의 차이만 있다.

반면 국내 OTT들은 글로벌 OTT와 사용성에서 차이가 크다. 우선 상품 구조에서 TV를 이용하려면 상품을 별도 구매해야 한다. 넷플릭스나 디즈니플러스가 TV 단말 이용에 대해 별도의 과금을 하지 않는 것과 다르다.

TV 상품에 가입했더라도 이용할 수 있는 방법이 다소 제한되어 있다. 스마트 TV를 통해 앱을 설치하거나 크롬캐스트로 연결하는 방법 외에 IPTV에서는 이용이 불가능하다. 웨이브나 티빙에 가입했더니 TV로 보고 싶으면 또 돈을 내야하고 스마트 TV도 사야한다면 쉽게 고객 설득이 될까?

이외에도 국내 OTT들은 N개의 프로필을 제공하는 기능이 글로벌 OTT에 비해 어렵거나 별도의 요금을 지불해야 한다. 국내 OTT들은 최상위 프리미엄 요금제에 가입해야 네 개의 프로필을 제공하는 등 넷플릭스에 비해 제한 규정이 많다. 반면 글로벌 OTT는 5~7개의 프로필을 요금제와 상관없이 제공한다.

N개의 프로필은 구독자 당 수익을 낮출 수 있을지 몰라도 고객을 지속적으로 잔류시키는데 매우 큰 가치가 있다. 물론 '우리도 제공하고 있다'고 항변할 수 있다. 하지만 방법이 어렵고 제한 사항이 많으면 그만큼의 효과는 떨어진다.

넷플릭스를 분석하면서 여러 전문가들은 추천 알고리즘의 우수성을 강조한다. 넷플릭스의 추천은 '고객의 취향 읽기' 작업이다. 고객들이 앱을 열었을 때 각자 다른 페이지를 만난다. 추천의 노림수는 영상을 빨리 선택하게 하고 해당 영상을 끝까지 시청할 수 있도록 유도하는 데 있다.

반면 이용자들이 동일한 영상을 두 번, 세 번 반복해서 시청하는 이유는 넷플릭스가 제공하는 다중 다국어 자막 기능 때문이다. 많은 이용자들이 다국어 자막에서 영어를 선택하거나 또는 영어와 한국어 자막을 동시에 이용한다.

제작된 지 20년이 훌쩍 넘은 인기 시트콤 〈프렌즈〉를 국내에서 영어 자막으로 보는 이용자가 꽤나 많다. 어린이용 미국 애니메이션

넷플릭스 드라마의 한국어, 영어 동시 자막 모습. 출처: 넷플릭스 화면 캡처

을 영어 자막으로 보여주는 부모들도 많다. 모두 교육적 열망 때문이다. 심지어 넷플릭스 구독자들은 PC의 크롬 브라우저에서 별도의 어플리케이션을 다운로드받아 한국어와 영어를 동시에 화면에 띄워 놓고 영상을 시청하기도 한다.

다국어 자막 설정 기능은 초기엔 '있으면 좋은' 기능이었지만 사람들이 점차 넷플릭스에 중독되면서 '없으면 안되는' 기능이 되었다. 디즈니플러스도 당연히 이 기능을 제공한다. 그런데 이 기준으로 토종 OTT를 살펴 보면 다국어 자막은커녕 별도의 영어 자막 선택 기능도 없다. 토종 OTT들은 한시라도 빨리 다국어 자막 설정 기능에 대한 서비스 개선에 돌입해야 한다. 사소한 것 같지만 성공적으로 평가 받는 글로벌 OTT의 기능과 사용성을 빠르게 카피하는 것이 강한 경쟁력을 키우는 첫 단추다.

돌파 전략 ②
넷플릭스와 콘텐츠 거래 질서를 재조정하라!

최근 티빙의 방문자가 급속도로 증가하고 있다. 닐슨코리아클릭의 집계에 의하면 티빙의 2021년 3월 기준 월간 이용자 수는 327만 명이다. 이는 2020년 9월과 비교해 100만 명 이상 증가한 수치다.

여러 원인이 있겠지만 2021년부터 펼쳐진 본격적인 오리지널 콘텐츠 확대가 구독층을 늘린 것으로 보인다. 〈여고추리반〉 같은 오리지널 예능 프로그램과 〈서복〉(국내 최초 극장-OTT 동시 개봉) 등이 젊은 층을 불러들였다. 웨이브도 오리지널 콘텐츠를 강화하면서 구독자 증대의 효과가 가시적으로 나타나고 있다.

오리지널 콘텐츠를 경쟁 무기로 장착하고 통신 가입자와 이커머스를 지렛대로 삼는 토종 OTT들의 전략은 넷플릭스의 성장 문법을 따라가고 있다. 하지만 오리지널 콘텐츠 제작만으로 글로벌 OTT와의 경쟁에서 이길 수 있느냐는 질문에는 선뜻 답하기 어렵다. 토종 OTT의 주력 무기의 질서를 정비할 필요가 있다.

아이러니하지만 한국에서는 글로벌 OTT와 토종 OTT 모두 한국 콘텐츠가 주력이다. 넷플릭스에 제공되는 한국 콘텐츠의 70%가 드라마이다.

한국 넷플릭스를 통해 가장 많이 시청한 드라마와 영화 순위에 한국 콘텐츠가 얼마나 있을까? 넷플릭스의 전세계 콘텐츠 순위를 집계하는 플릭스패트롤에 의하면 2021년 2월 1주차 기준으로 10위 안

2021년 국내 OTT오리지널 제공 현황

구분	플랫폼	제목	일정	비고
드라마	웨이브	러브 씬 넘버	1월	
		모범택시	4월	
		보쌈 - 운명을 훔치다	미정	
		이렇게 된 이상 청와대로 간다	미정	
		언더커버	4월	JTBC제작
	티빙	당신의 운명을 쓰고 있습니다	3월	VOD독점
	쿠팡플레이	그날 밤	미정	
연예/오락	웨이브	Job보러 왔어요, 잡동산	4월	채널S 제휴(OTT독점)
		신과 함께	4월	
		여고추리반	1월	
	티빙	아이돌 받아쓰기 대회	5월	
		스프링 캠프	5월	신서유기 스핀오프
		백종원의 사계	4월	JTBC 제작
		유명가수전 히든트랙	5월	JTBC 제작
영화	티빙	서복	4월	
		해피뉴이어	미정	

에 무려 여덟 편의 한국 드라마와 영화들이 있다.

JTBC 〈런 온〉, CJ ENM 〈경이로운 소문〉, 롯데엔터테인먼트 〈삼진그룹 영어토익반〉, 카카오 엔터테인먼트 〈도시남녀의 사랑법〉, TV조선 〈결혼작사 이혼작곡〉, TV조선 〈우리 이혼했어요〉, 스튜디오 드래곤 〈스위트홈〉, KBS JOY 〈연애의 참견〉 등이다. 이중 티빙 2편, 웨이브 3편 등 50%가 중복되는 콘텐츠다.

토종 OTT에서 인기가 높은 한국 드라마와 영화들이 넷플릭스에서도 동일하게 인기가 높다. 그렇다면 '토종 OTT의 경쟁력은 무엇일까?'라는 질문이 나올 수밖에 없다.

한국의 토종 OTT들은 5년 전부터 인기 콘텐츠를 넷플릭스에 판매했다. 이 계약에서 시작해 오리지널 제작까지 확대했다. 이 전략은 회사의 기업 가치에 긍정적 영향을 주었다.

이는 미국의 상황과 동일하다. 미국의 미디어 변화 과정을 보면 온라인 스트리밍과 다운로드 서비스가 나오기 시작하면서 엔터테인먼트 회사들이 애플과 넷플릭스 등에 콘텐츠를 팔아 수익을 챙겼다. 케이블 채널들의 신디케이션 시장이 조금씩 줄어 들자 넷플릭스는 재판매 시장의 블루칩이 되었다. 하지만 콘텐츠 제국들이 스스로 OTT를 구축하려는 전략을 수립한 후 상황이 바뀌었다.

우리는 디즈니가 디즈니플러스를 론칭하기 전 콘텐츠 계약 관계들을 어떻게 정비했는지 살펴보았다. 넷플릭스와 계약 관계 중지 선언, 디즈니 볼트 정책 변경 등 자사의 콘텐츠 공급 질서를 정비했다. 다른 엔터테인먼트 회사들도 넷플릭스와 향후 계약 해지를 예고하고 있다. 자사 OTT의 콘텐츠 경쟁력을 강화하기 위해서다.

2021년 4월 컴캐스트는 자사가 소유한 NBC유니버설의 제작 콘텐츠를 자사의 OTT인 피콕에 독점 공급하기 위해 2021년 12월부터 넷플릭스와 HBO 맥스에 공급하지 않기로 결정했다.

'넷플릭스에서 할리우드 영화사들의 콘텐츠가 제거된다면 해지할 것인가'에 대한 미국의 조사 결과를 보자. 디즈니의 마블 영화 시

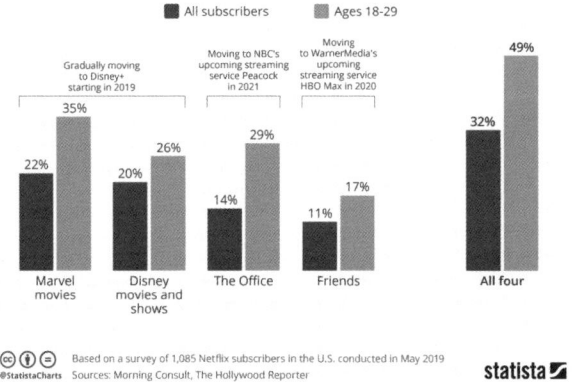

넷플릭스에서 어떤 콘텐츠가 사라질 때 가입을 해지할까? 출처: statista

리즈가 제거되는 것만으로 18~29세 고객들은 35%가 해지할 가능성이 있다고 나왔다. 이외에도 기존 영화사의 콘텐츠들이 모두 제거되면 무려 49%가 이탈할 수도 있다는 결과가 나왔다. 콘텐츠 이동에 따른 고객 변화가 역동적으로 나타난다는 의미다.

미국의 콘텐츠 기업과 달리 한국은 훨씬 일찍 OTT를 시작했다. 넷플릭스가 한국에 들어왔을 때, 국내 OTT들은 아직 작은 시장인 OTT의 성장보다 콘텐츠 제작을 위한 일종의 '은행'으로 넷플릭스를 활용했다. 이제는 선택의 시점이다. 현재처럼 넷플릭스에도 콘텐츠를 제공하면서 OTT도 성장하기를 원한다면 이것은 욕심이다.

콘텐츠는 기술과 돈의 흐름에 따라 움직이는 생물이다. 하지만 콘텐츠 스스로 플랫폼이 되겠다고 선언하는 순간, 콘텐츠는 자신이 만든 플랫폼에 배타적으로 묶여 있어야 한다. 도매로 팔아서 돈을 벌면서 소매로 또 돈을 챙길 수는 없는 노릇이다. 이런 점에서 2022년~2023년쯤 도래하는 국내 방송국들과 넷플릭스 간의 콘텐츠 제공 재계약은 어떻게 되어야 할까?

답은 이미 디즈니플러스가 보여줬다. 디즈니플러스는 국내 OTT인 웨이브와 왓챠에서 디즈니 콘텐츠를 이용하지 못하게 계약을 해지했다.

돌파 전략 ③
토종 OTT도 TV로 과감하게 진입하라!

온라인 스트리밍 동영상을 TV로 시청하는 비중이 계속 늘고 있다. 넷플릭스, 디즈니플러스와 동일한 서비스가 되려면 TV로 접근성이 개선되어야 한다. 이를 위해서는 TV 단말 앱을 IPTV에 제공해야 하고 기본형 상품에 TV 단말 이용권을 포함시켜야 한다. 넷플릭스 앱이 IPTV 안에 배치된 것처럼 웨이브나 티빙의 앱도 IPTV 안에 배포해야 한다는 뜻이다.

TV 앱의 사용성을 강화하지 못하는 이유는 명확하다. 방송국은 IPTV 플랫폼에서도 수익을 얻고 싶고 OTT에서도 돈을 벌고 싶기 때문이다. IPTV 플랫폼 진영도 VOD라는 플랫폼 수익을 포기하고

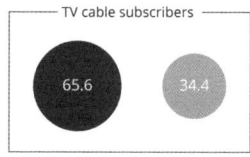

스트리밍 서비스가 케이블 TV보다 더 재미있다는 결과. 출처: statista

싶지 않다. OTT에 비해 TV 장터에서는 판매 가격도 비싸다. 여러 이해관계가 얽혀서 웨이브, 티빙 앱을 IPTV 안에 서비스할 엄두를 못 내는 것이다.

 몇 년 뒤의 IPTV를 상상해 보자. 2021년 디즈니플러스가 통신회사와 계약을 한다면, 해당 IPTV 1개사에서 2년 정도의 허니문 기간 동안 디즈니플러스를 TV 안에 제공하게 된다. 이미 LG유플러스와 KT가 넷플릭스를 제공하고 있으므로 두 개사 중 한 곳이 디즈니플러스와 제휴한다면 그 IPTV에는 두 개의 글로벌 OTT가 제공된다.

 디즈니가 아시아에서 디즈니플러스 구독자를 획기적으로 늘리기 위해 IPTV에 제공하는 디즈니 영화 VOD(마블, 픽사, 디즈니애니메이션 등)의 거래를 중지할 수도 있다. 이미 웨이브와 왓챠에서 디즈니의 스트리밍 서비스가 중지되었다.

몇 년 내에 HBO 맥스, 애플 TV플러스 등도 한국 시장에 상륙할 수 있다. 고객은 1~2개의 글로벌 OTT에 가입하면 별도로 돈을 내지 않아도 문화 생활의 만족도를 충족할 것이다. 결국 글로벌 OTT는 국내 IPTV의 플랫폼 수익 영역을 지속적으로 침범할 것이다. 고객의 눈높이와 문화 소비의 창구는 글로벌 OTT로 이동해 갈 수 밖에 없다.

미국의 상황이기는 하지만 위의 설문을 보면 방송 플랫폼이 고객들에게 점차 재미없는 미디어로 변화하고 있는 것을 알 수 있다.

케이블 TV에 가입하고 있는 고객들도 OTT가 기존 TV보다 두 배 정도 더 재미있다고 인정한다. 디즈니플러스의 등장은 한국에서도 이런 변화를 빠르게 확산시킬 수 있다.

그렇다면 IPTV가 그렇게 지키고 싶어하는 VOD 판매 수익은 지속될 수 있을까? 한국의 미디어 기업들은 우리나라의 유료 방송 플랫폼 구독료가 낮기 때문에 OTT 공세로 인한 TV 가입자의 이탈이 많지 않을 것이라고 믿고 있다.

국가별 유료 방송 구독료가 40달러 이하인 국가(한국, 대만, 일본, 핀란드 등)에서는 여전히 유료 방송 가입자가 성장 중이다. 그러나 디즈니플러스가 IPTV에 진입한다면 점차 글로벌 OTT의 TV 점유 시간이 증가하고 반대로 IPTV의 점유 시간을 낮출 것이다.

OTT 서비스에 대한 선호가 늘면 유료 방송을 선택할 때 가격이 가장 저렴한 번들 상품에 가입하는 사람이 증가할 것이다. 또한 유료 방송 가입을 포기하는 현상도 증가하면서 유료 방송의 성장이 점차 둔화될 수 있다.

2020년 말 기준으로 한국의 전체 가구 중 30%가 1인 가구이다. 이는 더욱 증가 추세다. 1인 가구 중 연령이 낮은 20~30대는 처음부터 유료 방송에 가입하지 않거나 시청 시간의 하락이 두드러지게 나타나고 있다. 결국 유료 방송 플랫폼의 낮은 가격이 더이상 방어 효과를 내기 어려운 시점이 올 것이다.

그러므로 국내 방송국과 IPTV 플랫폼은 콘텐츠 진영의 OTT를 TV로 끌어들일 대책 마련이 필요하다. IPTV에서 제공 중인 단건 중심의 주문형 VOD 사업 모델과 TV 월정액 상품을 OTT 상품으로 대체하면서, OTT 월정액 구독자를 획기적으로 증대시켜 나가는 양 진영의 협업이 필요하다. 수익 하락이 걱정된다면 이를 보전할 방법은 P(Price) X Q(Quantity) 게임에서 Quantity 즉 토종 OTT 구독자를 극대화하는 것만이 답이다.

돌파 전략 ④
디즈니플러스 제휴를 평등하게 추진하라!

넷플릭스는 두 개의 통신 회사와 이미 제휴하고 있다. 혹자는 디즈니플러스가 아직 넷플릭스와 제휴하지 않은 SK텔레콤과 손잡을 가능성이 높다고 예측했지만 경쟁 관계의 흐름에 따라 상황이 변하고 있다. 디즈니가 웨이브와의 협력은 없다는 메시지를 SK텔레콤에 전달했다는 소식이 2021년 4월 언론을 통해 전해졌다. SK텔레콤은 최근 아마존 프라임 비디오와 애플 TV플러스와의 제휴를 시사하기도 했다.

미국의 제휴는 통신사가 OTT를 보유했느냐 여부에 따라 달라진다. AT&T는 자사 소유의 HBO 맥스를 프로모션으로 통합했다. 반면 자사 OTT가 없는 T-모바일은 넷플릭스와 제휴했고, T-모바일과 합병한 스프린트는 훌루와 프로모션을 진행하고 있다.

미국과 마찬가지로 한국의 OTT 경쟁 상황은 디즈니플러스와의 제휴를 결정하는 핵심 요소가 되었다. SK텔레콤의 웨이브는 전국민을 대상으로 하는 국내 최대의 OTT 플랫폼이다. 그러다 보니 디즈니의 견제를 받아 제휴 흐름에서 이탈하게 되는 걸까?

반면 LG유플러스와 KT는 자사의 OTT를 보유하고 있지만, 그 힘이 견제할 정도에 못 미쳐서 디즈니의 제휴 결정을 받게 될까? 이 모든 시나리오는 아직 결론이 나지 않았다.

❶ **SK텔레콤과 제휴가 된다면** | SK텔레콤은 5G 무제한 요금제 등 모바일 가입자가 가장 많다. 반면 웨이브와 혈맹 관계이기 때문에 디즈니플러스와 제휴를 하면 무제한 요금제 가입자를 대상으로 한 번들 상품을 나누어서 제공해야 한다. 이는 디즈니플러스에 단점이다. IPTV인 B tv에는 넷플릭스가 없기 때문에 구독자 확대에는 가장 용

이한 장점도 있다.

디즈니로서는 사업적 효과가 가장 크지만, 웨이브가 의사 결정의 변수일 수밖에 없다. 디즈니플러스는 웨이브를 경쟁자로 인식하며 출발하고 있다. 2021년 4월 말부터 디즈니는 웨이브의 월정액 상품에 더이상 콘텐츠를 제공하지 않는다.

SK텔레콤은 아마존과 11번가 제휴의 연계 선상으로 아마존 프라임 비디오와 제휴할 가능성이 커졌다.

애플은 통신사와 절친이다. 애플 TV를 SK브로드밴드의 셋톱박스로 활용할 수도 있고, 애플 TV플러스와 통신 상품을 결합할 수도 있다. 애플 TV플러스가 한국 출시를 할 때 SK를 파트너로 선택할 가능성이 높다. 역동적인 경쟁 상황의 결과는 기업의 몫이다.

❷ **LG유플러스와 제휴가 된다면** | LG유플러스는 이미 넷플릭스와 제휴 경험이 있다. 디즈니플러스와 제휴를 한다면 기존의 마케팅 경험을 활용할 수 있는 것이 가장 큰 장점이다. 여기에 국내 스마트 TV 시장을 50% 점유하고 있는 LG전자와도 협력을 확대하면 초기 디즈니플러스의 구독자 확대에 큰 힘이 될 것이다. 다만 LG유플러스 TV에는 이미 넷플릭스가 제공되고 있으며 IPTV 가입자 순위가 3위에 머물고 있다는 것이 제휴 선택의 걸림돌로 작용할 수 있다.

❸ **KT와 제휴가 된다면** | KT는 모바일 통신 2위 사업자로 KT의 올레 TV는 IPTV 1위 위치를 지키고 있다. KT는 넷플릭스와 제휴한지

1년이 채 지나지 않았기 때문에 디즈니플러스가 제휴를 통해 TV 구독자를 획득하기에 효과가 가장 클 것으로 보인다. KT는 2021년 1월 콘텐츠 제작 스튜디오 KT 스튜디오지니를 설립했다. 디즈니플러스에 콘텐츠 제작 제휴를 적극적으로 제안해 설득할 가능성이 크다.

KT 스튜디오지니는 자사의 방송 채널(스카이 TV 등)이나 시즌 등 보유하고 있는 OTT의 경쟁력 강화와 독립적인 콘텐츠 제작 사업을 키우려는 목적으로 출범했다. 2023년까지 4,000억 원 이상을 투입해 원천 IP 100개, 드라마 100편을 확보하겠다는 포부를 밝혔다.

사실 KT의 이 전략은 과거 IPTV를 자회사로 분사해 플랫폼과 콘텐츠를 융합한 신사업으로 추진하던 전례를 떠올리게 한다. 과거와 달리 미디어 산업이 OTT로 빠르게 전환하는 시점이라는 점에서 KT의 행보는 매우 도전적이다.

어떤 통신사가 제휴를 하더라도 미국의 버라이즌이 디즈니플러스를 1년 무료로 제공한 것과 같은 과도한 프로모션은 자제해야 한다. 통신회사와 디즈니플러스의 제휴는 통신 네트워크 가입자의 가치를 높일 수 있는 기회이기도 하지만 한편으로는 자신들이 보유한 미디어 가치를 심각하게 훼손시킬 수 있는 양날의 검이 될 수도 있다.

혹시 넷플릭스와 제휴한 LG유플러스의 IPTV 가입자는 아직 성장하고 있는데 무슨 이야기냐고 반문하는 사람이 있을 수도 있다. 하지만 이는 사업자가 잘해서 가입자 방어가 되고 있는 것이 아니다. 1인 가구의 증가와 팬데믹 이후 집안에서 복수의 셋톱박스를 확대한 영업

로쿠(Roku) 첫 이용 화면.

전략이 먹혔기 때문이다. 고객의 체감 가치는 이미 글로벌 OTT로 넘어갔다. 디즈니플러스는 거기에 쐐기를 박을 것이다.

돌파 전략 ⑤
디즈니플러스에 대응할 IPTV의 무기를 준비하라!

통신사와 제휴가 성사되면 통신사가 보유한 IPTV에도 앱을 설치할 수 있다. 그런데 국내 IPTV에는 이미 디즈니가 보유한 프랜차이즈 영화나 ABC 방송국 시리즈 대부분이 건별 판매나 영화 월정액에 포함되어 서비스되고 있다. 디즈니가 지닌 고객 친화력 때문에 디즈니플러스의 IPTV 제휴는 초기에 신규 가입자 유입에 기여하겠지만 장기적으로는 IPTV 자신들의 가치를 훼손할 수 있다.

지적한 바와 같이 디즈니가 국내 IPTV를 포함해 부가 판권 시장에서 디즈니 영화를 제거한다면? 고객들이야 디즈니플러스를 이용하면 되므로 그리 불편하지 않겠지만, IPTV의 수익력은 바로 하락할 것이다. 디즈니플리스를 맞이하는 IPTV는 자신의 정체성에 대한 명확한 정리가 필요하다.

케이블 TV 안에 넷플릭스를 수용하면서 자사의 플랫폼 가치를 포기하지 않은 컴캐스트의 사례가 있다. 미국의 통신사 컴캐스트는 넷플릭스의 콘텐츠 목록을 컴캐스트의 다른 콘텐츠들과 통합해 검색 DB에 제공하고 있다. 만일 인기 시리즈물인 〈프렌즈〉가 넷플릭스와 컴캐스트 VOD에 모두 제공되고 있다면 고객은 검색을 통해 두 개의 서비스 중 하나를 선택해 이용할 수 있다.

이렇게 힘의 균형추를 맞추었다. 이용자 편의성도 제고되고 컴캐스트도 최소한의 수익력 방어가 가능했다. 하지만 이러한 제휴가 한국에서는 불가능하다.

글로벌 OTT가 IPTV 안으로 들어온다고 해도 실시간 채널을 제공하는 IPTV의 가치는 유지될 것이다. 하지만 IPTV가 제공하는 VOD 상점은 넷플릭스와 디즈니플러스 때문에 고객들로부터 외면받게 될 가능성이 매우 크다. VOD 상점을 건너뛰는 바이패스 현상이 심화될 것으로 보인다.

그렇다면 IPTV를 실시간 채널과 월정액 OTT 상점으로 나누어 재편하는 방안도 고려해 볼 만하다. 신작 방송 VOD는 국내 OTT로, 해외 오리지널은 글로벌 OTT로, 그리고 틈새 콘텐츠로 IPTV 월정액

VOD 상품을 구성해 보는 방안이다.

로쿠의 서비스 화면을 살펴보자. 로쿠는 스트리밍 서비스를 편리하게 이용할 수 있도록 TV에 연결하는 셋톱박스로, 미국에서만 인터넷에 연결된 TV 셋톱박스의 30% 이상을 점유하고 있다.

로쿠를 사용하면 넷플릭스, 디즈니플러스, 유튜브 등 유료, 무료 스트리밍 서비스를 한 번에 편리하게 이용할 수 있다. 로쿠는 자사가 제공하는 광고 기반 무료 영화 VOD도 제공해 수익을 창출한다. 2020년에 15억 달러 매출을 기록할 정도로 성장하고 있다.

스트리밍이 대세라면 IPTV도 로쿠처럼 OTT를 쉽게 이용할 수 있도록 IPTV의 화면 자체를 새롭게 디자인해 보는 건 어떨까? 그 안에 IPTV의 차별화된 월정액 구독 상품을 만들어 고객의 선택을 유도하는 것도 새로운 전략이 될 것이다.

IPTV가 글로벌 OTT에 대응하는 나름의 노력이 돋보인 사례가 있다. LG유플러스나 KT와 달리 SK브로드밴드의 IPTV에는 넷플릭스가 없다. SK브로드밴드는 IPTV 월정액 구독 모델을 강화하기 위해 영화·드라마 월정액 서비스 오션(OCEAN)을 출시했다. 그러면서 넷플릭스에 차별화할 수 있는 콘텐츠에 대한 분석과 사용성의 혁신을 고민했다. 분석 결과 넷플릭스나 왓챠 등 영화 제공 스트리밍 서비스에는 극장 개봉 1년 이내 신작 비율이 극히 낮다는 분석이 나왔다.

오션은 '1년 이내 신작 영화가 가장 많은 월정액', 또는 '할리우드 빅 스튜디오의 구작 영화를 가장 많이 보유한 월정액' 등으로 컨셉을 정하고 콘텐츠 계약 관계를 조정했다.

SK브로드밴드 B tv의 구독형 영화 월정액 '오션' 브랜드 로고.

　더 나아가 오션은 넷플릭스에서 제공하는 오리지널이나 해외 드라마 부문은 극복하기 어렵다고 판단해, 타깃이 좋아할 만한 니치 영역이 무엇인지 분석했다. 40대 이상 남성들이 중국 드라마에 높은 반응을 보인다는 데이터를 반영해 '중국 드라마를 가장 많이 보유한 월정액'을 또 다른 차별화 포인트로 만들었다.

　사용성 혁신을 위해 넷플릭스처럼 1개월 무료 프로모션을 상품화하고 가족 네 명이 사용할 수 있는 4인 프로필 기능도 준비했다. SK브로드밴드의 IPTV 안에 제공되는 영화 주문형 VOD의 90%는 모두 오션에서 제공하자는 목표를 세웠다.

　고객에게 '한 편 한 편 구매해서 보는 것보다 월정액을 내고 구독하는 게 경제적이다'라는 인식을 심어주기 위해서였다. 이를 강조하기 위해 고객들이 IPTV를 열면 영화 이미지 포스터 하단에 오션 아이콘을 붙였다. 고객들이 '저 영화는 오션에서 볼 수 있구나'라는 반응을 이끌어내고자 했다. 4개월 만에 가입자 20만 명을 확보하고 순항 중인데, 중국 드라마에 대한 남성 구독자의 반응이 폭발적이다.

　IPTV의 사용성을 넷플릭스처럼 만들고자 한 노력이 성과를 얻은 것이다.

결국 IPTV의 경쟁력이란 고객이 원하는 콘텐츠를, 원하는 방식대로 시청할 수 있는 서비스 환경을 만드는데 있다. 주문형 VOD의 잡화점 같은 과거 방식을 시급히 탈피해야 한다. 글로벌 OTT와의 경쟁은 TV의 시간 점유 싸움이라는 점을 명심해야 한다.

> 넷플릭스, 디즈니플러스 등 구독형 SVOD 서비스의 치열한 경쟁 속에서 틈새를 공략한 스트리밍 서비스가 있다. FAST(Free Ad-Supported Streaming TV)라고 불리는 광고 기반의 무료 채널 OTT 서비스다. FAST는 구독형 스트리밍 앱들을 TV에 유통하는 셋톱박스 로쿠와 삼성전자, LG전자 등의 스마트 TV에서 제공 중이다. 삼성전자는 '삼성 TV플러스'를 글로벌 14개국에 서비스하며 확대하고 있다. 최근에는 삼성 TV플러스를 모바일 앱으로 출시해 1주일 만에 200만 다운로드를 기록했다.
> 유료형 스트리밍 구독자가 증가할수록 기존 IPTV 등 유료 방송을 해지하는 경향이 높아진다. 이렇게 이탈하는 이용자들에게 FAST 서비스는 효과적인 옵션이다.
> 각 서비스마다 국가별로 10개~100개까지의 채널들이 제공되고 있다. 국내의 모바일 삼성 TV플러스에서는 총 37개의 프로그램을 볼 수 있다. 넷플릭스 때문에 TV를 인터넷으로 연결하는 이용자가 늘면서 이를 삼성전자, 로쿠 등이 적극적으로 활용하는 전략이다. 문제는 이 피해가 고스란히 유료 방송 플랫폼에 돌아간다는 점이다. 이 충격을 완화하기 위해서라도 IPTV의 플랫폼 가치를 재정립할 시점이 바로 지금이다.

돌파 전략 ⑥
아시아 진출을 위해 토종 OTT 연합을 추진하라!

필자가 이 글을 마무리할 즈음에 오디오 기반의 새로운 소셜 서비스인 '클럽하우스' 열풍이 불었다. 다양한 주제로 방이 열렸는데, 필자가 참여한 방에서는 넷플릭스, 디즈니플러스, 토종 OTT의 이용 후기나 콘텐츠 추천 등의 대화가 활발하게 꽃을 피웠다. 그리고 자연스럽게 앞으로 어떻게 경쟁이 전개될 것인지 등등에 관한 이야기들이 이어졌다. 이런 주제의 방들에서는 미디어 산업 종사자를 비롯하여 영화, 방송 콘텐츠 애호가 등 성향이 각각 다른 이용자들의 의견들이 걸러지지 않고 나온다. 업계 종사자들보다 일반 이용자들의 시각에서 '웨이브와 티빙이 합쳐야 한다'는 이야기가 서슴없이 나왔다. 일반인이 바라보는 글로벌 OTT의 매력을 국내 OTT가 도저히 이길 수 없다는 한탄과 함께!

어떤 이용자는 쿠팡플레이와 같이 혁신적으로 보이는 사업자들이 넷플릭스만큼 오리지널을 만들어 선전해 주기를 희망했다. 대중의 시선으로는 웨이브, 티빙도 올드한 서비스로 인식되고 있었다. 이 작은 한국 시장을 두고 경쟁하는 모습이 아쉽다는 반응이었다.

웨이브와 티빙이 하나로 합쳐지는 통합 플랫폼(One Platform) 실현은 기업 간의 합종연횡과 관련이 있다. 매우 힘든 일이다. 하지만 이렇게 분할되어 경쟁해서는 글로벌 OTT와 격차를 줄일 수 없다.

우선 현재의 OTT 경쟁이 미디어 영토를 근본적으로 바꾸어 놓을 것이라는 미래 인식을 공유할 필요가 있다. 물론 관련자라면 누구나 이런 위기 의식에 공감할 것이다. 하지만 이런 공통적인 인식만으로 웨이브, 티빙 등 플랫폼 통합에 의견 일치를 보기는 어렵다. 그렇다면 기회 영역에 대한 고민에서 출발하면 어떨까?

OTT 경쟁은 필연적으로 글로벌 시장으로 확장할 기회를 제공한다. 웨이브, 티빙이 각자의 자금으로 오리지널을 제작해도 국내 구독자만으로는 수익을 낼 수 없다. 최근 국내 OTT 사업자들이 발표한 전체 투자 비용을 연간 단위로 분할해 보면 약 6,000억 원 규모로 넷플릭스의 투자 비용보다 높다. 이 투자는 대부분 OTT 콘텐츠 확보 경쟁을 위해 투입된다.

OTT 경쟁력 확보를 위한 콘텐츠 수혈은 두 가지 방법을 통해 이루어져야 한다. OTT들의 모기업인 지상파나 케이블 방송국들을 위한 드라마의 제작 품질을 높이고 이를 OTT로 재활용하는 방안이 첫 번째이다.

두 번째는 OTT를 위한 독자 오리지널 전략이다. 넷플릭스가 만들어준 투자의 기회를 CJ ENM이나 JTBC는 십분 활용해 자사 방송국용 드라마 지형을 넓히는데 활용했다. 최근 CJ ENM과 JTBC 연합체가 만들어낼 티빙을 향한 투자는 OTT 중심의 전략에 무게가 실리고 있다. 티빙은 드라마, 오락, 영화에 이르기까지 전방위적으로 오리지널의 경쟁력을 높이려는 시도를 구체화하고 있다. 더불어 자사의 방송국과 프로그램에서 끊임없이 '티빙' 브랜드를 노출하기 시작했다.

티빙의 전략과 달리 웨이브는 2025년까지 쏟아부을 1조 원의 투자 비용을 지상파 방송국들과 공동 활용할 가능성이 크다. 그런데 지상파 방송국들은 글로벌 OTT 제휴의 문을 제한적으로 개방한 탓에 점차 드라마 영향력이 위축되고 있다. 지상파들은 자신의 위치를 명확히 판단해야 한다. 기획력이 점차 약화되고 제작 시스템 장악력이 쇠퇴하고 있음을 인정해야 한다. 다양한 소재와 표현의 역동성이 높아지는 치열한 콘텐츠 제작 경쟁 환경에서 지상파와 웨이브의 돌파 전략은 돈의 크기보다 시스템의 정비가 최우선 과제가 되어야 할 것이다. 만에 하나 웨이브와 티빙의 구독자가 500만 명, 1,000만 명이 확보되고, 중국의 신흥 OTT 플랫폼 등 해외 수출 판로가 확보되면 오리지널 제작 투자비를 수년 뒤에 회수할 수 있다고 보고서를 쓰는 사람이 있다면 이는 정직한 수학이 아니다. 1억 명, 2억 명을 이미 확보한 글로벌 OTT 사업자들과의 경쟁에서 말이다.

그런 의미에서 국내 경쟁력 확보를 위한 플랫폼 통합이 불가능하다면 아시아 진출을 위한 플랫폼 전략(One Platform)을 공동으로 추진하는 것도 방법이다. 넷플릭스를 통해 확인된 한류 콘텐츠의 세계 공감 가능성을 고려한다면, 최소한 오리지널 확대와 아시아 지역의 OTT 플랫폼 진출이 병행되어야 성공할 수 있다. 한국 콘텐츠의 힘을 보면 충분한 가능성이 보인다. 이때 아시아 각국의 통신회사나 글로벌 스튜디오와의 제휴가 필연적이다. 이를 통해 플랫폼을 독자적으로 구축하거나 기존 플랫폼을 인수해 진출할 수 있다.

글로벌 진출을 위한 법인을 제3지대에 구성하고 지상파, CJ ENM, 통신회사들이 참여하는 방안도 고민해 볼 만하다. 글로벌 OTT 추진을 위한 연합 전략만이라도 하나가 되어 만들어 보자는 의미다. 되는 방법 한 가지보다 안 되는 방법 백 가지를 찾는 것이 쉽다. 지금 국내의 미디어 업계는 모두 그 백 가지에만 매달려 있다. 비즈니스는 상상력의 영역일 수 있다는 점을 명심하자.

OTT 콘텐츠 쿼터제가 문제인 다섯 가지 이유

글로벌 OTT의 공세에 맞선 정부의 진흥 또는 규제 이슈 중 하나로 거론되는 것이 'OTT 콘텐츠 쿼터제'이다. 콘텐츠 쿼터제는 언뜻 국내 영화 산업 보호를 위해 도입했던 '스크린 쿼터제'를 연상시킨다. 해외 사례로는 2018년 유럽 연합(EU)의 쿼터제 도입을 들 수 있다.

이 제도는 해외 OTT들이 최소 30% 이상 유럽 저작물을 의무 제공해야 한다는 조항 등이 포함된 EU 시청각미디어서비스지침에 의한 것이다. 유럽 연합이 문화 잠식에 대한 우려를 방지하고, 자국의 미디어 플랫폼 경쟁력이 높아질 수 있도록 적극적인 보호 정책을 펼친 사례다.

2018년 11월 브뤼셀에서 승인된 EU 시청각미디어서비스지침에 따라 넷플릭스, 아마존, 디즈니플러스 등 SVOD 거인들은 2021년부터 유럽 구독자들에게 전체 콘텐츠 중 30%를 유럽 콘텐츠로 제공해야 한다. 우측의 표를 보면 2020년까지 영국을 제외한 EU 국가의 넷플릭스 콘텐츠 비율은 20% 초반 수준이다.

EU 국가들은 OTT 사업자가 플랫폼을 통해 얻는 유럽 내 수익의 일정 비율을 해당 국가의 콘텐츠 제작에 재투자하도록 국가별 맞춤 법률을 준비하고 있다. 예를 들어 프랑스는 해외 OTT들의 구독자 수익 중 20%~25%를 유럽 콘텐츠에 투자하고, 이 중 85%를 프랑스어 콘텐츠에 투자할 것을 법률화한다고 전했다.

국내 일부 언론학자들과 규제 기관들은 논의 과정에서 유럽 연합이 택한 30% 쿼터제를 토종 OTT의 보호 정책으로 선택할 수 있음을 피력하고 있다. 글로벌 OTT들이 한국에 서비스하기 위해서는 국내 콘텐츠를 30% 정도 편성해야 하는 일종의 의무 규정이다.

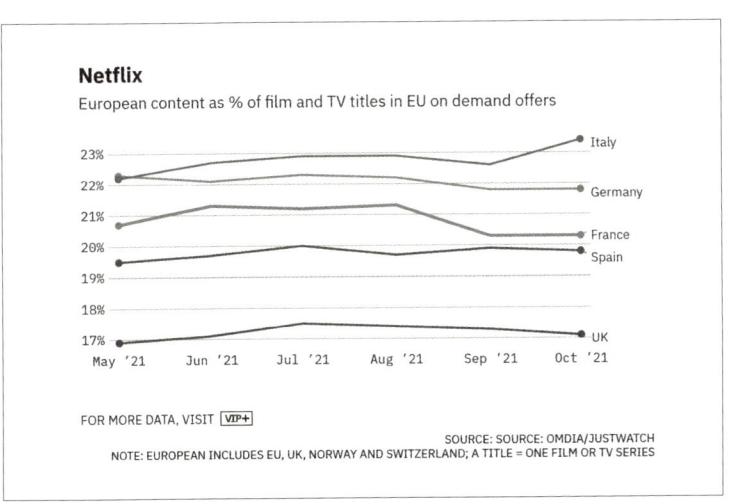

유럽 각국의 넷플릭스에 자국 콘텐츠를 제공하는 비율. 출처: OMDIA

다만 30% 편성 기준의 분모가 무엇인지는 논의가 필요하다. OTT들이 서비스하는 전체 카탈로그 총량의 30% 인지, 고객의 이용 데이터를 기준으로 한 분량인지, 논쟁 요소가 많다.

OTT 콘텐츠 쿼터제의 명분은 자국의 콘텐츠 산업 보호이다. 콘텐츠 산업은 크게 제작 영역과 이를 유통하는 플랫폼 영역으로 나누어 볼 수 있다.

쿼터제의 기본 전제는 해외 OTT들이 글로벌 문화 콘텐츠를 다량으로 제공해 가입자를 늘린 반면, 이로 인해 자국의 콘텐츠 소비가 감소하기 때문에 자국의 문화 산업이 위축될 수 있다는 것이다. 그렇다면 역으로 생각해 보자. 과연 한국 콘텐츠의 편성이나 큐레이션 비율을 적정 수준으로 제한한다면 문화 산업을 보호할 수 있는 것일까? 이는 다섯 가지 이유로 실효성이 부족한 정책이다.

이유 #1:
넷플릭스는 한국 콘텐츠 때문에 한국에서 성공하고 있다

쿼터제의 합리성을 판단하는 중요한 지점은 콘텐츠 소비 상황이다. 유럽은 전반적으로 자국 내 콘텐츠 경쟁력이 떨어지고 해당 국가의 자국 OTT들도 활성화되지 못했다.

이에 반해 한국의 콘텐츠 품질은 아시아는 물론 세계적으로 인정받을 만큼 품질이 높으며, 토종 OTT들의 경쟁도 매우 빨리 시작되었다. 넷플릭스가 미국향으로 제작하는 오리지널이나 해외 라이센스 콘텐츠의 인기가 높은 것은 사실이다.

그렇지만 한국 시장에서 넷플릭스의 구독자가 폭증하기 시작한 것은 2018년 이후 한국 오리지널 드라마와 재방영 드라마들을 공급하면서부터다. 아울러 매일 조사되는 넷플릭스의 인기 TOP 10 콘텐츠 리스트에는 국내 드라마, 영화들이 80%를 차지한다.

2020년 2월에 조사한 '넷플릭스 국내 TV 콘텐츠 제공 현황'(정보통신정책연구원)의 분석 데이터를 보면 넷플릭스가 제공하는 전체 콘텐츠 중 미국이 41.8% 1위, 한국

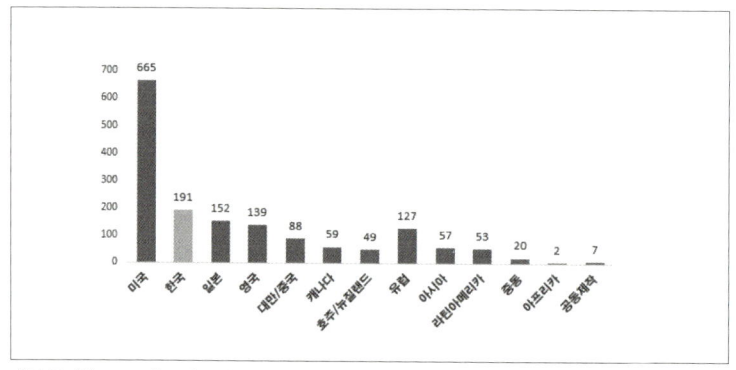

제작 국가별 TV 콘텐츠 제공 편수 (2020.2.28. 기준). 출처: 정보통신정책연구원

콘텐츠가 11.8%로 2위, 유럽이 7.8%를 차지한다.

11.8% 정도의 콘텐츠만 갖고도 월 방문자 1,000만 명을 만들어 내는 일등공신이 되었다는 의미이다. 넷플릭스의 오리지널 드라마와 영화는 1년에 6~10편 이내로 제작되고, 대부분은 지상파, 케이블 방송국에서 방영된 드라마의 익일 또는 종영 이후 재방영되는 콘텐츠들로 채워지고 있다. 넷플릭스를 통해 국내 드라마를 소비하는 MZ세대들에게 해당 드라마의 저작권자는 국내 방송국이 아닌 넷플릭스로 인지될 정도로 플랫폼 견인력이 높아지고 있다.

이렇게 제공되는 국내 방송 드라마는 토종 OTT인 웨이브와 티빙에도 나누어 제공된다. 오히려 넷플릭스에서 중복 상영하는 탓에 토종 OTT의 구독자 성장이 억제되는 것이다. 우리나라의 경우 현재 11~15% 수준인 넷플릭스 국내 콘텐츠 편성량을 30%로 늘리면 토종 OTT는 고객들에게 선택받기가 더욱 어려워질 것이다. 특히 방송국에서 1차 방영 직후 넷플릭스로 향하는 드라마의 경쟁력은 창고에 갇혀있던 구작 콘텐츠들과 비교해 몇 배나 가치가 높다.

이유 #2:
넷플릭스가 만든 국내 콘텐츠는 지역적으로 타기팅되지 않는다

넷플릭스는 유럽의 콘텐츠 쿼터제를 환영하는 입장이다. 그 이유는 무엇일까? 넷플릭스에 있어서 '로컬'이란 물리적 지역 단위를 의미하지 않는다. 넷플릭스의 로컬은 190개국 고객들의 인종적, 언어적, 문화적 분류에 적합한 다층적인 콘텐츠 단위를 상징한다.

실제로 유럽의 콘텐츠 쿼터제 발표 이후 오리지널로 구매한 스페인 드라마 〈종이의 집〉(2017)은 미국 내 히스패닉 구독자를 모으고 유지하는데 매우 유용하게 활용되었다. 〈종이의 집〉은 전세계적으로 오리지널 열풍을 일으켰다.

넷플릭스가 제작하는 각국의 오리지널 콘텐츠들은 해당 국가를 넘어 문화적, 언어적 또는 동일한 취향을 보유한 구독자 집단을 향해 서비스된다. 그러므로 콘텐츠에 출연하는 배우가 한국인일지라도 스토리와 표현의 수위, 그리고 주제 등은 글로벌한 문법을 따른다. 넷플릭스가 오히려 '쿼터제'를 환영하는 이유이기도 하다.

물론 30% 쿼터제로 인해 더 많은 한국형 스토리가 발굴되어 전세계로 전파되면 제작 산업을 위해 좋은 일이 아니냐고 반문할 수 있다. 그러나 콘텐츠에 관한 국적은 무의미한 시대가 되었다. 한국형 좀비 드라마 〈킹덤〉이 아시아나 남미에 방영되면 그 나라의 구독자는 〈킹덤〉을 넷플릭스 오리지널로 인식한다. 콘텐츠 시청 뒤에 좋은 평판으로 이어지는 한류의 산업적 연계나 확산은 제한적이다.

콘텐츠의 소유주가 넷플릭스이기 때문이다. 넷플릭스는 오리지널 제작 시 모든 판권과 부가 활용권을 모두 넷플릭스가 갖는다. 물론 넷플릭스의 국내 오리지널 콘텐츠 제작이 증가한다는 것은 한국형 스토리의 글로벌한 확대에 큰 의미를 갖는다. 그러나 그 뒤에 만들어질 후방 생태계 조성 주도권이 한국 제작사에 없기 때문에 '콘텐츠 제작비' 수익에 머물 수 밖에 없다는 한계도 동시에 존재한다. 결국 쿼터제는 콘텐츠 제작 산업의 종속도를 높일 수도 있는 양날의 검이다.

이유 #3:
콘텐츠 카탈로그를 줄여 구독자 가치가 떨어질 수 있다

30% 쿼터제를 지키지 못해 패널티가 주어진다면 OTT 사업자는 나머지 콘텐츠의 수를 조정해 쿼터를 임의로 조정할 수 있다. 국내 콘텐츠의 쿼터를 채우기 위해 미국 드라마의 수를 줄이는 방식이다. 이는 현실적이지 못한 방법일 뿐더러 그 피해는 고스란히 국내 고객들에게 돌아간다. 과거의 스크린 쿼터제는 한국 영화 산업의 경쟁력이 타국에 비해 낮아서 보호를 하지 않으면 한국형 콘텐츠를 스스로 생산해 낼 자생력을 가질 수 없었기 때문에 실시되었다.

그러나 현재의 국내 콘텐츠 제작 역량과 스토리, IP 파워는 글로벌한 수준이다. 시

넷플릭스 오리지널 〈화이트 타이거〉(2021). 출처: 넷플릭스

청자들의 콘텐츠 소비 눈높이도 동시에 상승했다. 아울러 글로벌 OTT로 인해 문화적 취향은 국가와 언어를 초월해 다양해졌다.

최근에 개봉한 넷플릭스 오리지널 드라마 〈화이트 타이거〉(2021)는 인도의 카스트 제도에 대해 다루고 있다. 이 드라마를 이해하기 위해 인도 역사까지 공부해 가면서 드라마를 즐기려는 시도는 크로스오버한 문화 소비의 단면이다. 콘텐츠의 편성 질서를 인위적으로 조정하려는 시도는 다양성을 훼손할 수 있다는 점에서 오히려 고객들에게 피해가 돌아갈 수 있다.

이유 #4:
토종 OTT들의 플랫폼 경쟁에도 '독'이다

글로벌 OTT와 경쟁하려면 콘텐츠의 배타적 경쟁이 필요하다고 필자는 일관되게 주장한다. 최근 미국의 컴캐스트는 NBC유니버설이 자사 콘텐츠를 넷플릭스와

HBO 맥스에서 철수시키고, 산하 스튜디오의 신작 영화를 피콕에서 독점 스트리밍하는 방안을 검토한다는 기사를 발표했다. 현재 미국 OTT 시장은 자신이 생산한 콘텐츠를 자사의 OTT에만 묶어두는 전략을 치열하게 전개하고 있다.

현재 한국에서 벌어지는 OTT 경쟁은 동일한 한국 콘텐츠를 공통분모로 두고 싸우는 형국이다. 만일 해외 OTT들이 법적으로 30%까지 국내 콘텐츠를 더 늘려야 한다면 공통분모의 크기는 더 커질 수 밖에 없다.

특히 유럽 연합의 30% 쿼터는 EU 단일 시장 전체를 대상으로 한다. 즉 국가별 쿼터가 아니다. 그런데 한국 시장을 하나로 놓고 30%의 쿼터를 따진다면 토종 OTT와 겹치는 콘텐츠의 양은 큰 수준으로 높아질 수 밖에 없다. 해외 OTT는 종합 아울렛인데 토종 OTT는 전문백화점이 될 수 밖에 없지 않을까?

이유 #5:
콘텐츠 산업의 활력을 해외 OTT에 맡겨둘 수 없다

유럽 연합이 쿼터제를 도입하려는 의도 중 하나는 해외 OTT를 통해 후퇴하는 유럽의 콘텐츠 산업을 일으켜 세우려는 시도다. 유럽 방송사들은 지난 10년 동안 시청자 수가 감소하고 매해 정규직 직원이 5%씩 줄어든다고 한다. 아울러 방송사의 광고 수익도 지속적으로 감소하고 있다. 방송 플랫폼들이 더 이상 콘텐츠 산업 분야의 인력 창출을 일으킬 수 없는 상태에서 해외 OTT들이 유럽 배우, 작가, 카메라맨, 촬영 장소들에 대한 새로운 수요를 창출해 줄 것을 기대하고 있다. 결국 경제적 이유로 쿼터제가 추진되는 면도 강하다.

한국의 상황은 어떠한가? 한국의 방송 산업도 해가 갈수록 위축되고 있는 것은 분명하다. 이는 전세계적인 OTT의 영향임에 틀림없다. 하지만 한국의 방송 사업자들은 스스로 토종 OTT를 육성하고 콘텐츠 제작 스튜디오를 수직 계열화하는 등의 주도적 역할을 자임하고 있다. 토종 OTT들이 분산되어 있다는 한계는 있지만, 제작 산업을 리드하기 위한 플랫폼의 노력은 아직 타이밍을 놓치지 않았다.

넷플릭스는 2021년 한국에서만 5,500억 원의 투자를 약속했다. 구독자 총 매출을 능가하는 이 투자는 한국을 지렛대로 글로벌 구독자 중 K콘텐츠 취향을 공유한 고객들을 장악하려는 의도이다. 토종 OTT들이 2023년까지 투자하겠다고 발표한 총액을 연간으로 나누면 매년 6,000억 원 규모이다. 지금은 해외 OTT들에게 쿼터제를 적용해 투자량을 늘리는 것보다, 해외와 토종 OTT의 콘텐츠 총 투자가 제작 산업의 자율적 생태계 장악 역량을 어떻게 만들어 낼 것이냐에 대한 고민과 지원이 필요한 시점이다.

쿼터제보다 다른 영역의 규제를 살펴야 한다

콘텐츠 쿼터제는 한국의 미디어 시장에서는 실효성이 낮은 정책이다. 특히 한미 FTA 체결로 인해 미국 OTT 사업에 대한 규제를 도입하려면 한미간 협상이 있어야 한다. 만일 이 협상이 시작된다면 현재 지상파, 위성 방송, 케이블 인허가 또는 투자 영역에서 해외 자본의 진입 규제를 두고 있는 방송 서비스 부문의 개방 요청이 동시에 제기될 가능성도 있다. 얻는 것보다 잃는 게 더 많다는 점이다.

경쟁의 질서는 시장에 맡겨둘 필요가 있다. 글로벌 OTT의 약진으로 콘텐츠 제작 산업은 선진화와 종속화의 기회에 모두 노출되었다. 반면 미디어 플랫폼 산업은 비즈니스 모델 자체가 조금씩 쇠퇴하고 있다. 그 중심에 콘텐츠가 있다. 그런데 OTT 플랫폼이 생산해 내는 오리지널 콘텐츠와 기존의 미디어 플랫폼이 만들어 내는 콘텐츠 사이의 질적 차이와 표현 수위들은 격차가 점점 심해지고 있다. 스토리의 깊이, 자극적 수위, 낯선 문화에 대한 호기심 때문에 고객들의 관심과 눈길은 해외 OTT에 더 높은 점수를 주고 있는 상황이다. OTT와 방송 플랫폼 간에 상이한 콘텐츠 심의 규제는 이 간극을 더 키우고 있다. 규제 당국은 오히려 이러한 문제에 더 관심을 기울이는 것이 어떨까?

에필로그
승자독식을 막을
혁신이 필요하다

2015년 을지로의 어느 통신 회사 사무실, 미디어 조직에서 있었던 일화를 소개한다. 넷플릭스가 한국 진출을 앞둔 시점이었다. 그 회의의 최종 의사결정자가 참석자들에게 물었다.

"넷플릭스는 플랫폼인가? 콘텐츠인가?"

서로 눈치를 보며 말을 아끼다 누군가 조심스럽게 대답했다.

"플랫폼입니다."

제휴 여부의 결정은 이렇게 플랫폼 논쟁으로 일단락되었다. 넷플릭스가 플랫폼 사업자이면 경쟁자이고, 콘텐츠 사업자이면 제휴자라는 이분법이 통했던 시절의 이야기다. 고객과의 관계를 장악했다고 믿고 있던 네트워크 기반의 플랫폼 사업자들은 몇 년 동안이지만 암묵적 동맹으로 넷플릭스와 제휴하지 않았다. 2018년에 그 동맹에서 LG유플러스가 이탈했다.

또 하나의 일화가 있다. 넷플릭스가 초기에 빠르게 정착하지 못한 몇몇 국가들의 사례를 분석했다. 분석 대상은 프랑스, 일본 등이었다. 자국의 콘텐츠가 강할수록 넷플릭스의 가입자 확대가 느리게 진행됐다는 소결론을 냈다.

한국 콘텐츠는 다른 어느 국가보다 자국의 힘이 강하다는 분석과 함께 넷플릭스가 국내 콘텐츠를 쉽게 제작하도록 엔터테인먼트 업계가 허락하지 않을 것이라는 결론이 이어졌다. 하지만 느슨한 동맹이라고 믿었던 CJ ENM, JTBC 그리고 지상파 방송국들마저 넷플릭스와 손을 잡았고 넷플릭스 가입자는 수직 상승했다.

돌이켜 보면 과거의 판단들은 전략 매트릭스를 분석하거나 사업자 관계만을 고려한 평가들이었다. 넷플릭스는 미국을 포함해 해당 국가에 존재했던 레거시 사업자와는 다른 특별한 고객 가치를 만들어 냈다. 현재의 결과는 고객 가치를 혁신적으로 만들어 낸 넷플릭스의 성과로 봐야 한다.

플랫폼이 고객 그룹을 획득하면서 스노우볼처럼 다른 고객을 끌어당기는 선순환의 힘이 승자독식을 만든다. 먼저 들어선 플랫폼이 시장을 장악하면 나머지 플랫폼들은 퇴출되는 수순을 밟는다. 특정 플랫폼에 고객 그룹이 많으면 많을수록 다른 고객 그룹들도 그 플랫폼으로 몰리기 때문이다.

물론 먼저 들어온 플랫폼의 선도적 노력이 고객의 마음을 움직였기에 가능하다. 기술적 선도, 편리성, 콘텐츠 차별화 등이 종합된 결과다. 미디어 서비스도 승자독식으로 갈 수 있는 위험성이 존재한다. 미디어 서비스의 재료는 콘텐츠인데 콘텐츠가 차별화되지 못하면 당연히 쏠림 현상이 나타나게 된다.

2007년에 온라인 스트리밍 서비스를 시작한 넷플릭스는 기술과 비즈니스 모델 측면에서 선도적 위치를 차지했다. 그런 넷플릭스도 사업의 주 재료인 콘텐츠는 기존 미디어 시장에서 수혈받았다. 넷플릭스가 10년 동안 극적으로 성장한 이유는 훌루나 아마존 프라임 비디오 정도 외에 OTT 경쟁자가 없었기 때문이다. 아울러 기존 미디어 진영의 빅 컴퍼니들이 콘텐츠를 제공해 넷플릭스의 성장을 지원했기 때문이다. 영리한 넷플릭스는 그러는 동안에도 스스로 오리지널을 개척하며 콘텐츠 의존성에서 탈피하고자 했다.

디즈니플러스 등 콘텐츠 진영도 2019년부터 직접 플랫폼을 만들어 넷플릭스와 대립각을 세우고 있다. 결국 진정한 승부는 콘텐츠와 기술의 지속적인 혁신에 달려 있다.

기존 TV 플랫폼은 시간을 중심에 놓고 콘텐츠를 생산하고 편성했다. 전통적인 TV 네트워크는 해당 타임라인을 채우기 위해 콘텐츠를 개발했다. 따라서 방송할 수 있는 콘텐츠의 양적 제한이 있다. 반면 OTT는 시간이나 주제에 대한 경계와 제약이 없다. 고객이 원하는 만큼의 콘텐츠를 개발하고 제공한다. 지역에 대한 국경도 없다. 유일한 제약 요소는 고객이 보유한 지갑이다.

넷플릭스는 2억 명, 디즈니플러스는 1억 명 이상의 고객을 확보했다. 더 많은 고객을 확보할수록 콘텐츠에 더 많은 자금을 투자할 수 있다. 무한대의 콘텐츠 개발이 가능한 OTT 플랫폼은 가입자가 증가할수록 규모의 경제가 지배할 것이다. 넷플릭스의 공동 CEO 리드 헤이스팅스는 2021년 1분기 실적 부진에도 불구하고 "아직도 넷플릭스에는 8억 명의 구독자 시장이 있다"고 말하며 지속적 성장에 자신감을 보였다.

현재의 경쟁 구도를 그대로 두면 2022년 글로벌 OTT의 국내 점유 수준은 디즈니플러스, 넷플릭스만 합쳐도 70% 이상을 넘어갈 것으로 예상된다. 이런 자신감 때문일까? 넷플릭스는 국내 서비스에서 1개월 무료 이용 서비스를 없앴다.

수년 전 한 토론회에서 한국 미디어 기업이 도약하려면 매출 5조 원 정도의 크기를 가진 기업이 나와야 한다는 주장이 있었다. 아쉽지만 아직까지 한국의 미디어 기업들은 울타리의 크기를 키우지 못했다. 그나마 지상파 외의 콘텐츠 기업들이 수직적 구조로 콘텐츠 제작의 가치 사슬을 확대해 선진적 발판을 마련한 것 정도가 성과라고 할 수 있다.

미국의 통신 회사와 케이블 네트워크 회사들은 콘텐츠 기업을 인수하는 방식으로 확장했다. 반면 한국 통신 회사들은 케이블 TV를 인수하는 정도의 네트워크 확장에 머무른 상태다. 이런 네트워크 중심적 전략으로는 글로벌 OTT의 마케팅 제휴 상대에 머물 수밖에 없다. 통신 회사가 토종 OTT를 품고 아시아까지 진출하는 꿈을 꾸기 위해서는 콘텐츠 생태계를 스스로 확장하거나 외부의 콘텐츠 생태계를 활용할 때만 가능하다. 네이버, 카카오와 같은 테크 기반 기업들이 글로벌 엔터테인먼트 컴퍼니로 확장해가는 모습과 의지는 기존의 상상을 뛰어넘는 놀라운 시도다.

이 책을 저술하면서 여러 참고 서적을 읽었다. 넷플릭스 CEO 리드 헤이스팅스가 쓴 『규칙 없음』과 디즈니의 CEO 밥 아이거의 자서전을 보면 실리콘밸리의 테크 기업과 미디어 대기업이 어떤 리더십, 어떤 기업 철학을 갖고 있는지 엿볼 수 있다. 넷플릭스는 자율적 의사결정과 책임을, 디즈니는 창의력과 상상력을 강조한다.

따지고 보면 이 두 기업은 15년 이상 한 명의 CEO가 재직하면서 일관성 있는 기업 운영을 했다는 공통점이 있다. 특히 디즈니의 기업 조직 구조는 50년이 넘도록 그 골격이 변하지 않았다. 1957년 월트 디즈니가 남긴 전략 메모가 아직도 유효하다. 단기 실적 관리 중심의 경영 구조가 팽배한 한국의 기업 현실과는 현격한 차이가 있다.

이 책에서는 작은 전술로 아래와 같이 제안한다.

한국의 레거시 미디어 진영이 자신들이 만든 OTT를 통해 미래의 기업 가치를 높이고자 한다면 콘텐츠의 거래 질서를 재정비해야 한다. 아울러 플랫폼의 기술 및 사용성 수준을 글로벌 OTT와 유사한 수준으로 빠르게 높여야 한다. 무엇보다 OTT와 유료 방송 플랫폼 전체를 놓고 전략의 판을 짜야 한다. 아시아 지역으로 토종 OTT를 확대하기 위한 "One Platform"을 고민하자!

영혼 없는 데이터를 모아 돈을 버는 구글과 달리, 넷플릭스는 한국의 스토리를 발굴하고 이를 글로벌로 전파까지 시켜주는 존재로 인식되기도 한다. 합당한 평가일까?

OTT는 인터넷을 기반으로 한 경쟁이기 때문에 AI와 메타버스 등 미래 기술을 만나 어떻게 진화해 갈지 알 수 없는, 무궁무진한 잠재력을 보유한 영역이다. 하지만 자본과 데이터의 힘으로 만들어진 국내의 스토리들은 시간이 가면서 글로벌 OTT의 입맛에 맞게 글로벌 공통 언어로 쓰일 가능성이 크다.

글로벌 OTT에 대한 의존성이 높아지면 그만큼 새로운 기회의 땅으로 나아갈 상상력을 잃어버리게 된다. 네트워크에 의해 귀속받는 레거시 미디어와는 근본적으로 다르다. 그래서 승자독식을 허용해서는 안된다.

필자는 이 책을 통해 디즈니의 위기 극복사와 왜 디즈니가 스트리밍 서비스에 뛰어들었는지를 분석했다. 결국 스트리밍은 미래의 TV 산업을 붕괴시키고 재편시킬 파괴자라는 것을 알리고 싶었다. 무엇보다 고객의 가치가 OTT로 완전히 넘어가 있는 상황이라는 점을 디지털 혁신을 고민하는 분들께 강조하고 싶었다. 판 자체를 바꾸고 싶은 혁신가들과 미디어의 미래를 준비하는 도전자들에게 작은 도움이 되기를 희망한다.

부록

디즈니플러스 서비스의
사용성 평가 및 시리즈 예정작 소개

1. 앱 사용성은 몇 점?

디즈니플러스는 7,500개 이상의 TV 에피소드와 500개 이상의 영화 타이틀을 보유하고 있다. 독점 오리지널 시리즈는 물론 다큐멘터리를 서비스한다. 디즈니플러스의 콘텐츠는 넷플릭스가 장르로 구분하는 것과 달리 스튜디오 브랜드별로 구분하는 것이 특징이다. 디즈니, 픽사, 마블, 스타워즈, 내셔널지오그래픽 순이며 20세기 폭스사의 영화나 시리즈 일부가 디즈니 메뉴에서 제공되고 있다.

디즈니플러스는 깔끔한 배치와 탐색이 쉬운 인터페이스를 장점으로 한다. 해외 이용자들의 평도 넷플릭스나 다른 OTT 서비스들과 유사해 불편함이 없다는 의견이 많다. 앱을 열자마자 디즈니, 픽사 등 브랜드 배너를 볼 수 있어 직관적이라는 평가다. 브랜드 배너 아래에는 디즈니플러스만의 콘텐츠를 강조하는 'Originals' 섹션이 있으며 그 아래에는 넷플릭스와 같은 추천 줄(recommendation for you)이 있다.

영화, TV 쇼 섹션에는 액션, 어드벤처, 애니메이션, 코미디, 다큐멘터리, 드라마, 어린이, 단편 및 4K 울트라 HD 옵션과 함께 장르별로 콘텐츠를 선택할 수 있는 드롭다운(drop down: 선택하면 아래로 펼쳐지는 방식) 메뉴가 있다. 다만 이 메뉴로 이동하기 위해서는 클릭을 몇 차례 해야 하는 번거로움이 동반된다. 디즈니플러스는 7.99달러에 4K 초고화질로 스트리밍되며 다른 플랫폼과 달리 추가 비용 없이 4K 콘텐츠

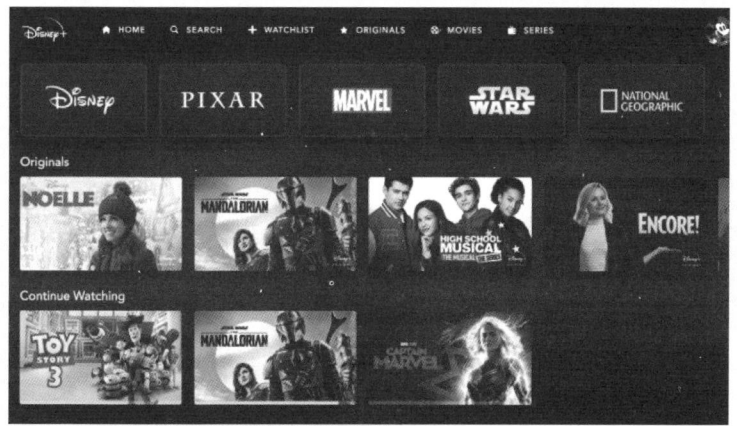

디즈니플러스 첫 화면. 출처: 디즈니플러스 서비스 화면 캡처

를 스트리밍할 수 있다는 장점이 있다. 구작 영화들은 HD 레이블이 표시된다. 디즈니플러스는 네 개의 디바이스에서 동시 시청할 수 있고 일곱 개의 프로필을 하나의 계정에 연결할 수 있다. 아마존 프라임 비디오와 훌루는 여섯 개의 프로필을 허용하고 넷플릭스는 다섯 개를 허용하는 것과 비교해 큰 장점이다. 프로필을 설정할 때 선택하는 아이콘 디자인 역시 디즈니가 보유한 캐릭터를 적극 활용해 고객 친숙도를 높였다. 프로필로 선택할 수 있는 캐릭터 수는 넷플릭스와 비교해 압도적으로 많다는 장점이 있다. 자녀 보호 기능은 '키즈' 프로필을 별도로 설정할 수 있다.

2. 디즈니플러스에서는 '몰아보기(Binge Viewing)'가 안된다

몰아보기는 넷플릭스가 만든 스트리밍의 새로운 소비문화다. 오리지널 드라마를 일시에 전편 공개하고 구독자들은 밤을 새워가며 한꺼번에 시청하면서 영상에 대한 몰입감과 만족도를 높였다. 특히 '몰아보기'는 기존 TV의 시청 질서인 주간 단위 편성 방식의 드라마 제공을 '구식'으로 만들어 버렸다. 과거의 방식은 공급자가 주

디즈니플러스의 프로필 화면.

는 대로 소비하는 '느린 소비' 방식이었다면 '몰아보기'는 구독자의 편의에 따라 내러티브의 흐름과 종결을 통제하는 서비스로 가히 혁명적 시청 방법이다.

그런데 디즈니플러스와 HBO 맥스는 자사의 오리지널 시리즈를 일시에 공개하지 않기로 결정했다. 〈더 만달로리안〉 등 오리지널 시리즈는 주간 단위 공개를 하고 있다. 디즈니는 새로운 시리즈가 매주 사람들에 의해 전파되기를 희망한다 2021년 2월부터 인기리에 방영 중인 〈완다비전 2〉 시리즈도 매주 1편씩 공개되고 있다.

주간 단위 공개는 구독자가 매주 기다려야 하는 단점이 있지만 이로 인해 사업자는 반사 효과를 얻을 수 있다. 구독자가 자신이 좋아하는 시리즈의 다음 편을 기다리기 위해 구독을 유지하는 효과가 생긴다. 이는 전통적인 TV에서 취한 전략과 동일하다. 에피소드가 일정 시간 동안 매주 방영하면 그 기간 동안 팬들은 시리즈에 대해 이야기하고 흥분하며 그 시간을 기다리기 때문에 만족도가 떨어지지 않는다는 논리이다.

디즈니플러스의 콘텐츠 사장 리키 스트라우스는 "디즈니플러스는 이제 막 시작했기 때문에 일주일에 한 번 나오는 에피소드 콘텐츠로 팬층을 구축하는 것이 합리적이다"라고 말한다.

미국 고객들의 사용 리뷰는 '몰아보기'가 안된다는 불만도 있지만, 크게 상관없다는 반응 등 의견이 분분하다. 오리지널 콘텐츠의 제작 총량이 넷플릭스에 비해 떨어지는 디즈니플러스로서는 적은 수의 프로그램으로 구독자의 유지와 유입을 극대화하려는 전략이다. 그러나 고객 친화적이지는 않다.

3. 팬데믹에는 비대면으로 같이 본다: Group Watch 기능

팬데믹 격리 과정에서 누군가 함께 영상을 보고 싶다면 디즈니플러스가 제공하는 그룹 와치 기능이 있다. 디즈니플러스는 2020년 9월에 이 서비스를 오픈해 미국, 캐나다, 뉴질랜드에 먼저 출시한 후 10월에는 영국까지 확대했다.

이 기능을 통해 디즈니플러스 구독자는 최대 일곱 명까지 웹, 모바일, TV를 통해 함께 보기 원하는 영상 콘텐츠를 동기화할 수 있다. 시청할 영상을 선택하고 세부 정보 페이지에서 지인들에게 SNS 계정을 통해 초대장을 보내는 방식이다. 시청하는 동안 함께 보는 친구들은 이모티콘을 사용해 화면 위에 보낼 수 있다.

이런 '소셜' 기능은 디즈니플러스가 처음 도입한 것은 아니다. 아마존 프라임 비디오는 PC에서 이 기능을 이용할 수 있다. 추가 비용 없이 영상 소개 화면에 붙은 와치 파티(watch party) 버튼을 눌러 참가자들을 모아 함께 시청하는 방식이다. 디즈니플러스와 마찬가지로 시청 중에 시작, 중지, 일시 중지를 할 수 있고 이런 변경 사항은 모든 참가자의 장치에 즉시 동기화된다.

아마존 프라임 비디오는 무려 최대 100명의 참가자를 지원해 준다. 아마존 프라임 멤버십을 가지고 있으며 미국 내에서 시청하는 경우에 참가가 가능하다. 비디오 재생 동안 이모티콘은 물론 채팅 기능을 이용할 수 있다. 넷플릭스도 넷플릭스 파티라는 서비스를 PC의 크롬 브라우저를 통해 이용이 가능했다. 현재는 텔레파티(Teleparty)라는 서비스로 변경되었다.

디즈니플러스 Group Watch 서비스 화면.

텔레파티는 넷플릭스 이외에 아마존 프라임 비디오 등도 이용이 가능하다. 한국에도 신생 스타트업 기업이 스크리나(www.screena.com)라는 서비스로 넷플릭스를 함께 보며 채팅하는 기능을 제공하고 있다. 왓챠도 토종 OTT 중에서는 가장 먼저 그룹 와치 서비스를 도입했다.

4. 디즈니플러스의 독점 공개 오리지널 콘텐츠 시리즈는?

디즈니플러스는 2021년부터 열 개의 마블 시리즈와 열 개의 스타워즈 시리즈, 15편의 디즈니 애니메이션, 픽사 시리즈 등을 독점 공개할 예정이다.

❶ 멀티버스 시대에 돌입하는 마블 시네마틱 유니버스(MCU)

새로운 마블 시네마틱 유니버스(MCU)에서 가장 주목할 요소는 멀티버스(다중우주)이다. 〈어벤져스: 엔드게임〉에서는 과거가 바뀌면서 평행 세계에 대한 재정의가 시작되었다. 시공간의 제약을 받지 않는 멀티버스라는 장치를 통해 캐릭터가 조합될 예정이다. 또한 이전 MCU에서 보여준 평행 세계를 넘어 이질 공간의 경계가 표현될 것으로 보인다.

닥터 스트레인지의 두 번째 단독 영화 〈닥터 스트레인지 인 멀티버스 오브 매드니스〉(2022년 예정)는 멀티버스의 스토리라인이 이미 강조된 상황이다.

2021년 6월 공개될 토르의 빌런 로키가 주인공인 〈로키〉는 테서렉트를 통해 사라진 로키의 행적을 쫓는다.

〈스파이더맨 3〉에는 역대 스파이더맨이 한꺼번에 등장한다는 추측이 무성하다.

팬데믹 이후 극장의 포문을 열 마블 스튜디오의 작품으로 〈블랙 위도우〉가 2021년 7월 극장과 디즈니플러스 동시 개봉으로 결정되었다. 만일 디즈니플러스가 2021년 상반기에 상륙한다면 한국 팬들은 이 영화를 디즈니플러스에서 동시에 감상할 수도 있다.

2021년 4월 첫선을 보인 〈팔콘 앤 윈터솔져〉(2021)는 〈어벤져스: 엔드게임〉 이후 팔콘과 윈터 솔져의 행방에 관한 드라마다.

2022년 개봉 예정인 〈블랙 팬서: 와칸다 포에버〉는 사망한 '채드윅 보스먼'을 대신할 주인공을 선정하지 않는다고 해 궁금증을 자아내고 있다.

MCU에 대해 흔히 제기되는 비판 중 하나는 '팍스 아메리카나(미국 중심적 평화)'와 '백인 남성 중심적 서사'라는 점이다. '미국이 온 우주를 구한다'라는 전제하에 세계관 속 주요 인물들은 대부분 백인 남성이기 때문이다. 캡틴 아메리카와 아이언맨 등 마블의 인기 캐릭터들은 이런 비판의 대상이 되는 대표적인 인물들이다.

마블은 이런 비판을 의식이라도 한 듯 10년 만에 흑인 배우를 주연으로 한 영화 〈블랙 팬서〉(2018)를 개봉했다. 블랙 팬서 캐릭터가 MCU에 처음 소개된 것은 2016년 개봉한 〈캡틴 아메리카: 시빌 워〉에서였다. 세계 평화를 유지할 능력을 갖춘 국

블랙 팬서: 와칸다 포에버. 출처: marvelcinematicuniverse.fandom.com

가가 미국이 아닌 와칸다로 그려지면서 이 영화는 팍스 아메리카나에 대한 신화를 부쉈다는 상징성이 있다.

이어 마블은 여성 배우 단독 주연 영화인 <캡틴 마블>을 내놓았다. 그간 마블 영화에서 여성 캐릭터는 주로 남성 캐릭터의 연인으로 등장하는데 그쳤다. 마블은 <캡틴 마블>을 통해 우주선을 옮길 만한 힘을 가진 강력한 여성 캐릭터를 선보였다.

2021년, 이제 아시아인까지 마블 히어로 명단에 이름을 올렸다. 마블 최초 아시안 히어로이자 초인적 액션을 보이는 <샹치와 텐 링즈의 전설>이 9월 개봉한다. 11월에 개봉하는 <이터널스>에서는 한국인 마동석이 길가메시 역을 맡았다. 아시아 히어로의 등장은 중국을 포함한 아시아 지역의 콘텐츠 시장이 그만큼 커졌다는 걸 의미한다. 과연 어떤 영웅의 모습을 보여줄지 궁금하다.

❷ 시리즈로 재탄생하는 스타워즈 캐릭터들

미국을 중심으로 한 인기에 비해 한국에서의 <스타워즈> 시리즈는 흥행에 그리 성공하지 못했다. 2015년 <깨어난 포스>가 327만 명을 기록한 것이 역대 최고 성적이

〈더 만달로리안〉 시리즈 포스터.
출처: @themadalorian 공식 인스타그램

었다. 스페이스 오페라가 한국인의 정서와는 잘 맞지 않았다는 의미다. 마블의 슈퍼히어로와 달리 스타워즈의 캐릭터들은 몰입도가 떨어지고 전편을 이해해야 시청이 가능하다는 심리적 장벽이 존재했던 점들이 부진의 이유라는 평가다.

과거 스타워즈를 보았던 세대나 이제 시작하는 젊은 층 모두에게 어필하지 못했다. 그러나 디즈니플러스의 한국 상륙과 함께 전편의 카달로그를 한눈에 쉽게 보고 선택할 수 있게 된다면 상황이 달라질 것으로 보인다.

예전 영화들이 리부트될 가능성도 있고 특히 이미 미국에서 시리즈로 개봉된 〈더 만달로리안〉 시리즈는 2030세대에서 인기를 얻는 중이다. 한국에서 서비스되지 않기에 우회 시청하는 사람들과 이에 대한 영상 리뷰가 늘고 있는 것을 볼 때 〈스타워즈〉 시리즈의 역주행은 충분히 가능할 것으로 보인다.

스타워즈의 영원한 빌런 다스 베이더의 스승인 오비완 케노비도 시리즈로 제작된다. 그의 이름을 제목으로 삼은 <오비완 케노비> 시리즈의 주인공은 스타워즈 프리퀄에서 오비완을 연기한 이완 맥그리거가 맡는다.

시리즈 3편에서 아나킨을 연기한 헤이든 크리스텐슨이 다스 베이더로 복귀할 예정으로 주목받고 있다. 2022년 개봉 예정이다.

❸ 픽사의 감동을 100% 이상 재현하다

'픽사'에 따라붙는 수식어는 마법, 영혼, 가족, 기적, 동화 같은 언어들이다. 픽사는 1995년 최초의 장편 애니메이션 〈토이 스토리〉를 시작으로 2021년 1월에 개봉한 〈소울〉까지 총 23편의 애니메이션을 제작했다.

디즈니플러스에는 기존의 장편 애니메이션 이외에 독립 단편 애니메이션 작품들도 서비스되고 있다. 2019년 11월 독립 단편 애니메이션 시리즈 '스파크 쇼츠: spark shorts'는 픽사의 단편 애니메이션 시리즈를 일컫는 이름이다. 〈플로트〉, 〈윈드〉, 〈루프〉 등의 제목으로 묶인 시리즈가 차례로 공개되었다.

〈플로트〉는 몸을 공중으로 띄울 수 있는 특별한 능력을 가진 아들을 받아들이지 못하고 타인의 시선만 신경쓰는 아버지의 이야기이다. 실제 자폐를 가진 아들을 둔 바리 루비오 감독의 자전적인 경험을 바탕으로 제작되었다. 대사가 없는 단편 애니메이션과는 달리 대사를 포함하고 있다.

〈윈드〉는 한국인 픽사 애니메이터 장우영 감독의 작품이다. 거대한 싱크홀에 빠진 채 오랫동안 살아온 할아버지와 손자가 지상으로 탈출하기 위해 고군분투하는 내용을 감성적으로 그린 작품이다. 장우영 감독은 실제 친할머니로부터 영감을 받았다고 한다.

2020년 5월에 선보인 〈아웃〉이란 작품은 성 소수자를 주인공으로 한 첫 애니메이션 단편이다. 〈아웃〉은 남성 동성애자가 성적 정체성을 찾아가는 작품으로 9분짜리 단편이다. 픽사는 애니메이션을 통해 다양성의 가치를 펼치기 위해 디즈니플러스를 적극 활용하고 있다.

❹ 믿고 보는 디즈니의 원조 애니메이션

1937년 〈백설공주와 일곱 난쟁이〉부터 2019년 〈겨울왕국 2〉, 2021년 〈라야와 마지막 드래곤〉까지 디즈니의 본류 애니메이션을 빼놓고 디즈니플러스를 이야기할 수는 없다. 월트 디즈니 애니메이션에는 디즈니의 철학이나 세계관이 투영되어 있다. 또한 미키 마우스, 곰돌이 푸우, 인어공주와 같이 전 연령의 소비자들에게 사랑받는 캐릭터와 콘텐츠는 영화부터 테마파크 브랜드, 장난감 등 캐릭터 라이선스까지 막대한 이익을 지속적으로 창출하고 있다.

디즈니 애니메이션은 전세계 시장을 아우를 수 있는 스토리텔링을 추구한다. 세상에서 가장 오래된 이야기, 즉 신화를 선택하고 그것을 디즈니식으로 허물어 다시 재구축한다. 2006년 픽사 인수 이후에도 디즈니를 구한 작품은 '공주 신화'를 기반으로 한 애니메이션 〈라푼젤〉(2010)이었다.

하지만 디즈니도 시대에 맞춰 변화하기 시작했다. 〈겨울왕국〉의 엘사와 안나 공주는 강하고 주체적인 캐릭터의 모습을 보여줬다. 이런 변화는 이후 선보이는 애니메이션에도 적용되고 있다.

2021년 3월 개봉한 〈라야와 마지막 드래곤〉은 전세계적인 흥행 신드롬을 만든 〈겨울왕국〉, 〈모아나〉의 제작진이 참여한 작품이다. 어둠의 세력에 의해 분열된 쿠만드라 왕국을 구하기 위해 전사로 거듭난 라야의 모험을 보여주는 판타지 액션 애니메이션이다. 프리미어 액세스로 디즈니플러스에 공개되었다.

2021년 11월 개봉할 〈엔칸토: 마법의 세계〉는 뮤지컬 코미디 애니메이션으로 에미상, 그래미상, 토니상 수상자 린 마누엘 미란다의 신곡을 영어와 스페인어로 선보인다. '엔칸토'는 스페인어로 매력을 의미하는 단어인데, 콜롬비아의 한 소녀의 모험담을 그릴 예정이다.

이외에도 이전에 인기를 얻은 영화의 스핀오프 작품들도 예정되어 있다. 〈주토피아 플러스〉, 〈모아나〉, 〈베이비 맥스 더 시리즈〉 등의 작품이 선보일 예정이다.

참고 자료

강정우, *DX코드: 디즈니와 넷플릭스 디지털 혁신의 비밀*, 시크릿하우스, 2020
고명석, *OTT 플랫폼 대전쟁*, 새빛, 2020
로버트 아이거, 안진환 옮김, *디즈니만이 하는 것*, 쌤앤파커스, 2020
리드 헤이스팅스, 에린 마이어, 이경남 옮김, *규칙 없음*, 알에이치코리아, 2020
바라트 아난드, 김인수 옮김, *콘텐츠의 미래*, 리더스북, 2017
밥 배철러, 송근아 옮김, *더 마블맨: 스탠 리, 상상력의 힘*, 한국경제신문, 2019
빌 캐포더글리, 린 잭슨, 서미석 옮김, *디즈니 웨이*, 현대지성, 2019
아리마 데쓰오, 박영난 옮김, *경영의 신화 디즈니*, 북스토리, 2002
에드 캣멀, 에이미 월러스, 윤태경 옮김, *창의성을 지휘하라*, 와이즈베리, 2014
이호수, *넷플릭스 인사이트*, 21세기북스, 2020
임석봉, *넥스트 넷플릭스*, 한스미디어, 2020
지나 키팅, 박종근 옮김, *넷플릭스 스타트업의 전설*, 한빛비즈, 2015
코리 바커, 마이크 비아트로스키, 임종수 옮김, *넷플릭스의 시대*, 팬덤북스, 2019
프레데리크 마르텔, 권오룡 옮김, *메인스트림*, 문학과지성사, 2012
James B. Stewart, *Disney War, The Battle for the Magic Kingdom*, Gardners Books, 2005
Steve Watts, *The Magic Kingdom walt Disney and the American Way of Life*, University of Missouri, 2001

참고 문헌

노광우, *911과 마블 시네마틱 유니버스*, 문화과학, 2019. 9.
송민정, *A Case Study on Partnership Types between Network Operators & Netflix: Based on Corporate Investment Model, International Journal of Internet,* Broadcasting and Communication, 2020. 1. 3
유건식, *넷플릭스가 국내 드라마 시장에 미친 영향-제작자 심층 인터뷰를 중심으로*, 한국방송통신전파진흥원, 2020. 12
정현준, *미국 통신 시장 규제의 역사와 통신법 개정 움직임*, 정보통신정책연구원, 2005. 9
최민재, 조영신, *글로벌 미디어 기업과 미디어 정책*, 한국언론진흥재단, 2010. 11
최지혜, 이선희, *글로벌 OTT 자체 콘텐츠 제작 현황과 전망*, 정보통신정책연구원, 2017. 10.
황주성 외, *컨버전스 미디어 지형 동향 분석*, 정보통신정책연구원, 2010. 12.
OVUM 보고서, *OTT Media services consumer survey & OTT-CSP Partnership Study*, 2019. 1

참고 링크

Michael Dresser, "A media giant is born Merger is biggest in entertainment industry's history DISNEY, CAPITAL CITIES/ABC MERGER", *THE BALTIMORE SUN*, 1995.9.1

Edward EP Epstein, "Is Netflix Streaming Its Way Towards Disaster? ", *The Wraps,* 2010.12.8

Lauren Alix Brown & & Kevin J. Delaney, "The Force is with Disney: why Pixar and Marvel deals offer hope to Star Wars fans", *QUARTZ,* 2012.10.31

Todd Zenger, "The Disney Recipe", *Harvard Business Review,* 2013.5.28

Greata Jochem, "How a whole new world of technology reinvented Disney", *The World,* 2015.7.17

Sanjay Dhir, "The Walt Disney: Strategic acquisition for Achieving Creativity", *Economic Times,* 2015.12

Adam Baidawi, "Star Wars, Marvel, Pixar: Why Disney bought them all", *INTHEBLACK,* 2016.4.1

Peter Debruge, "Disney's Pixar Acquisition: Bob Iger's Bold Move That Reanimated a Studio", *Variety,* 2016.11.22

"12월 14일 디즈니 경영진 간담회 (Q&A with Senior Management)", *Jwvirus 블로그,* 2017.12.29

Josef Adalian, "Inside the Binge Factory", *Vulture,* 2018.6

Todd Spangler, "Netflix Original Series Viewing Climbs, but Licensed Content Remains Majority of Total U.S Stream", *Variety,* 2018.12.10

Brandon Katz, "From Lucasfilm to 'The Lion King,' What the Future Holds for Disney's Roaring Empire", *OBSERVER,* 2019.2.4

Chloe Taylor, "Apple's biggest mistake under Tim Cook has been not buying Netflix", *CNBC,* 2019.2.15

David Trainer, "Loss Of Licensed Content Is An Underrated Crisis For Netflix", Forbes, 2019.3.8

Ben Thomson, "Disney and The Future of TV", *STRATECHERY,* 2019.4.15

Jill Disis, "Disney is taking full control of Hulu", *CNN Business,* 2019.5.14

Alex Sun, "Why Netflix won't be toppled by new streaming services", *medium.com,* 2019.9.21

최연진, "디즈니플러스 출시임박, 넷플릭스에 이길 한방은", *로아컨설팅,* 2019.9.29

David Bloom, "Analysts Love Disney+ Fast Start, But Warn Churn Can Still Burn", *TVREV,* 2020.1.2

SHERAZ FAROOQ , "What You Need to Know About Bob Chapek, Disney's New CEO", *NEWSWEEK,* 2020.2.25

Brandon Katz, "How Netflix Is Dominating the Competition During the Coronavirus Crisis", *OBSERVER,* 2020.4.22

Richard Greenfield, "New Math: Netflix Revenues Greater than Disney/Warner Studios Combined", *Lightshedmt.com,* 2020.9.14

전현수, "OTT시장의 급성장과 IPTV 가입자 정체. VOD사업에 타격 준 넷플릭스", *이코노믹리뷰,* 2020.9.15

Scott Galloway, "Unleash the Mouse", *blog,* 2020.10.1

Georg Szalai, "WarnerMedia and NBCUniversal Should Be Merged, Analyst Argues", *The Hollywoodreporter,* 2020.11.19

"국민 절반 유료OTT 봤고, 그 중 절반 넷플릭스 봤다", *Consumer Insight,* 2021.1.8

"디즈니가 밝힌 디즈니플러스 비전과 디즈니 스트리밍 서비스의 미래", *꿈꾸는 섬 블로그,* 2021.2.21

디즈니플러스와 대한민국 OTT 전쟁
콘텐츠산업의 미래를 결정할 주도권 쟁탈전! 과연 최후의 승자는?

초판 1쇄 인쇄	2021년 5월 7일
초판 1쇄 발행	2021년 5월 14일
초판 2쇄 발행	2022년 2월 19일

지은이	김종원
펴낸이	황윤정
펴낸곳	이은북
출판등록	2015년 12월 14일 제 2015-000363호
주소	서울 마포구 동교로12안길 16, 삼성빌딩B 4층
전화	02-338-1201
팩스	02-338-1401
이메일	book@eeuncontents.com
홈페이지	www.eeuncontents.com
인스타그램	@eeunbook

책임편집	황윤정
디자인	이미경
교정	황규원
마케팅	황세정, 최유빈
인쇄	스크린그래픽

ⓒ 김종원
ISBN 979-11-91053-06-7 (13320)

- 이은북은 이은콘텐츠주식회사의 출판브랜드입니다.
- 이 책에 실린 글과 이미지의 무단 전재 및 복제를 금합니다.
- 이 책 내용의 전부 또는 일부를 재사용하려면 반드시 출판사의 동의를 받아야 합니다.
- 책값은 뒤표지에 있습니다.
- 잘못된 책은 구입하신 서점에서 바꾸어 드립니다.